KB138126

유학생이 알아야 할 한국학 시리즈

한국 문화:
대중문화 발달과 K콘텐츠

제
4
권

유학생이 알아야 할 한국학 시리즈

한국 문화:
대중문화 발달과 K콘텐츠

성균관대학교 동아시아학술원
한국학연계전공 교재편찬위원회 편

성균관대학교
출 판 부

〈유학생이 알아야 할 한국학 시리즈〉를 발간하며

1990년대 후반부터 한국의 대중문화가 타국에서 주목받기 시작하면서 이른바 '한류'라고 불리는 현상이 등장하였습니다. 이는 이제 한국의 문화가 한국뿐 아니라 세계 각지의 사람들이 함께 공유하는 대상이 되어가고 있음을 의미합니다. 특히 인터넷 발달에 따른 미디어 환경의 변화는 한국의 문화와 예술 등을 세계에 더 널리 전파하게 해주었고, 그 결과 한국과 한국 문화, 나아가 한국어를 배우고자 하는 열기는 점점 더 뜨거워졌습니다. 최근 한국 대중문화의 위상이 이를 증명하고 있습니다.

〈유학생이 알아야 할 한국학 시리즈〉를 기획한 필자들 역시 이러한 '열기'를 대학의 강의실에서 느끼고 있습니다. 매년 증가하는 외국인 입학생과 재학생들에게 '한국에 (유학)온 동기나 이유'에 대해 물어보면, 상당수 학생들은 '한류'를 통해서 한국을 알았고, 나아가 한국에 대해 공부하고 싶어서 왔다고 대답합니다. 그러나 이들은 대학에서 '한류'와는 거리가 있는 공부를 하거나 한국에 대해 배우고 싶어도 무엇을, 어떻게 배워야 하는지도 정확하게 모르는 경우가 적지 않았습니다.

2019년 4월 1일 기준 16만 명이 넘는 외국인 유학생의 절대 다수는 한국을 배우려는 열정과 의지를 가지고 한국을 찾아온 패기 넘치는 학생들입니다. 하지만 필자들은 그들의 한국에 대한 이해 수준이 결코 자신들의 열정과 비례하지 않다는 것을 현장에서 목격하곤 하였습니다. 이들의 열정과 미래의 꿈이 현실에서 제대로 결실을 맺기 위해서는 '한국'을 가르치는 교육자들의 반성과 실천이 그 어느 때보다 더 절실히 필요하다고 생각합니다. 더욱이 각 나라에서 한국을 배우고자 준비하고 있는 사람들까지 고려한다면, 더 진지하게 그 관심과 열정에 부응하는 것이 시리즈를 기획한 필자들의 최소한의 의무일 것입니다. 이 시리즈는 이러한 문제의식 속에서 한국을 배우고자 하는 외국인들이 보다 쉽고 체계적으로 한국을 이해하는 것을 목표로 삼았습니다.

외국인을 위한 한국어 교육 분야의 도서 발간은 이미 상당한 수준에 이르렀다고 생각합니다. 그러나 이와 달리 한국학을 깊이 있게 배우고자 하는 외국인 학생들을 위한 도서 발간은 아직 초보적인 수준에 머물러 있습니다. 이들의 증폭하는 학문적 수요를 충족시켜주지 못하고 있는 현재 상황 속에서 관련 분야의 교재 발간은 매우 시급한 과제라고 할 수 있습니다. 〈유학생이 알아야 할 한국학 시리즈〉는 이러한 현실적 요구에 부응하기 위해 기획된 체계적인 한국학 교재 시리즈입니다.

본 시리즈 제1권 〈한국 역사: 전통편〉, 제2권 〈한국 역사: 근현대편〉, 제3권 〈한국 미술: 전통에서 현대까지〉에 이어 제4권 〈한국 문화: 대중문화 발달과 K콘텐츠〉의 기획에서 발간까지 학교의 전폭적인 지원과 격려가 없었다면 순조롭지 못했을 것입니다. 또한 성균관대학교에서 유학생들을 위해 마련한 한국학연계전공 프로그램에서 학생들을 가르치고 지도해 주시는 선생님들의 참여 역시 큰 초석이 되었습니다. 유학생들과 매주 직접 소통하며 쌓게 된 한국학 수업에 대한 노하우가 본 교재 시리즈를 기획하고 완성하는 데 큰 보탬이 되었기 때문입니다. 아울러 한국학연계전공의 주관 기관인 동아시아학술원의 김경호 원장님께 깊은 감사를 드립니다.

오랜 시간을 들여 정성스럽게 작성해 주신 원고 집필자분들과 세심한 교열과 편집, 디자인에 힘써 주신 선생님들 덕분에 본 교재가 더욱 알차게 구성될 수 있었습니다. 마지막으로 다양한 주제로 발간될 교재들을 통해 외국인(유학생 포함)이 한국의 유구한 역사와 역동적인 문화를 자세히 이해하고, 나아가 지금의 한국 사회를 향한 통찰력을 기를 수 있기를 기대합니다.

성균관대 동아시아학술원

한국학연계전공 교재편찬위원회 박이진 씀

한국 문화: 대중문화 발달과 K콘텐츠

이 책의 구성과 활용법

유학생이 알아야 할 한국학 시리즈는 유학생들이 한국의 역사와 문화에 보다 쉽고 체계적으로 접근할 수 있도록 대주제와 시기 구분에 따라 각 권을 구성하였습니다. 또한 단원의 구성도 일정한 기간과 시간을 배분해 학습에 집중할 수 있도록 15강으로 나누어 대학생은 물론 일반 학습자의 학습 성취도를 고려하였습니다.

시리즈 4권에 해당하는《한국 문화: 대중문화 발달과 K콘텐츠》는 한류와 같은 세계 속의 '한국문화 붐' 현상을 이해하기 위해 한국의 역사적 흐름 속에서 태동한 대중문화의 기원적 모습과 발달을 압축적으로 다루었습니다. 한국은 물론이고 전 세계의 사회 변화에 가장 민감하게 반응하는 젊은이들의 '문화 주체성'에 대한 내용을 시작으로, 근래 미래발전적 의미에서 제시된 'K콘텐츠'의 개념과 활용 분야, 그리고 외국인 유학생들이 가장 알고 싶어하는 K팝, 한류드라마, 영화, 웹툰, 게임, 뉴미디어, 소설 등 다양한 테마를 선정해 구성해 보았습니다. 어떤 것이든 관심과 흥미가 있는 내용부터 순서에 상관없이 주제별로 학습할 수 있습니다.

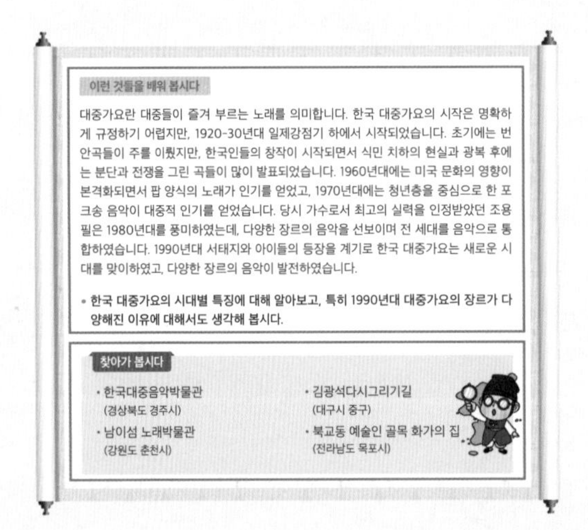

이런 것들을 배워 봅시다

대중가요란 대중들이 즐겨 부르는 노래를 의미합니다. 한국 대중가요의 시작은 명확하게 규정하기 어렵지만, 1920-30년대 일제강점기 하에서 시작되었습니다. 초기에는 번안곡들이 주를 이뤘지만, 한국인들의 창작이 시작되면서 식민 치하의 현실과 광복 후에는 분단과 전쟁을 그린 곡들이 많이 발표되었습니다. 1960년대에는 미국 문화의 영향이 본격화되면서 팝 양식의 노래가 인기를 얻었고, 1970년대에는 청년층을 중심으로 한 포크송 음악이 대중적 인기를 얻었습니다. 당시 가수로서 최고의 실력을 인정받았던 조용필은 1980년대를 풍미하였는데, 다양한 장르의 음악을 선보이며 전 세대를 음악으로 통합하였습니다. 1990년대 서태지와 아이들의 등장을 계기로 한국 대중가요는 새로운 시대를 맞이하였고, 다양한 장르의 음악이 발전하였습니다.

- **한국 대중가요의 시대별 특징에 대해 알아보고, 특히 1990년대 대중가요의 장르가 다양해진 이유에 대해서도 생각해 봅시다.**

찾아가 봅시다

- 한국대중음악박물관 (경상북도 경주시)
- 남이섬 노래박물관 (강원도 춘천시)
- 김광석다시그리기길 (대구시 중구)
- 북교동 예술인 골목 화가의 집 (전라남도 목포시)

모든 단원의 첫 시작은 〈이런 것들을 배워 봅시다〉로 문을 엽니다. 여기서는 본 강에서 학습할 내용의 전체 흐름을 설명하고 학습자들이 집중해서 생각해 볼 주제를 환기합니다. 아울러 〈찾아가 봅시다〉라는

코너를 넣어 학습 내용과 관련된 유적지나 기념관, 박물관 같은 정보를 소개하여 학습자의 직간접적인 체험 학습을 유도합니다. 그리고 본문 시작 부분에는 단원별로 본 강에서 배울 주요한 역사적 사건을 한눈에 파악할 수 있도록 연도를 표기하여 학습의 이해를 도왔습니다.

학습의 세부 내용을 담고 있는 본문은 소주제별로 묶어 전달하여 이해를 돕도록 하였습니다. 이때 학습자의 독해에 도움이 될 용어나 개념, 또는 주요 인물에 대한 보충 설명을 〈글박스〉를 통해 전달하고 있습니다.

또한 〈더 알아봅시다〉라는 코너를 두어 역사적 사건을 이해하는 데 필요한 상세한 내용을 소개하였습니다. 흥미로운 에피소드로 구성된 본 코너를 통해 본문에서 다루는 주요 내용에 대한 이해를 도울 뿐 아니라 역사와 관련한 다양한 문화와 가치관을 이해하는 데에도 도움이 될 것입니다.

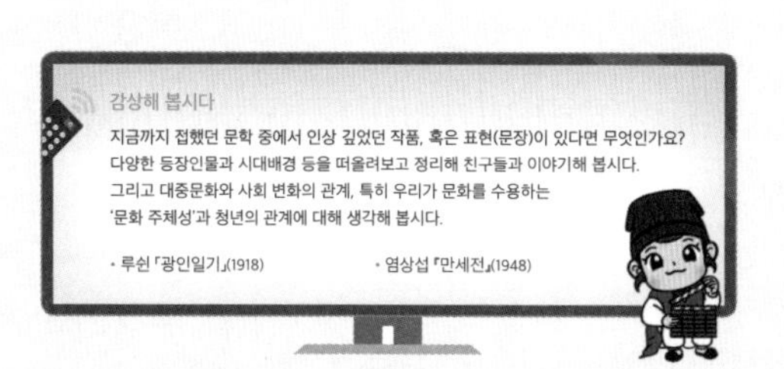

단원의 마지막에는 〈감상해 봅시다〉 혹은 〈시청해 봅시다〉라는 코너를 두어 학습자들이 배운 내용을 총정리할 수 있도록 하였습니다. 먼저 학습 내용을 바탕으로 지인들과 토론해 볼 수 있는 화두를 소개하였습니다. 그리고 학습 내용과 관련된 드라마나 영화를 소개하여 원활한 토론과 복습 효과를 배려하였습니다.

이상의 구성적 특징을 갖는 유학생이 알아야 할 한국학 시리즈를 통해 유학생들이 한국이라는 국가가 경험해 온 역사적 전개 과정과 한국인의 가치관을 형성해 온 주요 사상과 생활문화사, 나아가 오늘날 세계인들로부터 평가받고 있는 한국의 전통 및 한류 문화 등을 함께 생각해 볼 수 있었으면 합니다. 아울러 유학생들이 한국적인 것의 특징이 무엇이며 그러한 특징이 어떻게 형성되었는가를 배워가며 한국 사회와 한국인의 삶과 의식에 보다 깊게 접근할 수 있으리라 기대합니다.

차례

한류 드라마, K-드라마로의 부상

한국 대중가요

아이돌과 K팝

한국영화의 과거와 현재

한국영화의 명작들

경계를 넘는 공연문화

한국 현대문학의 발전과 세계화

한국 애니메이션의 역사와 도전

한국의 게임문화와 인프라

한국의 예능 프로그램

웹툰, 만화의 새로운 가능성

뉴미디어가 연결하는 K콘텐츠와 세계

청년문화의 시작

이런 것들을 배워 봅시다

1강에서는 대중문화를 생산하고 향유하는 주체로서 커다란 주축을 이루고 있는 젊은 세대, 즉 '청년'과 '청년문화'에 대해 생각해 보겠습니다. 청년이라는 단어는 역사적이고 동시에 이념적인 것이었습니다. 단순히 생애주기로서의 시간적 단계만을 나타내는 것이 아니라, 사회 변화를 추구하는 집단적 주체라는 의미로 명명된 것입니다. 한국뿐만 아니라 동아시아 사회에서 사회 변화의 동력을 책임질 주체를 청년이라는 개념으로 정의하였습니다. 그리고 그러한 청년을 낳은 중요한 매체는 '문학'이었습니다. 근대화가 진행되는 과정에서 문학은 세계적 지식과 대중 언어를 전달하는 역할을 하였습니다. 문학을 모르고서는 청년임을 자임할 수 없는 시대가 20세기였던 것입니다.

청년의 탄생은 새로운 주체의 등장을 의미하였고, 이는 한국뿐만 아니라 동아시아 사회의 변화와 직결되는 것이었습니다. 이는 현재 한국의 대중문화가 전 세계의 젊은이들에게 받아들여지는 이유가 무엇인지 생각할 때 많은 시사점을 줍니다.

- **지금 우리 사회의 청년의 모습, 그리고 '나'의 고민과 역할 등을 떠올리며 대중문화의 주체인 '나', '청년'의 위상에 대해서 생각해 봅시다.**

찾아가 봅시다

- 한국잡지박물관(서울 영등포구)
- 서울 YMCA(서울 종로구)
- 대한민국역사박물관 (서울 종로구, https://www.much.go.kr/cooperation/index.do)
- 한국작가박물관 (http://작가박물관.com)

학대받는 혹은 위로받는 청년?

1강에서는 여러분과 함께 '청년'이란 말의 의미를 생각해 보려고 합니다. 그것은 젊은 세대가 처해 있는 현재의 상황을 다른 차원에서 고민해보자는 취지 때문입니다. 요즈음 젊은이들의 삶이 매우 어렵습니다. 그래서 많은 이들이 그들의 삶을 걱정하고 또 위로합니다. 서점에는 실의에 빠진 젊은이들에게 용기를 주려는 책들로 넘쳐납니다. 그 책을 쓴 이들은 젊은 세대의 길잡이를 자처하며 온갖 수사를 동원해 삶의 방향을 밝혀줍니다.

하지만 그러한 현상을 마냥 긍정할 수만은 없습니다. 무엇인가 지나친, 말하자면 젊은 세대에 대한 과잉 조언의 시대가 된 듯한 느낌이 있기 때문입니다. 기성세대가 조언할 만한 무엇인가를 그렇게 많이 가지고 있는지도 의심스럽습니다만, 영양이 과하면 건강에 해롭듯이 젊은 세대에 대한 지나친 관심이 오히려 그들을 혼란스럽게 만듭니다.

젊은 세대의 고통을 모르거나 외면하려고 이런 말을 하는 것은 아닙니다. 젊은이들이 학교를 벗어나는 순간, 매우 가혹한 노동환경과 만나게 됩니다. 지식자본의 가치도 점점 작아져 고학력자조차 안정된 직업을 선호하는 현상이 심화되고 있습니다. 하지만 문제의 근본이 해결되지는 않고 위로의 말들만 넘쳐나는 것은 커다란 문제입니다. 그렇게 해결될 수 있는 것이라면 본래부터 그렇게 심각한 일은 아니었을 겁니다. 만약 정말로 위중한 상태라면 위로의 말 정

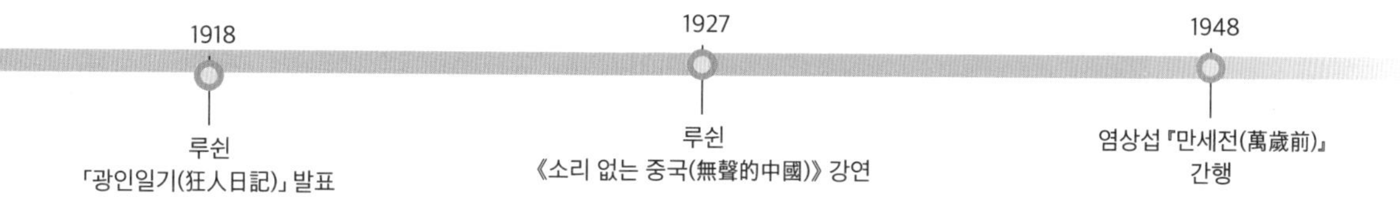

도로는 결코 치유될 수 없습니다. 우리는 처음부터 천천히 근본을 다시 생각해 보아야 합니다. 무엇보다 젊은이들은 대중문화를 생산하고 소비하는 주체입니다. 젊은이들의 관심과 마음이 어디로 향해 있고 또 무엇을 원하는지 되짚어보는 것은 곧 한국의 대중문화를 더 깊이 있게 들여다보는 일이자, 나아가 문화를 매개로 초연결사회의 미래를 이끌어 갈 전 세계의 젊은이들을 이해해 보는 일이기도 합니다.

청년, '소리'를 만들다

현대 중국을 대표하는 작가이자 사상가인 루쉰(魯迅, 1881-1936)은 이런 말을 남겼습니다.

> "청년들은 무엇보다 중국을 소리 있는 중국으로 만들어야 합니다. 대담하게 말하고 용감하게 나아가면서 모든 이해관계를 잊어버리고 옛사람을 밀어치우고 자기 진심의 말을 해야 합니다."(魯迅, 「소리 없는 중국(無聲的中國)」, 1927)

루쉰은 '소리 없는 중국'과 '소리 있는 중국(有聲的中國)'이라는 비유를 통해 청년의 의미를 소리를 만드는 존

▼ 루쉰의 일대기를 소설 형식으로 그린 자서전 한국어판 표지. 2007년 다섯수레 출판 ©도서출판 다섯수레 제공

중국 신문화운동이란●

중국에서 1915년을 전후하여 일어난 계몽운동을 말합니다. 전통적 유교 사상과 도덕을 비판하며 민주주의와 과학(과학정신)을 수용해 새로운 문화를 창조할 것을 주장하였습니다.

재로 정의합니다. '소리 없는 중국'이라는 표현 속에는 전통 가치관에 매몰되어 스스로 판단하는 주체이기를 포기한 당시 중국의 현실에 대한 통렬한 비판이 들어 있습니다. 그것은 일차적으로 모든 판단의 근거를 '성현'의 말에서 찾으려 하는 전통만능주의의 폐해에 대한 저항입니다. 전통적 사유에 근거해 현재를 분석할 때 현재는 단지 과거의 재현에 불과한 존재가 되고 새로운 시대에 대한 통찰은 사라지게 되는 탓입니다. 루쉰이 보기에 중국은 '말할 수 없는 자' 또는 '말하지 않는 자'들로 넘쳐나는 세계입니다. '자기(自己)'가 없는 사람들로 대만원을 이룬 사회였던 것입니다.

유명한 「광인일기(狂人日記)」(1918)는 전통에 매몰된 나머지 자기의 말을 잃어버린 동족들에 대한 통렬한 풍자입니다. 이 소설의 주인공 광인(狂人)은 식인(食人)의 전통이 자기와 자기 주변 모두를 장악하고 있다고 토로합니다. 역사책을 읽으며 '인의'와 '도덕'이라는 문자 옆에 빼곡히 써 있는 '식인' 두 글자를 발견하고 흠칫 놀라기도 합니다. 『루쉰전』을 쓴 왕스징(王士菁) 선생은 이를 봉건사회의 추악한 식인도(食人圖)에 대한 풍자이자 봉건사회를 향해 불을 지르는 도전장이라고 해석하였습니다.

20세기 초반, 중국의 현대화 과정에서 격렬한 유교 비판이 이루어진 것은 이 때문이었습니다. 유교(성리학)는 전통적으로 국가를 운영하는 이데올로기이자 지식문화의 기준이 되었기 때문에 유교를 타도하지 않고서 현대의 새로운 사상과 지식체계가 자립할 수 있는 공간이 성립할 수 없었습니다. 루쉰의 사유를 빌어 말하면 유교는 느낀 대로 말하고 싶은 욕망을 가로막고 남의 문자로 나의 말을 대신하게 만드는 권력이었던 것입니다. 중국 신문화운동●에서 전통 비판이 매우 중요하게 다루어진 이유가 여기에 있습니다. 전통이라는 기성문화의 강력한 작용을 벗어나지 않고서는 중국인들이 자신의 하고 싶은 말을 소리쳐 할 수가 없었던 까닭입니다.

논의가 본류에서 조금 벗어났습니다. 소리를 만드는 주체로 청년의 역할을 규정한 루쉰의 정의는 '청년'이란 낱말에 바쳐진 최대의 찬사이자 가장 적절한 해석이라 할 수 있습니다. 도대체 소리를 만든다는 것은 무엇일까요? 소리의 주체가 된다는 것은 어떤 상태를 의미할까요? 그러고 보면 우리가 살고 있는 이 시대는 인류 역사상 그 어느 때보다 소리의 역할이 중요합니다. 특히 '말한다'라는 것은 인간의 고유한 권리가 소리로 표현되는 상태입니다. 소리가 말과 결합할 때 의미가 발생하고 그것이 주장이 됩니다.

그래서 세상을 바꾸려는 사람들은 연설을 통해 자신의 생각을 펼칩니다. 정치인은 말을 통해 대중과 소통하지 않으면 안 됩니다. 정치를 하려는 사람들은 무엇보다 제대로 말하는 법부터 배워야 합니다. 대중을 설득하지 않으면 정치적 이상을 실현할 수 없는 시대가 되었습니다. 그 모든 것이 소리를 매개로 이루어지는 현상입니다. 그래서 '소리가 있다'(有聲)는 것은 공감과 반대가 왕성하게 일어나는 생동감있는 사회를 의미합니다. 시끄러운 소리야말로 사람들의 생생한 공존을 보여주는 물질적 현상입니다.

소리쳐 말하는 자로 '청년'을 묘사한 루쉰의 사유 속에는 청년이 아니고서는 중국을 새롭게 만들 수 없다는 판단이 들어 있었습니다. 그런 점에서 청년이라는 단어는 역사적이고 동시에 이념적이었다고 할 수 있습니다. 확실히 루쉰의 글 속에서 청년은 인생의 어떤 시간적 단계만을 의미하지 않습니다. 오히려 강렬한 사회 변화를 추구하는 집단적 주체라는 의미로 사용됩니다. 20세기 동아시아 사회에서 청년/청춘이란 낱말이 그렇게 광범위하게, 그토록 빈번하게 사용된 원인이 여기에 있습니다.

▼ 창간호는 '청년잡지'로 시작했던 『신청년(新青年)』. 이 잡지의 영향으로 청년들이 주도하는 자주적인 사상운동이 일어났습니다.

자주적이되
노예적이지 마라.
진보적이되
보수적이지 마라.
진취적이되
은둔적이지 마라.
세계적이되
쇄국적이지 마라.
실리적이되 허세적이지 마라.
과학적이되 상상적이지 마라.

___『청년잡지(신청년)』, 1915

루쉰 자신도 깊이 관계했던 『신청년(新青年)』이라는 잡지가 중국 신문화운동의 기수가

YMCA란?*

YMCA(Young Man's Christian Society)는 1844년 영국의 런던에서 청년들이 일으킨 운동으로, 산업혁명 직후 혼란한 사회 속에서 시달리던 노동청소년들의 친교회에서 시작되었습니다. 현재까지도 세계 최대의 청년운동 단체로 역할을 하고 있습니다.

되고 동아시아 근대사상의 중심적 발원지가 되었다는 것은 의미심장합니다. 청년이라는 자의식은 인생을 대하는 시각의 문제입니다. 자신을 청년이라 부르는 것은 스스로를 특별한 인간으로 구별짓는 결단이자 실천이었습니다. 20세기에 이루어진 변화들은 이러한 청년들의 자각에서 시작된 비범한 행위들의 결과였는데, 그것은 그들이 이룩한 수많은 성과들을 통해 증명됩니다. 청년이라는 자의식으로 충만해 있던 그들이 있었기에 새로운 문화와 가치가 만들어졌습니다. 그들의 강렬한 도전과 희생을 통해 중세의 억압이 무너지고 사회적 불평등이 해소되며 감각과 사상의 혁명이 이루어질 수 있었습니다.

청춘, 불후(不朽)의 시간을 소유하다

청년이라는 용어는 일본의 초기 기독교 지도자였던 고자키 히로미치(小崎弘道, 1856-1938)가 1880년 YMCA*를 '기독교청년회'로 번역한 이후 젊은 세대를 일컫는 일반적인 말로 정착되었다고 합니다. 이 용어는 이후 중국과 한국에까지 급속도로 확산되었습니다. 동아시아 사회 전체가 근대라는 새로운 문명사적 단계로 접어들면서 사회 변화의 동력을 책임질 주체의 성격을 청년이란 개념으로 정의했던 탓입니다. 동아시아 근대성의 중심에 청년이란 새로운 인간상이 자리잡게 된 것입니다. '○○청년회'라는 조직이 전국에 넘쳐나고 사회개조의 동력으로 자리잡게 된 것도 대략 이때부터입니다.

'Young Man'이 '청년'으로 번역되었을 때, 그 용법이 순식간에 동아시아 전역으로 퍼져나간 것은 한 · 중 · 일 삼국이 한자를 공유했던 것과 청년이란 말 속에 들어 있는 시간에 대한 해석방식에 대한 공감과 지지가 있었기 때문입니다.

대만(臺灣)에서 간행한 『중문대사전(中文大辭典)』에 의하면, '청

(靑)'의 의미는 '춘(春)'과도 통합니다. 그런데 '춘'은 네 계절의 처음(四時之始)이자 머리(四時之首)입니다. 계절의 순환이 다시 시작되고 생명의 부활이 이루어지는 시기입니다. 그래서 '청년'은 재생과 부활을 상징합니다. 누가 시키지 않아도 저절로 꽃이 피듯, 청년/청춘은 새로운 사회를 만들어야 했던 것입니다. 그것이 '청년'의 역할을 대자연의 섭리라는 차원에서 생각하게 만듭니다. 다른 차원에서 말하면 청년다운 행동의 정당성은 자연과 우주의 질서라는 차원에서 보장됩니다.

이것이 'Young Man'과 '청년'이 같으면서도 다른 말이 되었던 까닭입니다. 20세기 초의 동아시아인이 청년이라는 말에 크게 경도되었다면, 그것은 이러한 문자적 의미에 공명했기 때문일 것입니다. 이것은 서구의 근대성이 동아시아의 사유 속에서 재구성되는 양상을 보여주는 사례 가운데 하나입니다. 모든 문명/문화의 이동과 전파는 받아들이는 쪽의 토착 질서에 의해 변형되고 재의미화됩니다. 그것이 이른바 주체성의 작용입니다. 동아시아 사회가 근대의 서구 사회로부터 막대한 영향을 받았지만 그것을 몰주체적으로 수용한 것은 아니었습니다.

앞서 살핀 것처럼, 청년이란 번역어의 선택은 동아시아인이 오래전부터 가지고 있는 고유한 시간의식에 의해 이루어진 일입니다. '푸르른 봄날 같은 썩지 않는(不朽)' 시간의 주체라는 자의식이야말로 인간이 가질 수 있는 최대의 자존감이 아닐까요? 청년으로 자처함으로써 절대시간의 소유자라는 자기 정체성을 갖게 되는 것입니다. 동아시아인은 '젊다'라는 의미를 이렇듯 철학적인 차원에서 이해하였습니다. 세상을 새롭게 하는 운명을 가진 존재, 그것이 청년이라는 말 속에 담긴 의미입니다.

청년은 그렇기 때문에 위로가 필요 없는 존재입니다. 섣부르게 위로하는 사람들은 청년이 누구인지 제대로 알지 못하는 사람들입니다. 그들은 청년이 무엇을 하는지 잘 모릅니다. 심각하게 말하면 위로받는 대상으로 청년을 묶어둘 때 이익을 얻는 사람들일 수도 있습니다. 그것은 무지이자 기만이며 청년적인 가치의 훼손입니다. 부디 청년의 이름으로 위로받지 마시기 바랍니다. 그러한 의도를 담아 루쉰은 청년들에게 조언하였습니다. "반드시 앞길을 가로막아선 앞사람을 넘어 그 앞사람보다 위대해져라!"

문학, '청년'을 낳다

이제 '문학'과 '청년'의 관계에 대해 이야기해 보겠습니다. 그런데 그보다 앞서 문학과 현대사회의 관계를 조금 설명할 필요가 있습니다. 우리가 알고 있는 문학이 오늘날과 같은 형태로 한국사회에 보편화된 것은 20세기에 들어와 이루어진 일입니다. 20세기 초반에 다양한 경로를 통해 서구의 문학이 한국에 수용되었고, 한국인들은 그 '충격'을 기존의 문학 전통과 결합하면서 자기 방식의 틀을 만들어 내었습니다. 서구의 현대문학이 도입되기 이전 한국문학의 형태는 양반 지식인 중심의 한문 문학, 여성과 중하층민 중심의 국문(한글) 문학으로 나뉘어 있었습니다. 계급과 신분을 초월해 모든 사회 구성원이 읽고 즐기는 공통의 문학은 '조선' 사회에서 존재하지 않았습니다.

현대사회가 시작되면서 '지식/앎'에 대한 보편적 추구, 곧 보통 교육의 요구가 사회 전반에서 들끓기 시작하였습니다. 지식의 대중화가 이루어지지 않고서는 신분사회의 해체와 사회통합은 요원한 일이기 때문입니다. '국민'의 탄생은 이러한 앎의 평등을 전제로 한 것입니다. 국민의 등장을 이끈 원동력은 두 가지로 말할 수 있는데, 그 하나가 수평적인 대중 언어의 보급이었고 다른 하나는 '국민시대'에 맞는 새로운 지식체계의 수립이었습니다. 당시의 매체들은 과감히 한문을 버리고 국민 언어의 확산에 매진하였습니다. 서재필(徐

載弼, 1864-1951)의 『독립신문』(1896.4.7.~1899.12.4.)은 순한국어로 제작되었는데, 한문 중심이었던 당시의 관행으로 본다면 그것은 지극히 과격한 결정이었습니다. 한편 다양한 차원에서 서구지식의 도입과 교육이 추진되었는데, 그것은 서양이 동아시아에 비해 지식의 국민화를 한발 앞서 이루어낸 탓입니다. 서구문학은 이러한 과정에서 처음 한국에 소개되었습니다.

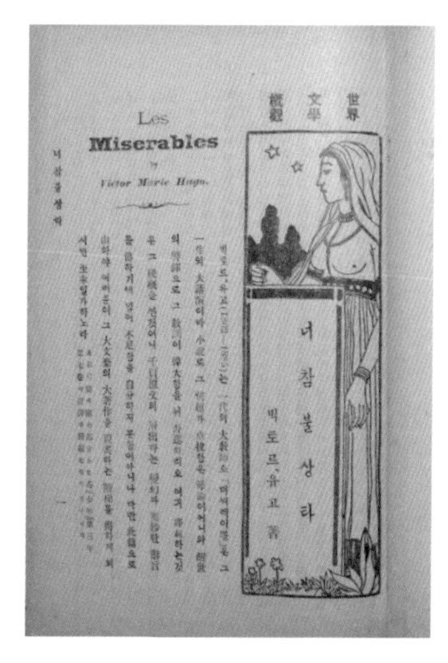

▲ 1914년 『청춘』 잡지 1호에 실렸던 소설 『레미제라블(Les Miserables)』

서구문학은 한국인들의 현대적 대중 지식의 형성에 크게 기여하였습니다. 예를 들어 빅토르 유고(Victor Hugo, 1802-1885)의 『레미제라블(Les Miserables)』(1862)은 1914년 잡지 『청춘』을 통해 『너 참 불상타』라는 제목으로 번역되었습니다(원 제목의 의미에 가까운 매우 훌륭한 번역입니다!). 이 번역소설을 통해 한국의 독자들은 프랑스인들의 삶뿐만 아니라 자유와 평등을 위한 그들의 투쟁 상황을 알게 됩니다. 소설은 단순히 사람 사는 이야기가 아니라 시대와 역사, 사상과 이념의 복합체입니다. 번역된 소설을 통해 한국인은 세계의 광대함과 복잡함을 알게 되었습니다.

세계적 지식과 대중 언어, 현대인이 되기 위한 이 두 가지 조건을 문학은 한국인에게 제공하였습니다. 한국인의 주체성을 부정하는 식민지의 상황을 넘어서기 위한 방법의 모색 가능성도 열어주었습니다. 이러한 점에서 한국에서 청년과 문학의 조우는 하나의 필연적인 현상입니다. 청년이 되고자 하는 사람이라면 일단 문학의 문을 두드려야만 하였습니다. 1910년대 『청춘』과 같은 잡지가 새로운 사회 기풍을 만드는 매체로 등장한 것도 이 때문입니다. 우리가 알고 있는 '문학청년'이라는 용어도 이즈음 만들어졌습니다. '문청(文靑)'이라는 축약어는 근 일세기에 걸쳐 시대의 징후를 읽어내는 예민한 감각의 젊은이를 상징하였습니다. 문학을 모르고서는 청년임을 자임할 수 없는 시대가 20세기였습니다.

그러한 문학이 청년의 삶의 다루는 것은 당연한 일입니다. 소

▲ 염상섭의 『만세전(萬歲前)』은 원래 '묘지'라는 제목으로 <신생활> 잡지에 연재되었던 소설입니다. 이후 개작하여 1948년에 단행본으로 출간되었습니다.

설의 본질은 어떤 이론가의 견해를 빌어 말하면 '문제적 인간'을 그리는 것입니다. '문제적 인간'이란 도대체 누구입니까? 여러분이 지금도 늘 듣고 있는 이른바 문제 많은 인간, 바로 그들입니다. 세상과 사회와 불화하는 인간들, 우리의 관습과 타성을 돌아보게 만드는 존재들, 보통 사람과는 다른 눈으로 세상을 보는 사람들, 사회나 국가의 개조를 추구하는 사람들까지 그 부류는 많습니다. 직설적으로 말하면 우리를 힘들고 불편하게 하는 사람들입니다. 그런데 다른 차원에서 보면 그들이 곧 '청년'입니다.

20세기 한국을 대표하는 소설가 염상섭(廉想涉, 1897-1963)의 『만세전(萬歲前)』을 하나의 예로 살펴보겠습니다. 이 소설은 냉소적인 삶을 살던 식민지 부르주아 젊은이가 보여주는 인식의 변화 과정을 추적합니다. 집에서 보내주는 돈으로 도쿄 카페의 여급들과 시간을 보내던 주인공은 부인의 죽음을 알리는 전보를 받고 마지못해 귀국길에 오릅니다. 이 여로(旅路)에서 주인공은 예상하지 못했던 여러 차례의 충격적인 일들을 겪습니다. 시모노세키 항구에서의 불쾌한 검문, 악취와 더러운 사람들도 뒤범벅된 배 안의 살풍경함, 조선인을 팔아넘기는 인간 사냥꾼들, 경성행 기차에서 만난 연옥(煉獄) 같은 조선의 참상들. 견디다 못해 주인공 이인화(李寅華)는 소리칩니다. "공동묘지다! 구더기가 우글우글하는 공동묘지다!"

하지만 이 외침은 '소리'가 되어 밖으로 나오지 못하고 내면의 부르짖음에 그치고 맙니다. 이인화는 다만 '속으로 생각'할 뿐입니다. '소리'를 내는 순간 자신에게 닥칠 폭력과 불행을 감당할 자신이 없었기 때문입니다. 여기서 내면과 현실의 갈등은 최고조에 달합니다. 자신이 소리쳐 말할 수 없는 존재라는 것을 새삼 확인했기 때문입니다. 그렇지만 소리칠 수 있는 용기가 없다는 것을 확인한 것은 이 작품의 중요한 터닝 포인트입니다. 참을 수 없는 모욕과 심적 고통, 정체성의 혼란을 겪은 끝에 주인공은 어떤 새로운 가능성에 도달하였기 때문입니다.

『만세전』은 이인화라는 인물이 청년의 상태에 이르는 과정을 담은 한 편의 로드무비입니다. 귀향의 여로는 주인공이 겪는 하나

청년문화 젊은 세대의 독특한 정체성을 표현한 문화를 '청년문화'라고 봅니다. 특히 부모(기성) 세대와 구별되는 청년 세대의 가치관과 취향, 행동 등이 하나의 사회적 관심거리가 되었던 것은 1950-60년대부터입니다. 주로 기성의 지배 문화에 저항하는 '대항문화'나 노동청소년 계층의 일탈적인 '하위문화'를 청년문화로 생각하였습니다.

한국에서는 1970년대 초반, 대학생을 중심으로 한 대중문화의 확산과 함께 청년문화라는 말이 사용되었습니다. 당시 대학생들에게 인기를 끌었던 통기타 음악과 청바지, 장발 등이 대표적입니다. 이는 모두 서양에서 들어온 문화였기 때문에 당시에는 청년문화가 서양 문화에 대한 지향처럼 보이기도 하였습니다. 하지만 이러한 흐름은 1970년대 후반 유신체제의 강압으로 퇴출됩니다. 군사정권과 급속한 경제성장 정책이 결합하며 한국사회는 정치적으로나 사회적으로 격변기에 들어섰습니다. 사회적 갈등과 모순이 심해지는 가운데 청년 대학생들이 중심이 되어 저항 의식을 표출하게 되었고, 1980년대에는 이러한 '학생운동' 문화가 다시금 청년문화의 한 축으로 주목을 받게 되는 것은 자연스러운 일이었습니다. 다만, 학생/민중의 문화운동이 강압적 지배 문화와 대치되었다고 해서 당시의 청년문화를 모두 정치적 저항 속에서 이해해서는 안 됩니다. 기성의 문화와는 다른 방식으로 자신의 정체성을 표현하고자 했던 청년문화 특유의 성격이 대학생들의 낭만적인 엘리트 의식과 감성적인 자유주의와 결합하기도 했습니다.

어느 시대에나 새롭고 활기에 찬 젊은 세대의 '청년문화'가 등장합니다. 그만큼 젊은 세대는 사회 변화와 시대적 흐름에 민감하게 반응하고 기성세대와는 다른 방향성을 추구하기 때문입니다. 이러한 젊은 세대의 문화적 지향성은 한 사회의 대중문화를 규정하는 데에도 큰 역할을 합니다.

◀ 서울 종로구 혜화동의 '대학로'는 젊은 세대의 새로운 가치관과 라이프스타일을 공유하는 대표적인 장소입니다.

의 통과제의입니다. 여행을 끝낸 주인공은 청년으로 새롭게 태어납니다. 하지만 그 과정은 결코 낭만적이지 않습니다. 청년의 낭만을 상징하는 애정 관계는 그가 청년임을 자각하는 순간 오히려 파탄에 이릅니다.

그런 점에서 『만세전』은 조금 차가운 소설입니다. 하지만 다른 한편에선 그 차가움으로 인해 청년의 상태가 더욱 고상한 것으로 빛나게 됩니다. 이 소설을 읽은 독자는 분명 소설이 끝난 이후 주인공의 삶에 관심을 갖게 될 것입니다. 그때부터 소설이 창조한 세계는 독자 자신의 것이 됩니다. 소설 『만세전』은 이렇게 해서 숱한 또 다른 이인화를 만들어 냈던 것입니다. 작품을 매개로 작가에서 독자로 전이되는 '문제적 인간'의 복제야말로 소설 문학이 인류사에 끼친 가장 위대한 공적일 것입니다. 청년을 낳은 문학이라는 말의 의미는 이러한 것입니다.

감상해 봅시다

지금까지 접했던 문학 중에서 인상 깊었던 작품, 혹은 표현(문장)이 있다면 무엇인가요?
다양한 등장인물과 시대배경 등을 떠올려보고 정리해 친구들과 이야기해 봅시다.
그리고 대중문화와 사회 변화의 관계, 특히 우리가 문화를 수용하는
'문화 주체성'과 청년의 관계에 대해 생각해 봅시다.

- 루쉰 「광인일기」(1918)
- 염상섭 『만세전』(1948)

한류와 K콘텐츠

이런 것들을 배워 봅시다

넷플릭스 오리지널 드라마 〈오징어 게임〉, 영화 〈미나리〉, 아이돌 그룹 방탄소년단(BTS), 블랙핑크, 그리고 한국 웹툰 사이트의 세계 시장 석권 등, '한류'를 이루고 있는 한국 대중문화 콘텐츠가 전 세계인의 관심을 받고 있습니다. 2강에서는 이러한 한국 대중문화 인기의 시작과 배경, 그리고 현황 등에 관해 살펴봅니다.

1990년대 후반, 아시아 지역에 한국 드라마가 방영되면서 시작된 한류는 국내의 문화산업에 대한 인식을 바꾸게 되는 계기가 되었습니다. 〈겨울연가〉를 기점으로 한국 드라마 팬덤이 생김과 동시에 한국 아티스트들이 해외에 진출해 활동할 수 있는 기반이 마련된 것도 이 시기입니다. 이후 K팝을 필두로 한 새로운 한류의 바람이 일게 되고 아시아를 넘어 유럽, 미국 등지로 확대됩니다. 이는 한류를 즐기는 대상층의 확장으로도 이어졌습니다. 특히 온라인 동영상 서비스와 사회관계망 서비스를 적극적으로 활용한 한국의 콘텐츠가 기획사의 조직화와 정부의 지원 방침 등으로 더욱 활성화되기에 이릅니다. 문화콘텐츠가 갖는 경제적 가치나 문화적 가치가 한 나라의 세계적 영향력을 판단하는 기준으로 작용하는 시대로 접어들면서 한국의 문화콘텐츠 시장이 더욱 성장하게 된 것입니다.

팬데믹 이후 글로벌 콘텐츠 시장에서 주목을 받게 된 한국 대중문화 콘텐츠, 즉 K콘텐츠의 특징은 몇 가지로 압축될 수 있습니다. 또한 현재 진행중인 K콘텐츠의 세계화를 두고 그 배경과 이유에 관해 다양한 의견이 제시되기도 합니다.

- **이러한 한국 대중문화 콘텐츠의 변화 양상에 관한 여러 자료를 살펴보고, 또 이야기를 나누면서 문화의 힘이 어떻게 한 나라의 영향력을 대표할 수 있게 되었는지 그 과정에 관해 생각해 봅시다.**

찾아가 봅시다

- 한류영상콘텐츠관(인천 중구)
- 한류스타홍보전시관(서울시 중구)
- 한국관광공사 서울센터 하이커그라운드(서울시 종로구)
- 외국인이 제작한 한류 콘텐츠 전시관 코리아월드(Korea World) 가상세계(https://www.koreaworld.co.kr/)

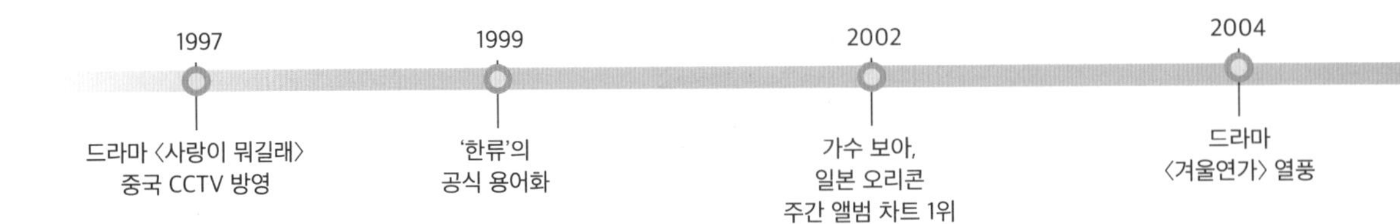

MBC란?*

MBC는 주식회사 문화방송(Munhwa Broadcasting Corporation, 호출부호 HLKV)의 약자로, 대한민국 전역을 가시청권으로 하는 대표적인 지상파 TV, 라디오 방송사입니다. 1961년에 설립되었습니다.

한국 대중문화가 해외에서 영향력을 갖기 시작하다

한국의 대중문화를 포함한 한국과 관련된 것들이 한국 이외의 나라에서 인기를 얻는 현상을 '한류'라고 합니다. 1990년대에 한국 문화의 영향력이 급성장하면서 등장한 신조어라고 할 수 있습니다. 그런데 '한류'는 한국에서 만들어진 표현이 아닙니다. 1990년대 후반, 중화권에서 만들어진 말을 차용한 것입니다. 당시에는 일본의 대중문화가 전 세계적인 영향력을 가지고 급속하게 확산되었습니다. 이것을 일본에서 '일류'라고 자칭하였고, 이후 한국 대중문화가 해외 시장의 영향력을 갖게 된 것을 '일류' 현상에 빗대어 '한류'라는 말로 부르게 된 것입니다.

1990년대 후반에서부터 2000년대 초반에 걸쳐 시작된 한류는 중국과 같은 아시아 지역에서 한국 드라마가 방영되면서 시작되었습니다. 1997년 중국의 CCTV(China Central Television)가 MBC* 드라마 〈사랑이 뭐길래〉(1991)를 1997년에 방영하였습니다. 당시 외국에서 제작된 드라마가 중국에서 방영될 때 시청률이 1% 미만으로 저조했었는데, 〈사랑이 뭐길래〉는 시청률이 4.3%까지 올라갔다고 합니다. 이를 계기로 중국에서 한국 드라마 붐이 일었습니다. 이어서 〈별을 내 가슴에〉와 같은 한국 드라마가 중국에 수출되면서 당시 드라마의 주연 배우들이 중국 현지에서 활동하며 많은 인기를 누렸습니다.

중국으로의 드라마 수출로 시작된 한류 열풍이 정점을 찍게 되는 계기가 등장하게 됩니다. 바로 드라마 〈겨울연가〉가 일본에서 큰

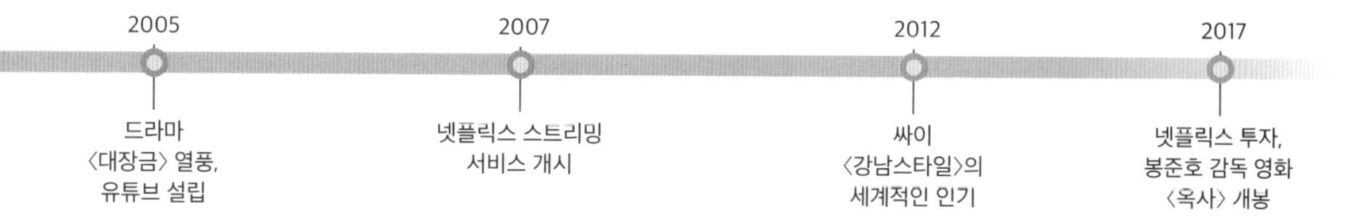

인기를 얻게 된 것입니다. 〈겨울연가〉는 2002년에 한국에서 방송이 시작됨과 동시에 중국, 태국, 싱가포르, 베트남, 말레이시아 등 아시아 각지로 수출되었습니다. 당시 KBS* 에서 분석한 자료에 따르면 〈겨울연가〉의 작품 수출만으로 벌어들인 부가가치는 134억 3천만 원으로 기록됩니다. 2004년 한국 문화관광부(현재 문화체육관광부)의 조사에서는 일본에서만 한화로 1조 720억 원의 경제적 파급효과, 그리고 단일 드라마로는 사상 최고액인 21억 8천만 원 상당의 수출을 기록하였다고 합니다. 〈겨울연가〉의 성공으로 배우 배용준은 '욘사마'라고 불리며 일본에서 국빈 대접을 받는 스타가 되었습니다. 드라마의 배경으로 등장하는 남이섬은 일본 관광객들의 필수 관광코스가 되기도 하였습니다. 이렇게 〈겨울연가〉를 기점으로 해서 아시아에 수많은 한국 드라마 팬덤이 생김과 동시에, 이후 한국의 아티스트들이 해외에 진출해 활동할 수 있는 기반이 만들어졌습니다. 이것이 바로 첫 번째 한류라고 할 수 있습니다.

KBS란?*

'한국방송공사법'에 의해 1973년에 설립된 공영방송국으로 통칭 KBS(Korean Broadcasting System)로 부릅니다. 1972년에 방송문화인의 지속적인 발전을 도모하고 방송의 공공성, 공익성을 높이기 위한 방안으로 여러 방송국을 공영체제로 전환시키는 '한국방송공사법'이 공포되었고, 이후 공영방송시대의 막이 올랐습니다.

〈겨울연가〉의 성공은 당시 영향력이 컸던 일본의 대중문화에 비해 한국의 대중문화가 콘텐츠의 힘이 약할 것이라던 우려를 불식시키는 계기가 되었습니다. 또 드라마가 경제적으로도 큰 수익이 창출된다는 것을 알게 하였습니다. 드라마를 통해서 음악(OST)은 물론이고 배우들이 출현했던 다양한 또 다른 드라마들이 일본의 문화시장으로 건너갔기 때문입니다. 각각의 배우들을 모델로 한 다양한 굿즈도 판매가 되었습니다. 어떻게 보면 종합 엔터테인먼트의 수출이라는 면에서 좋은 수익 구조의 모델이 부상하기 시작한 것입니다.

한국의 일본 대중문화 개방 〈겨울연가〉 이전에 한국 대중문화의 인기는 어땠을까요? 물론 중국 CCTV의 〈사랑이 뭐길래〉부터 한류가 시작되었습니다만, 그 이전의 한국 대중문화 콘텐츠가 다른 나라에서 인기를 얻었던 경우가 전혀 없었던 것은 아닙니다. 다만 당시에는 그러한 인기를 일시적인 현상으로 생각하였습니다. 왜냐하면 당시까지만 해도 대중문화 자체에 대한 인식이 굉장히 낮았기 때문입니다. 대중문화를 '저속한' 문화라고만 보았기 때문에 해외 다른 나라에서 인기가 있는 것조차 당시에는 중요하게 여기지 않았습니다.

또 당시에는 다른 나라의 대중문화가 한국에 유입되는 것에 대한 거부감이 있었습니다. 특히 일본 대중문화에 대한 거부감이 컸습니다. 이와 마찬가지로 한국의 대중문화가 해외에 진출할 것이라는 생각 자체도 1990년대에는 일반적이지 않았습니다.

그랬던 것이 변화가 일어나기 시작했습니다. 중국에서의 드라마 성공, 다음에 아시아에서의 드라마 성공, 그리고 이와 함께 1998년 한국의 김대중 대통령과 일본의 수상이 함께 만들었던 '한일공동선언'이 그것입니다. 이 선언의 하나가 "일본 대중문화의 단계적 개방"입니다. 다시 말해 일본의 대중문화를 한국에서 단계적으로 개방한다는 것이었습니다. 이에 대해 한국의 일반적인 분위기는 굉장히 부정적이었습니다.

당시 상당히 영향력이 컸던 일본의 대중문화가 한국에 들어오게 되면 한국의 전통적이고 고유한 문화가 침식될 것이라는 우려가 높았기 때문입니다. 아울러 조직화되어 있는 일본의 대중문화가 한국에 들어오면 한국의 문화산업에 막대한 피해가 있을 것이라는 생각이 지배적이었습니다. 그렇지만 이러한 부정적인 예상은 현실화되지 못했습니다. 다른 나라들도 마찬가지입니다. 다른 외국의 다양한 문화가 들어옴과 동시에 자국의 문화와 결합해서 더 아름답고 다양한 문화를 창출해 내는 것이 대중문화의 성격이었던 것입니다. 한국의 대중문화도 일본의 다양한 대중문화로부터의 자극을 통해 모방과 재창출을 거쳐 크게 성장하였습니다.

▲ 일본 대중문화 개방으로 정식 개봉한 영화 〈러브레터〉의 2016년 재개봉 모습 ©연합뉴스

‘한류2.0’의 새로운 바람이 일어나다

〈겨울연가〉가 크게 인기를 얻고 난 다음에 또 한 번 한류가 다른 방향으로 성장하게 됩니다. K팝의 부상으로 한류의 팬층이 확대되는 계기가 등장하게 된 것입니다. 먼저 드라마가 유행했을 때까지만 해도 주로 아시아의 여성층이 팬의 대부분을 차지했다면, K팝의 인기는 청년층으로 확대되었습니다. 지역도 아시아를 넘어 중동, 라틴 아메리카, 동유럽, 러시아, 중앙아시아, 그리고 최근에는 미국, 유럽, 오세아니아까지 확대되고 있습니다.

K팝을 주도했던 그룹은 SM엔터테인먼트의 동방신기, 소녀시대, DSP엔터테인먼트의 카라가 대표적이었습니다. 특히 아시아에서 큰 성공을 거두었는데, 동방신기의 경우에는 일본의 최고 인기 가수들도 객석을 다 채우기 어렵다는 일본의 큰 경기장(도쿄돔, 나고야돔, 오사카돔, 삿포로돔, 후쿠오카돔)이 모두 매진되는 진기록을 세웠고, 이후 K팝 아티스트들이 일본에서 활동할 수 있는 기틀을 마련하였습니다. 2009년에 일본에 진출한 카라는 한국에서 많은 인기를 끌었던 곡 〈미스터〉가 일본에서도 히트를 하면서 걸그룹* 으로서는 최초로 단독 콘서트를 열기도 하였습니다. 2010년에 일본에 진출한 소녀시대는 현지 가요계의 모든 인기 차트를 휩쓸며 승승장구했습니다. 소녀시대는 2010년부터 2015년까지 5년이라는 길지 않은 공식 일본 활동 기간 동안 무려 700만 장의 앨범 판매량을 기록하였습니다.

드라마, K팝이 각각의 큰 흐름으로 정리되는 초기의 한류는 중국과 일본 등 아시아에서의 눈부신 성공을 발판으로 삼아 전 세계로 뻗어나갈 수 있는 원동력을 마련하게 되었습니다. 이러한 성공은 이후 가수 싸이의 인기곡 〈강남스타일〉이 미국 빌보드 차트 핫100에서 7주 연속 2위를 오르는 데에 지대한 영향을 주기도 합니다.

이러한 두 번째 한류(한류2.0)의 특징을 정리해 보면, 우선 온라인 동영상 서비스와 SNS와 같은 사회관계망 서비스를 통한 한국 문

걸그룹이란?*

걸그룹(girl band, girl group 또는 female band, female group)은 1993년에 처음으로 언론에 등장한 신조어입니다. 그러나 당시에는 남성 그룹이나 혼성 그룹처럼 단순히 여성들로 구성된 그룹의 의미가 컸습니다. 본격적으로 지금과 같은 아이돌의 의미가 가미된 걸그룹은 1997년 데뷔한 S.E.S를 성공적인 모델로 보기도 합니다.

▶ '한류2.0' 시대에 관한 뉴스 보도
©연합뉴스

'한류 2.0 시대' K팝, 글로벌 네트워크 풀가동

송고시간 | 2013-01-11 14:50

K팝 콘텐츠에 해외 아티스트 참여 잇따라

4집으로 컴백한 소녀시대

(서울=연합뉴스) 이은정 기자 = 드라마에 이어 K팝이 주도하는 '한류 2.0' 시대에 발맞춰 가요계가 글로벌 네트워크를 '풀 가동' 중이다.

화의 확산이라는 점이 가장 두드러집니다. 드라마와 음악 이외의 다양한 예술 분야로 한류의 범위가 확대되는 시기도 바로 이 시기입니다. 그리고 이 시기에 기획사도 큰 역할을 하였습니다. SM엔터테인먼트, DSP엔터테인먼트, JYP엔터테인먼트와 같은 대형 기획사가 문화 기획과 산업 형태로의 조직화를 이루어낸 것이 '한류2.0'의 특징이라고 볼 수 있습니다.

소프트파워로서의 'K콘텐츠'가 발전하다

'한류3.0'이라고 부를 수 있는 새로운 한류의 흐름에 관한 전망이 많아지고 있습니다. 혹은 한국 정부나 문화산업 분야에서 이러한 소망을 담아 K-Culture라는 말을 사용하기도 합니다. 전통문화, 예술문화, 문화콘텐츠를 모두 포괄한 개념으로 이러한 한국의 콘텐츠를 해외에 알리고자 하는 흐름입니다. 이는 한류의 지역과 대상을 아시아를 넘어 전 세계로, 그리고 소수의 열성 팬을 넘어 세계인들이 모두 즐길 수 있는 일반적이고 보편적인 문화로 키워보고자 하는 의지이기도 합니다.

그러나 이러한 '한류3.0'이 이루어지기 전에, 앞서 소개한 K팝을 중심으로 확산되고 있던 한류가 한 차례 위기를 맞이하게 됩니다. 먼저 동방신기, 소녀시대, 카라와 같은 아이돌 그룹이 기획사와의 계약 문제로 갈등이 생기고, 소속 멤버가 탈퇴하면서 위기가 찾아왔습니다. 또한 국가 간 외교 문제가 아시아에서 당시 2000년대 후반, 2010년대를 거치면서 첨예화되었습니다. 예를 들어 일본 같은 경우에는 보수 정권이 들어서자 역사와 영토 문제로 한국과 외교관계가 경직되면서 한류의 구심점이 되었던 일본의 한류도 점차 시들해졌습니다. 한편에서는 일본의 20대, 30대 층에서 '혐한*'이라는 현상도 나타났습니다. 이에 따라 한국 문화콘텐츠들의 일본 입지도 흔들리는 듯했습니다. '혐한'은 단순한 역사적, 정치적 충돌을 넘어 한국의 문화콘텐츠, 한국 자체에 대한 정서적 혐오라고 할 수 있습니다. 일본의 분위기와 더불어 중국과도 갈등이 나타나게 됩니다. 북한의 핵을 억제하기 위한 수단으로 2017년도에 미국에 의해서 한국에 사드(THAAD, Terminal High Altitude Area Defense), 즉 고고도 미사일 방어 체계가 배치되었습니다. 이것이 중국 입장에서는 자국의 방위에 대한 위협으로 비추어졌습니다. 그에 따라 중국 정부는 한국 문화콘텐츠의 유통을 제한하기도 하였습니다. 그러면서 한류가 큰 위기를 맞이하게 됩니다.

하지만 이러한 위기 상황이 아시아라는 지역을 넘어, 또 연령층에서도 여성층에서부터 청년층을 넘어 보다 보편적인 팬층을 상대로 콘텐츠를 개발하게 되는 전화위복의 계기가 되었다고 평가하

혐한이란?*

혐한(嫌韓)은 1990년대 중반 이후 등장하여 일본에서 한국(문화), 한국인에 대한 반한감정(反韓感情)을 가리키는 대표적인 용어로 널리 사용되고 있습니다. 중국에서는 반한정서(反韓情緖) 또는 반한주의(反韓主義) 등의 말을 쓰기도 합니다.

소프트파워 (soft power)란?

소프트파워라는 개념을 만들어낸 것은 미국의 조지프 나이(Joseph Samuel Nye)입니다. '비강제적'이라는 것을 주요한 특징으로 하는 이 개념은 당시 미국의 국력이 쇠퇴한다는 시각에 반박하는 논의로 출발하였지만, 현재 많은 나라들이 국가전략적 차원에서 많이 연구하고 인용하고 있습니다.

기도 합니다. 바로 문화콘텐츠 산업이 성장하면서 K-Culture로 융합되는 현상이 나타나기 시작했습니다. 여기서 문화콘텐츠에 대한 정의가 중요하게 작용합니다. 문화콘텐츠란 창의성, 상상력, 인간의 감성 등을 바탕으로 거기에다 문화 요소를 가미하여 경제적 가치를 창출하는 상품이라고 할 수 있습니다. 그리고 '한류3.0' 시대에는 그 이전에 개별적으로 소비되는 K-Pop, K-Drama, K-Cinema, K-Food, K-Beauty 등의 요소를 하나로 융합시켜 하나의 국가 브랜드, 즉 K-Culture로 융합시켰다고 보고 있습니다. 물론 현재 완성된 단계로서의 K-Culture가 아니라, 그러한 흐름으로 가고자 다양한 기획을 하고 또 정부와 산업계 전반이 힘을 쏟고 있는 경향성이라 할 수 있습니다. 이러한 K-Culture로 대변될 수 있는 최근의 한류는 코로나19 팬데믹 상황에서도 성장하였습니다. 영화나 음악 등 K콘텐츠의 수출액은 2021년 기준으로 108억 3000만 달러로, 이전 해에 비해서 약 6.3% 증가하였습니다. 팬데믹으로 인해 한국 전체의 수출액이 5.4% 감소한 것과 비교했을 때 상당히 큰 성장세라고 볼 수 있습니다. 따라서 K-Culture를 통해 한국의 소프트파워(soft power)가 확대되고 있다고 봅니다.

소프트파워의 반대되는 말은 하드파워(hard power)입니다. 국가가 가지고 있는 힘을 뜻하는 하드파워는 정치력, 군사력으로 대변되는 강한 영향력을 말합니다. 따라서 무력이라든가 강력한 제재를 통해 타국의 동의를 얻어내는 방식이 하드파워라고 한다면, 소프트파워는 설득의 수단으로서 돈이나 권력 등에 의한 강압이 아닌 '매력'을 통해 얻을 수 있는 능력을 말합니다. 대표적으로는 교육이라든가, 학문, 언어, 예술, 과학 등의 이성적, 감성적, 창조적 분야를 포함합니다. 나아가 최근에는 단지 문화산업적 측면만이 아니라, 국가의 영향력(브랜드파워)으로 보는 경향이 있습니다. 이러한 전반적인 흐름을 통해서 K-Culture '한류3.0'이 서서히 만들어지고 있다고 할 수 있습니다.

글로벌 콘텐츠 시장 전 세계적으로 문화콘텐츠 시장은 어떠할까요? 이에 대해 좀더 알아보겠습니다. 팬데믹 이후 글로벌 콘텐츠 시장은 점차 회복되는 추세입니다. 팬데믹 초기 2019년에는 2조 4천만 달러 정도였던 시장이 팬데믹과 함께 하향곡선을 그리다가, 오히려 팬데믹과 함께 차츰 더 성장해가고 있는 것을 볼 수 있습니다. 게다가 2023년, 2024년, 2025년 이후에는 문화상품의 콘텐츠별 시장이 더 커진다는 예상이 나오고 있습니다. 현재 2021년을 추정 기준으로 국가별 콘텐츠 시장 순위는 다음과 같습니다.

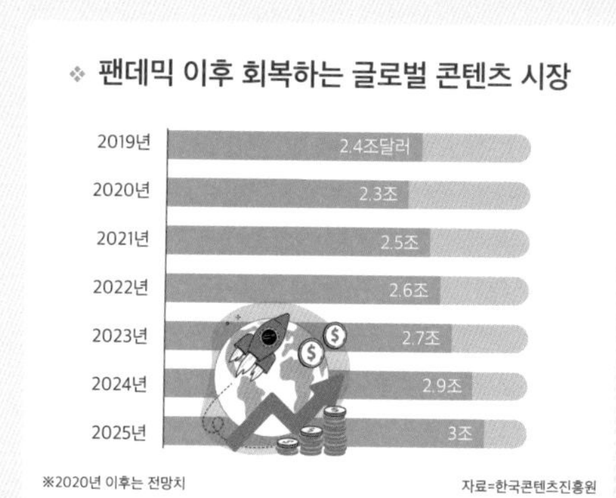

※2020년 이후는 전망치 자료=한국콘텐츠진흥원

❖ 국가별 콘텐츠 시장순위

순위	국가	규모
1위	미국	8925억 달러
2위	중국	3699억 달러
3위	일본	2034억 달러
4위	독일 영국	1058억 달러
6위	프랑스	728억 달러
7위	한국	641억 달러
8위	캐나다	574억 달러
9위	이탈리아	417억 달러
10위	인도	401억 달러

※2021년 추정기준 자료=한국콘텐츠진흥원

콘텐츠 시장에서 얼마나 많은 구매력을 가지고 있느냐를 나타내는 국가별 콘텐츠 시장 순위를 보면 역시나 미국 시장이 압도적으로 가장 크고, 2위인 중국 또한 넓은 콘텐츠 시장을 획득하고 있다는 것을 알 수 있습니다. 한국의 경우 약 641억 정도인데, 특히 좁은 국내 시장을 넘어서서 해외 공략에 나선 다양한 K콘텐츠들이 있습니다. CJ 같은 경우에는 엔데버콘텐트라고 해서 할리우드 제작 스튜디오를 인수했고, 네이버 웹툰은 왓패드라고 해서 세계 최대 웹소설 플랫폼을 인수했습니다. 카카오는 타파스, 래디시라고 하는 북미 웹툰 플랫폼과 웹소설 플랫폼을 인수했습

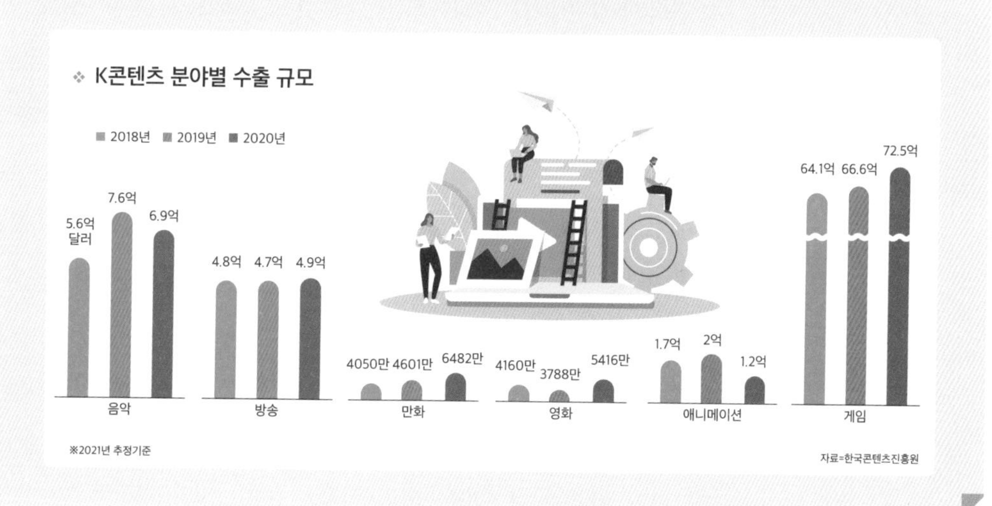

※2021년 추정기준 자료=한국콘텐츠진흥원

니다. 그리고 BTS를 기획하고 있는 하이브 같은 경우에도 이타카 홀딩스라는 미국의 대표 엔터테인먼트를 인수해서 북미 시장에 크게 공략하고자 노력을 들이고 있다고 보입니다.

K콘텐츠 규모를 살펴보겠습니다. 전체적인 수출 분야는 음악, 방송, 만화, 영화, 애니메이션, 게임으로 구성되어 있고, 추상 치로 보면 게임의 수출 규모가 가장 많습니다. 산업 특성상 요금을 지불하고 게임을 즐길 수밖에 없는 구조이기 때문에 이런 결과가 예상되기도 하지만, 문화적 영향력을 단순하게 금액이 아니라 소프트파워의 측면에서 볼 경우, 음악이나 방송, 만화, 영화, 애니메이션도 무시할 수 없는 수준입니다. 금액상으로 따지면 전반적인 흐름 자체가 약 2018년에서부터 2019년, 2020년으로 가면서 거의 모든 분야에 있어서 성장세를 보이고 있습니다. 음악 같은 경우는 2019년에 비해서 2020년도에는 조금 줄었는데, 팬데믹 시작과 함께 공연장에서 공연을 할 수 없는 상황과 겹치면서 수익률이 떨어졌다고 합니다.

K콘텐츠, 문화생태계를 변화시키다

한국의 콘텐츠가 세계화되는 데에는 여러 가지 배경이 있습니다. 그중 가장 주목할 만한 이유로 지적되는 몇 가지를 소개하겠습니다. 먼저 디지털 환경의 변화에 굉장히 적극적으로 대응했다는 점입니다. 소셜미디어를 디지털 실크로드라고도 하는데, 이를 통해 크게 한국의 대중문화 콘텐츠를 소개하고 소통하는 구조를 볼 수 있습니다. 대표적인 사례가 싸이의 〈강남스타일〉로, 빌보드 차트 2위에 오른 이후 유튜브로 52일 만에 약 1억 뷰를 갱신했다고 합니다.

유튜브를 잘 이용해서 전 세계적으로 자신의 음악을 알린 싸이가 있다면, 유튜브를 통해 주목을 받기도 했지만 그것보다 SNS를 통해 자신의 팬들과 소통하고 있는 BTS도 주목해볼 수 있습니다. BTS의 경우 트위터 팔로우는 약 4,345만 명에 이르고, 유튜브를 통해 온라인 상에 스트리밍하고 있는 'BANGTAN TV'의 구독자 수는 약 6,310만 명에 달한다고 합니다. 새로운 '문화생태계'를 형성하고 있다고 평가하는 이유입니다. 그리고 이러한 디지털 환경을 사용해서 K웹툰이 확산되고 있습니다. 이전까지 '만화' 시장이라고 하면 종이로 인쇄된 잡지나 종이책을 통해 유통되었다면, 한국에서 최근에 만들어지고 유포되는 만화는 온라인 플랫폼을 통해 제공되고 있습니다. 스마트폰이 보급, 확산되는 과정에서 한국의 만화가 전 세계적으로 보급되고 있는 것입니다. 네이버 웹툰 같은 경우, 2021년 기준으로 100개국에서 웹툰 앱 수익 1위에 올랐고, 카카오 일본 서비스 만화 앱인 '픽코마'는 2021년 일본 앱 마켓에서 비(非) 게임 부문 매출 1위를 달성하였습니다. 글로벌 시장에서 한국 웹툰의 강세는 지속될 것으로 전망합니다. 탄탄한 소재와 이야기를 바탕으로 아시아뿐 아니라 진입장벽이 높은 북미와 유럽 등까지 확대되고 있기 때문입니다. 또한 웹툰을 기반으로 한 영화, 드라마, 게임 등 2차 창작물 제작도 활발해지며 그 입지가 더욱 높아질 것으로 보입니다.

소셜네트워크뿐 아니라, 온라인 동영상 서비스도 디지털 환경을 대표하는 요소입니다. OTT(Over-the-top media service)라고도 합니다. 일례로 넷플릭스 같은 경우, 2016년을 기준으로 190개국에서 방송되고 있는 K콘텐츠를 약 130여 편 보유하고 있었습니다. 또한 넷플릭스가 K콘텐츠를 제작하는 데에 지속적으로 투자하면서 자체 제작한 K콘텐츠를 다량 보유하게 되었습니다.

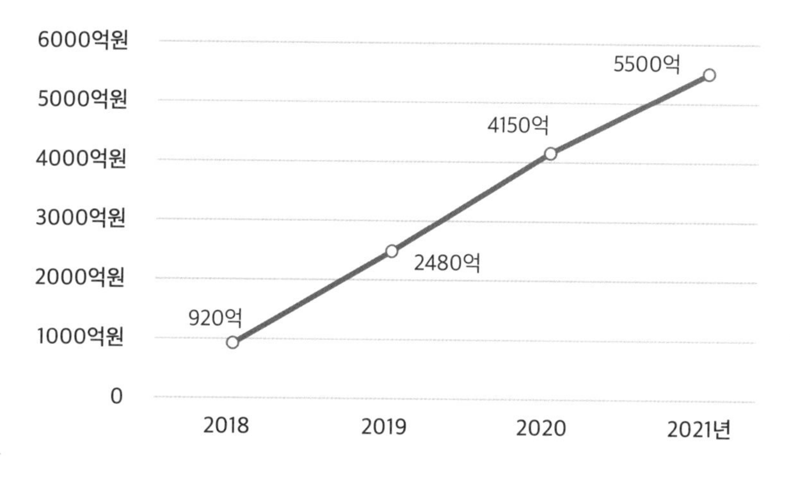

◀ K콘텐츠에 베팅하는 넷플릭스-넷플릭스의 K콘텐츠 투자 금액
자료=넷플릭스삼성증권

▶ 2022년 9월에 열린 영국 V&A(빅토리아 알버트) 박물관 '한류 전시회' 기프트숍
©연합뉴스

세계인이 공감하는 내러티브 전략 역시 K콘텐츠의 세계화와 깊은 관계가 있습니다. 대표적으로 BTS를 예로 들어보겠습니다. BTS는 화려한 퍼포먼스도 유명하지만 음악에 내포된 세계관과 메시지에 대한 공감대 형성도 큰 역할을 한다고 볼 수 있습니다. 단순히 어떤 가사를 잘 써서, 퍼포먼스를 잘 해서라는 것이 아니라, 소통의 관계를 잘 활용한다는 것입니다. 이를 한 음악평론가는 "세계인이 공감하는 메시지를 팬들과 함께 소통을 통해서 만들어가는 내러티브 전략"으로 평가합니다. 자신의 생각과 노래 탄생에 대한 배경에 대해 팬들과 함께 소통을 하고 또 그 과정에서 음악 활동에 대한 영감을 얻기도 하는 것입니다.

그리고 K콘텐츠의 세계화 배경으로 트랜스 미디어의 선순환 생태계를 구성했다는 측면도 간과할 수 없습니다. 예를 들면, 〈스위트홈〉, 〈마이네임〉, 〈지옥〉, 〈킹덤〉, 〈경이로운 소문〉, 〈이태원 클라스〉 등, OTT 드라마의 대다수가 웹툰이 원작인 경우가 많습니다. 이처럼 웹툰이 영상화되어 흥행에 성공하고, 다시 그 원작인 웹툰에 대한 인기가 상승하게 되는 순환 구도가 탄생한 것입니다. 뿐만

'초국가적 접근성'이라는 특징 한류가 시작된 초기의 모습을 상기해 보면 중국, 일본과 같은 동아시아에서 인기를 끌었던 것을 알 수 있습니다. 동아시아의 경우 한자문화권이나 유교문화권 같이 전통적인 문화 기반이 존재하고 이것이 서로 공감 영역을 형성하는 데 유리하게 작용했을 것이라고 보기도 합니다. 〈대장금〉이나 〈겨울연가〉와 같은 드라마, 그리고 〈쉬리〉 등의 영화가 인기가 있었던 요인을 문화적 동질성이 작용했다는 관점에서 찾는 것입니다. 특히 문화산업은 성격상 문화적 동질성이 강한 지역일수록 수용도가 높아 전파도 용이하다고 합니다.

반면 K콘텐츠의 글로벌화는 2010년대 초반을 시작으로 봅니다. 북미와 유럽과 같이 문화적 동질성이 비교적 떨어지는 곳에서 K콘텐츠가 유행하는 현상이 나타난 것입니다. 그 이유를 '초국가적 접근성'을 통해 설명하기도 합니다. 다시 말해, 역사와 언어 등 배경이 달라도 공유할 수 있는 정서를 이 K콘텐츠가 만들어내고 있다는 것입니다. 예를 들어 〈오징어 게임〉 같은 경우에는 현대 사회 및 자본주의의 폐해 속에서도 여전히 희망과 기회의 메시지를 제시해 준다는 점에서 아시아를 넘어 현대 산업사회를 살고있는 전 세계인들의 공감을 불러일으켰다고 볼 수 있습니다. 물론 〈오징어 게임〉 저변에는 아시아적 정서가 깔려 있습니다. 그러나 그와 함께 동시간대를 살아가는 세계인들이 공감할 수 있는 부분들도 많음을 무시할 수 없습니다. 이러한 공감대가 소셜미디어나 유튜브 등 새로운 디지털 플랫폼의 등장에 적극적으로 대응하는 자세와 결합하면서 더욱 시너지 효과를 낸 것이 아닌가 생각해 볼 수 있습니다.

아니라, 한국 드라마가 흥행하게 되면서 드라마의 OST도 유행을 하게 되고, 이는 다시 K팝의 세계화라는 흐름을 만들어냅니다. 넷플릭스에서 방영되었던 SBS 드라마 〈그해 우리는〉의 주제가 '크리스마스 트리'는 빌보드 메인 싱글 차트 탑 100에서 79위에 랭크되기도 했는데, 한국 드라마 주제가가 빌보드 메인 차트에 오른 것은 처음이라고 합니다.

이처럼 세 가지 측면, 즉 디지털 환경의 적극적인 활용, 이와 함께 세계인이 공감하는 내러티브 전략, 그리고 트랜스 미디어의 선순환 생태계의 형성이 오늘날 K콘텐츠가 세계화하는 배경으로 주목받고 있습니다.

시청해 봅시다

한류를 통해 본 한국은 어떤 인상이었나요? 한류 중에서 어떠한 콘텐츠가 인상적이었나요? 내가 좋아하는 한류에 관해 생각을 정리해 친구에게 소개해 봅시다. 그리고 한국 대중문화 콘텐츠가 갖는 특징은 무엇인지 토론해 봅시다.

- KBS, 특파원 보고 세계는 지금 〈한류의 진화, 일본 MZ세대의 한국 열풍〉(2022)
- 티빙, 오리지널 다큐멘터리 〈케이팝 제너레이션〉(2022)
- EBS, 특집 다큐멘터리 공공외교 1부 〈그들은 왜 한국에 빠졌는가〉(2022)

한국 드라마의 역사와 특징

이런 것들을 배워 봅시다

한국전쟁 이후 한국의 극마당은 다양한 미디어 테크놀로지와 함께 더욱 뚜렷하게 확대되어 나가는 모습을 보이기 시작합니다. 이전 시기부터 이어져 온 라디오 방송극의 방영 및 흥행을 기반으로 삼아, 1956년에 한국 최초의 TV 방송국이 등장하고, 여기에서 TV 드라마가 생방송의 형태로 소개됩니다. 그러다가 1970년대에 접어들면서 녹화기와 편집기의 도입을 계기로 드라마의 안정적인 제작 환경이 갖추어지고, TV 수상기가 일반에 널리 보급되면서 드라마의 수용 환경 역시 안정화됩니다. 이후 TV 드라마는 연속극의 시대에 들어서고, 대중의 일상에 '안방극장'을 형성하면서 문화적 영향력을 본격적으로 발휘하게 됩니다. 1980년대에는 컬러 TV 방송이 이루어지고, 외화 시리즈라고 불리는 미국 드라마가 인기를 얻게 됩니다. 이를 바탕으로 한국인의 일상에 더욱 가까이 다가서게 된 TV은 1990년대에 이르러, 당대의 풍속과 세태를 묘사한 트렌디 드라마와 미니시리즈를 다양하게 선보입니다. 2000년대 이후, 한국의 TV 드라마는 만화와 애니메이션, 더 나아가 웹툰 등의 다양한 이야기들을 바탕에 두고 제작되면서 양적으로 풍부해지고, 질적으로도 한층 더 발전합니다.

- **한국의 TV 드라마가 어떠한 기술적, 제도적, 문화적 환경 속에서 그 모습을 갖추어 오늘에 이르고 있는지 생각해 봅시다.**

찾아가 봅시다

▼ 1990년대 이전 드라마 관련 자료

- 한국영상자료원(서울시 마포구 월드컵북로, https://www.koreafilm.or.kr)
- 대한민국역사박물관 (서울시 종로구 세종대로)
- 한국만화박물관 (경기도 부천시 길주로)
- 한국콘텐츠진흥원 (https://www.kocca.kr)
- 국가기록원 기록정보서비스 (https://www.archives.go.kr)

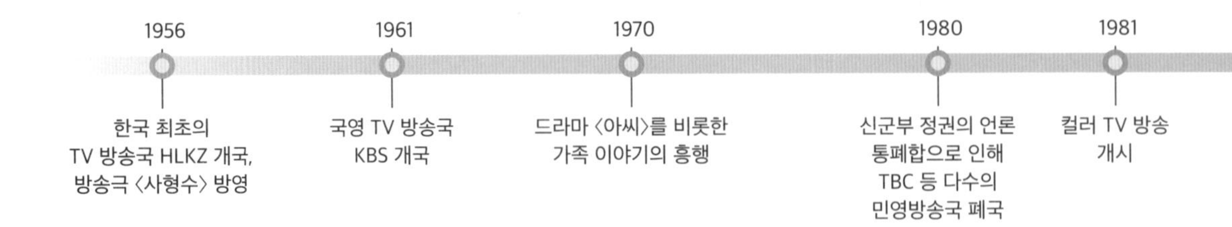

극마당이란?•

극마당은 극장과 밀접하지만, 조금 다른 개념입니다. 연극비평가 마틴 에슬린(Martin Esslin)은 연극의 핵심체인 극(Drama)이 연극뿐만 아니라 영화, TV 방송극, 상업용 광고에 이르기까지 적용되고 파급된다는 사실을 지적하며 하나의 예술과 다른 예술 사이에 교환 가능한 극적 요소를 갖춘 극마당(the Field of Drama)의 개념을 제안하였습니다. 극이라 불리는 드라마는 그것을 재현하는 미디어에 의해 크게 좌우되는데, 드라마가 무대와 만나면 연극, 스크린과 만나면 영화, 브라운관과 만나면 TV 드라마가 됩니다. 그리고 연극, 영화, TV 드라마가 모여 극마당을 이루는 것입니다.

안방극장이 탄생하고 발전하다

한국의 드라마를 이해하기 위해서는 먼저 극마당•에 관해 알아야 합니다. 한국의 극마당은 다양한 드라마들로 이루어져 있습니다. 1919년에는 '연쇄극'이라는 이름으로 연극과 영화가 혼합된 드라마가 선보이기도 했고, 1930년대와 1940년대에는 유성기 음반이라는 소리 미디어에 극이 녹음되어 대본과 함께 실리기도 하였습니다. 또 다른 소리 미디어로는 라디오가 있습니다.

한국의 라디오 방송은 식민지 시기였던 1927년 2월 16일 오후 1시에 개국한 경성방송국(京城放送局, 호출부호 JODK)으로부터 시작됩니다. 여기서도 연극 대사를 낭독하는 방식의 '방송극'이 시도되었습니다. 방송극은 해방과 분단, 그리고 한국전쟁 이후에도 이어졌고, 1956년 12월 2일부터 시작한 작가 조남사의 일요연속극 〈청실홍실〉이 흥행하면서 연속방송극의 형식이 자리를 잡기 시작하였습니다. 또한 이 시기가 되면 전력 수급이 안정적으로 이루어지고 미군수품이었던 TV가 보급되자 TV 방송국이 등장하였습니다. 그러면서 한국에서 방송극은 라디오 드라마를 일컫는 것이 아니라, TV 드라마를 함께 가리키는 것으로 그 의미가 확대됩니다.

미국의 전자제품 회사 RCA(Radio Corporation of America)가 TV 수상기를 한국에 판매할 목적으로 1956년에 KORCAD 방송국(호출부호는 HLKZ)••을 개국하면서 한국 TV 방송의 역사는 비로소 시작되었습니다. 하지만 방송 전파의 도달 범위는 방송국이 위치한 종

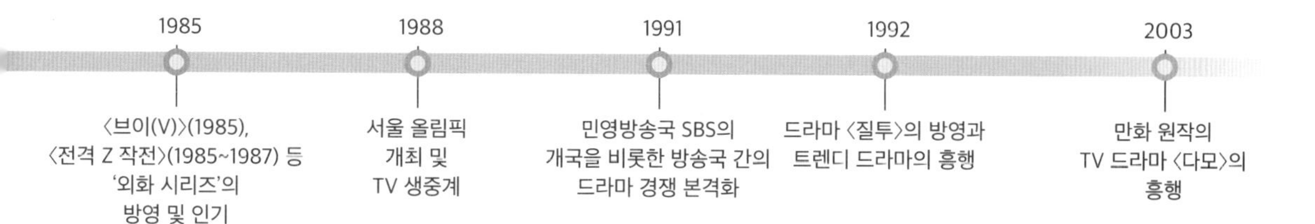

로를 벗어나기 어려웠고 그래서 '종로 테레비'라고도 불렀습니다. KORCAD-TV(HLKZ-TV)에서 최초로 방영한 TV 드라마는 〈사형수〉(1956.8.2.)입니다. 연극 무대를 스튜디오에 차려두고 공연 실황을 중계하는 생방송 드라마였습니다. 드라마는 내용에 대한 흥미보다도 스스로 빛을 내는 TV라는 새로운 기계에 대한 호기심 때문에 시청자를 사로잡기도 하였습니다.

1961년에 국영 TV 방송국 KBS가 개국하고, 1960년대 말까지 TBC, MBC가 연이어 개국하면서 한국의 TV 방송은 비로소 안정화의 추세에 접어들게 됩니다. 1960년대 한국에서 TV는 도시 상류층의 상징이자 '문화 가정'의 필수품이 되었고, 1970년대 초반에 이르게 되면, 100만 대 이상의 수상기가 보급되면서 비로소 전국적인 매체로 일상 속에 확고히 자리잡게 됩니다. 바로 이 시기에, 임희재 작가(이후에는 이철향이 대필)와 고성원 연출의 〈아씨〉가 1970년부터 총 253회차로 장기간에 걸쳐 방영되면서 TV 일일연속극의 시대를 열었습니다. 〈아씨〉의 주인공 '순덕 아씨'는 노년의 여성으로, 회상을 통해 자신과 가족의 파란만장한 일대기를 풀어냅니다. 그녀의 일대기는 일제강점기 피식민과 해방, 그리고 다시 분단과 전쟁으로

▲ 한국 최초의 TV 방영에 몰린 인파들

KORCAD 방송국이란?••

대한방송(大韓放送, Daehan Broadcasting Corporation, DBC)을 말하며 한국 최초의 TV 방송국입니다. 그러나 1961년에 한국 TV 방송의 최초라는 명예만 지닌 채 방송을 중단하였고, 그중 채널 9는 국영 서울TV방송국(KBS-TV)으로 회수되었습니다. 직원들 대부분이 1961년에 개국한 국영 KBS-TV로 자리를 옮겨 본격적인 TV 시대의 개막을 여는 발판을 마련하였고, 일부는 민간 TV 방송국인 동양TV(1964년 개국, DTV에서 이후 TBC로 바뀜)나 MBC-TV(1969년 개국한 문화방송)의 창설에 참여하기도 하였습니다.

이어지는 한국의 근현대 역사와 고스란히 겹치는 것이었고, 드라마 〈아씨〉는 그러한 실제 역사를 기록한 영상을 포함해 전개되었습니다. 〈아씨〉는 특정한 인물 또는 가족이 아니라, 당대의 보편적 국민의 형상을 드라마의 형태로 제시하면서 사실주의적인 효과를 동시에 거두고 있었던 셈입니다. 〈아씨〉가 취하고 있는 이와 같은 회상의 형식은 VTR(Video Tape Recorder)로 인해 비로소 가능했습니다. 다시 말해, 녹화기와 편집기가 도입되면서 TV 드라마는 비로소 오늘날과 같은 연속극의 형태로 발전할 수 있었던 것입니다.

드라마의 인기를 계기로 TV에 대한 구매력이 올라갔고, '안방극장'이라는 말이 탄생하게 되었습니다. 당시 한국 사회에서 TV는 주로 가정 내 생활 공간 중에서도 안방에 놓였는데, 이렇게 TV가 놓인 각 가정의 방을 극장에 비유한 것입니다. 그런 점에서 TV 드라마는 가족 이야기를 중점적으로 다루는 가족 미디어로서의 위상을 갖게 됩니다. 하지만 주로 감성에 호소하는 가족 이야기가 당시 국가 이데올로기에 부응한다는 평가도 있습니다.

자이니치란?*

자이니치(在日)는 1945년 해방 이후 일본에 살고 있는 한국인과 조선인(북한 국적)을 아울러 일컫습니다. 이들 가운데는 일본 사회의 차별의 무게를 덜기 위해 일본 국적을 취득한 사람도 있고, 본래의 국적을 고수한 사람도 있습니다. 국적을 떠나 자이니치는 한국, 북한, 일본, 어느 쪽의 사회에도 온전히 속하지 않습니다. 자이니치의 문화적 정체성은 한국 문화도 일본 문화도 아닌 혼종적 속성에 있습니다. 자이니치는 국가의 제대로 된 보호를 받은 적이 없는 이방인이 스스로 개척한 정체성을 갖고 있습니다.

▲ 드라마 〈아씨〉의 장면들

〈아씨〉와 〈파친코〉, 그리고 한국 드라마의 가족 이야기 최근 드라마 〈파친코〉가 애플 TV라는 글로벌 OTT 플랫폼을 통해 스트리밍되면서 한류 열풍을 일으켰습니다. 〈파친코〉는 한국계 미국인 작가 이민진(Min Jin Lee)의 장편소설을 원작으로 한 드라마입니다.

〈파친코〉는 식민지 시기 부산에서 살던 훈이와 양진 부부, 그리고 그들의 딸 선자에서부터 시작해 선자가 일본으로 이주해 간 후 낳은 아들과 그의 아들에 이르기까지 4대에 걸친 가족 이야기입니다. 원작 소설과 드라마의 제목인 '파친코'는 일본의 대표적인 사행 사업으로, '자이니치'•의 삶에서 그나마 가능했던 직업인 파친코 사업과 이 사업을 둘러싼 그들의 처절한 삶을 보여주는 중심 소재입니다.

흥미로운 사실은 〈파친코〉라는 한류 드라마가 취하고 있는 회상의 형식이 사실상 〈아씨〉의 형식과 굉장히 흡사하다는 점입니다. 더 나아가 여러 세대에 걸친 가족 이야기를 다룬다는 점에서도 두 드라마는 시간적 격차를 두고 있음에도 불구하고 무척이나 닮아있습니다.

〈파친코〉에 대한 반응을 통해 뚜렷하게 확인되는 바대로, 해외의 시청자들은 한국 TV 드라마를 가족 이야기로 받아들입니다. 해외의 시청자들이 보기에 대부분의 한국 드라마는 직접적으로 가족을 소재로 삼고 있을 뿐만 아니라, 트렌디 드라마에서도 스토리 전개에서 가족이 결정적인 요소로 작용한다는 점이 독특하다고 할 수 있습니다. 새로운 사회를 구성하려는 움직임은 항상 가족 이야기로부터 출발했고, 한국 드라마는 그러한 이야기를 반복적으로 그러면서도 새롭게 제공하고 있습니다. 이는 한국 드라마가 개인과 사회를 재구성하는 과정에 영향을 미치는 가족에 대한 인식에 꾸준히 질문을 던지고 있다는 말이기도 합니다.

▲ 〈파친코〉 이민진 작가 기자 간담회 ©연합뉴스

컬러 TV와 외화 시리즈가 인기를 끌다

1970년대 박정희 정권의 유신 체제에 뒤를 이어, 1980년대 한국에는 신군부 정권이 등장하였습니다. 신군부 정권은 크게 두 단계에 걸쳐 통치 권력을 장악해갔다고 할 수 있습니다. 그 첫 번째 단계가 전두환에 의해 주도된 1979년 12월 12일의 쿠데타였고, 두 번째 단계로 언론 장악이 시도되었습니다. 언론인들은 여기에 저항하였습니다. 하지만 신군부 정권은 1980년 5월 17일 비상계엄 전국확대 조치 이후, 언론계 저항의 실질적인 구심점이었던 기자협회 집행부를 강제 연행하고, 같은 해 8월에는 언론인 강제 해직을, 그리고 12월에는 언론 통폐합을 실시하였습니다. 1980년 12월 1일 언론 통폐합 결과, 기존의 민영방송을 폐지하고 공영방송 체제로 바꾸게 되고 KBS와 MBC 두 채널만 남게 되었습니다. 그리고 KBS를 MBC의 대주주로 만들면서 KBS가 MBC를 실질적으로 경영하게 되었습니다. 신군부 정권기의 한국 TV는 민주화를 열망하는 정치인들의 활동과 학생들의 시위를 부정적으로 보도하는 한편, 전두환 미화에 힘을 쏟을 수밖에 없었습니다.

언론 통폐합과 같은 제도적 차원의 억압적 통제와는 별도로, 당시의 TV 방송은 기술적 차원에서의 혁신과 함께 새로운 시각적 자극을 통해 시청자들의 눈을 사로잡았습니다. 1981년 1월 1일부터 한국에서 컬러 TV 방송이 시작된 것입니다. 컬러 TV 방송의 개시와 함께, 각 가정의 TV 수상기도 흑백 수상기에서 컬러 수상기로 급속히 대체되기 시작하였습니다. 자연 그대로의 색을 강조한 '총천연색'의 화려한 영상과 더불어 대형화된 쇼 프로그램을 선보였습니다. KBS의 〈젊음의 행진〉, MBC의 〈쇼 2000〉 등은 TV 방송의 컬러화가 낳은 대표적인 쇼 프로그램이었습니다. 결과적으로 TV는 시청자들의 일상에 한층 더 밀착할 수 있었습니다. TV 드라마의 경우에는 과거를 돌아보는 회고의 방식 대신에 동시대의 세태와 풍속을 사실에 가깝게 묘사하는 작품이 점차 인기를 끌기 시작하였습니다.

TV 방송의 컬러화는 외화 시리즈의 꾸준한 방영과 흥행으로도 이어졌습니다. 미국 드라마를 일컫는 외화 시리즈는 1960년대 이후부터 한국 TV에 간간이 소개되고 있었지만, 1980년대에 들어서면서 그 웅장하고 화려한 영상을 고스란히 전파할 수 있다는 이유 때문에 프로그램 편성에서 대폭 확대되었습니다. 파충류 외계인

외화 시리즈에 담긴 냉전체제와 공업사회의 문화 논리 1950년대부터 꾸준히 이어진 외계인의 침공 서사는 냉전(冷戰) 블록을 지구로 치환하여, 지구 바깥의 '외계인'이라는 이미지를 앞세워 '저들=비인간'의 형상을 우회적으로 드러내 왔습니다. 〈브이(V)〉는 SF의 침공 서사를 따라가면서 사회주의 진영을 직접적으로 겨냥합니다. 외계인들의 옷은 전체주의 국가를 연상시키며, 무엇보다 '붉은색'의 공포를 활용하고 있습니다. 또한 외계인들은 TV를 활용하여 지구인들에게 자신들의 꾸며진 선의를 전파(傳播)하고, 끝내는 지구의 통신 전파(電波)를 완전히 장악합니다. 이에 맞서는 저항조직은 생화학전을 계획하고 파충류 멸종 계획을 세웁니다. 그러나 〈브이(V)〉는 양측의 전면전 대신에 외계인의 프로파간다를 방해하는 저항운동의 서사에 초점을 둡니다. 생화학전을 대신한 저항운동의 방식은 아마추어 무선을 이용해 전지구적으로 외계인에 반대하는 무리를 구축하는 것이었습니다. 이는 파시즘적 통치에 대항하는 양상과 닮아있을 뿐만 아니라, 마치 당시 한국의 TV를 장악하고 통치의 정당성을 선전하고자 했던 신군부 정권의 모습과 여기에 저항하는 시민들의 모습과도 유사해 보이는 측면이 있습니다.

한편, 〈브이(V)〉 못지않게 한국 사회에서 수많은 화제를 낳은 〈전격 Z 작전〉은 1980년대부터 본격화된 마이 카(My Car) 시대와 관련이 있습니다. 일본의 평론가 우노 츠네히로(宇野常寬)는 20세기 공업사회 시대의 남성들에게 오토바이나 자동차 등의 탈 것에 대한 특별한 동경심이 있었다는 점을 지적합니다. 엔진이 달린 기계들은 일단 최신 과학기술의 결정체라는 이미지가 있었고, 미국 사회—세계 최강의 나라, 최첨단 라이프스타일—의 상징이자, 고가이면서도 조종도 쉽지 않은 기계를 등장시켜 '돈과 지성을 겸비한 성인 남자'에 대한 동경을 부추겼다는 것입니다. 〈전격 Z 작전〉은 이와 같은 욕구가 한층 더 대중화된 '마이 카' 시대의 시청자들 앞에서 비로소 그 문화적 영향력을 발휘할 수 있었던 것입니다. 뿐만 아니라, 〈전격 Z 작전〉에서 사실상의 주인공이라 할 수 있는 자동차 '키트'는 단순히 인간의 소유물이 아니라 반려적 존재로 그려지면서 인간과 섬세하게 교감하는 것을 볼 수 있습니다. 이는 SF 장르에서 흔히 볼 수 있는 상상력이기도 하지만, 시청자들의 현실을 나타낸다고 할 수 있습니다. 시청자들의 현실 세계에서는 반려적 존재의 자리에 바로 TV가 놓여있던 것입니다.

의 지구 침공을 소재로 한 〈브이(V)〉, 운전자와 대화하고 교감할 수 있는 자동차 키트가 등장하는 〈전격 Z 작전〉, 10억 달러에 달하는 헬리콥터의 전투를 그린 〈에어 울프〉 등은 한국 성우의 목소리를 통해 안방극장에 수신되어 시청자들로부터 커다란 호응을 이끌어냈습니다. 외화 시리즈는 당시까지 한국 드라마가 미처 보여주지 못했던 새로운 라이프스타일을 발달된 문명(선진)의 외양으로, 더 나아가 그 발전을 상징하는 첨단의 테크놀로지를 중심에 둔 미래의 풍경을 화면으로 제시하였습니다. 이는 한국 TV 드라마가 새로운 시도를 하게 되는 중요한 참조 모델이 되었습니다. 하지만 당시 국제적으로 심화되었던 냉전체제에 대한 이념적 감각을 시청자들에게 무의식적으로 심어주었다는 지적도 있습니다.

미니시리즈와 트렌디 드라마가 유행하다

기술적 혁신으로서 TV의 컬러화는 쇼 프로그램과 드라마를 변화시켰을 뿐만 아니라, 스포츠 경기를 생중계하기에도 적절한 조건으로 작용하였습니다. 오늘날 TV 방송은 상시적으로 스포츠 경기를 중계하고 있고, 한국에서 이와 같은 스포츠 및 방송 인프라가 갖추어진 시기는 1980년대입니다. 1986년의 아시안게임, 1988년의 올림픽 등과 같은 국제적 차원의 스포츠 메가 이벤트가 바로 서울에서 개최되었고, TV는 생중계를 통해 경기장을 누비는 역동적인 운동선수들의 모습을 화면에 담아 시청자의 안방에 전달하였습니다. 국제적 이벤트뿐만 아니라, 1982년에는 국내 프로야구 리그, 1983년에는 국내 프로축구와 프로씨름 리그가 연달아 출범했고, 이와 같은 흐름은 1990년대와 2000년대로 이어지며 프로농구와 프로배구 리그의 출범이 이루어졌습니다. 스포츠 메가 이벤트의 유치 또한 2002년의 한일 월드컵과 2018년의 평창 동계올림픽으로까지 이어졌습니다. 이 과정에서 TV 생중계의 기술은 꾸준한 발전을 거듭해 왔습니다.

흑백 TV 방송 시대에는 스포츠 경기에서 선수들의 유니폼으로 팀을 구분하기가 어려웠고, 드라마에 출연하는 배우들의 옷이 어떤 색인지도 알 수 없었습니다. 이러한 상황에서 TV 방송의 컬러화는 단순히 흑백 화면을 컬러로 대체한다는 의미에 그치지 않았습니다. TV를 통해 소개된 형형색색의 옷과 색조 화장품이 본격적으로 대중에게 소비되기 시작했고, 그러한 소비 풍조에 앞서 화려한 옷과 화장품이 다양하게 생산되어야 했습니다. 이는 방송의 경계를 넘어 거대한 문화적 변화였습니다. 이와 같은 소비문화를 가리키는 말로 유행을 뜻하는 '트렌드'라는 용어가 그야말로 새로운 유행이 되었습니다. 그리고 이는 TV 드라마의 성격을 규정하는 용어로도 자리잡았습니다.

스포츠 경기의 TV 생중계가 전달했던 생생한 현장감은 TV 드라마에도 고스란히 적용되었고, 이는 TV 드라마의 양식과 내용을 변화시키는 중요한 감각적 요소가 되었습니다. 흑백 TV 방송 시절에는 스튜디오에서 세트장을 세워 드라마를 촬영하던 것이 주된 방식이었다면, 총천연색을 입힌 영상과 야외 촬영의 분량이 늘어나면서 드라마의 장르가 확대될 수 있었던 것입니다. TV 드라마는 달라진 도시의 풍경과 더불어, 그 풍경을 환경으로 삼아 사람들의 새로운 감각, 그리고 이에 기반한 세태와 풍속을 바로 트렌드화시켜 방영한 것입니다.

1990년대에는 트렌디 드라마라는 장르가 드라마 〈질투〉를 기점으로 유행하면서, 주로 가족 이야기를 다루던 연속극은 젊은 세대의 일과 사랑, 그리고 소비문화의 새로운 풍속을 그려 보이는 경향으로 변해 갔습니다. 특히 드라마 〈질투〉는 피자와 편의점을 보급시키면서 한국의 소비문화에 지각변동을 일으킨 것으로 이야기됩니다. 이 드라마로 인해 전국적으로 피자가 유행하기 시작했고,

일본과 한국의 트렌디 드라마 한국보다 일본에서 먼저 유행한 트렌디 드라마는 젊은 세대의 도시 생활을 그린 것으로, 1980년대 말부터 1990년대 초에 많이 제작되어 인기를 얻었습니다. 1986년에 TBS를 통해 방영된 〈남녀 7인의 여름 이야기(男女7人夏物語)〉는 일본 트렌디 드라마의 시초로 여겨집니다. 한편, 1991년에 후지 TV에서 방영된 〈도쿄 러브스토리(東京ラブストーリー)〉는 일본 최초로 연하 남성과 연상 여성의 연애를 그린 드라마이자, 쇼가쿠칸(小学館)에서 발행하는 만화 잡지 『빅코믹스피리츠(ビッグコミックスピリッツ)』에 연재된 만화를 원작으로 한 드라마라는 점에서도 화제를 모았습니다. 이 드라마는 그간 일본 드라마의 주요한 모티프였던 순애보와는 상반된 관계 설정을 통해 달라진 분위기를 표출하면서, 드라마의 새로운 시대가 열렸음을 알렸습니다. 사랑을 위해 모든 것을 희생하는 순애보가 아닌 남녀 간의 감정적 교환 또는 거래와도 같은 연애를 재현하면서 이른바 '트렌드'로서 드라마에 반영된 일본 사회의 변화를 시사하는 것이기도 하였습니다.

한국 TV 드라마 가운데서는 앞서 설명한 〈질투〉가 바로 이와 같은 분위기를 보여주며 트렌디 드라마의 기원으로 자리하고 있습니다. 〈질투〉는 새로운 경향을 제시한 드라마로 화제를 불러일으킴과 동시에 '모작' 또는 '표절' 논란에 휩싸이기도 하였지만, 무엇보다도 중요한 사실은 한국 사회 또한 일본 사회처럼 관계의 변화를 받아들일 수 있는 일종의 '소비사회'로 접어들고 있었음을 나타냅니다.

1992년 방영 당시에 서울의 일부 번화가에서만 드문드문 볼 수 있던 편의점은 〈질투〉를 통해 처음으로 TV 드라마에 등장하면서 비로소 대중화되었습니다.

트렌디 드라마라는 양식은 미니시리즈라는 형식으로부터 나타났습니다. 미니시리즈는 가족 중심의 주말연속극과 달리, 새로운 관계성을 중심에 둔 사회를 그려 보이는 특징을 갖습니다. 시리얼(serial)• 로서의 미니시리즈는 주말연속극보다 조금 더 적은 수의 등장인물이 나오고 그들의 관계를 훨씬 더 밀도 있게 그려내고 있었고, 그 관계의 밀접함은 주로 연애를 통해 묘사되었습니다. 그렇다고 해서 TV 드라마의 기존 경향이 완전히 사라진 것은 아닙니다. 다른 한편으로는 가족 이야기가 시트콤이라는 형식을 통해 여전히 시청자의 눈과 귀를 사로잡고 있었습니다. 1980년대를 거치면서 한국의 TV 드라마는 이처럼 다양화되어가고 있었습니다.

만화, 애니메이션, 웹툰이 TV 드라마로 제작되다

2000년대를 거쳐 오늘날의 한국 TV 드라마는 의학, 추리, 더 나아가 좀비 또는 귀신과의 대결 등 굉장히 다양한 장르를 선보이고 있습니다. 이와 같은 다양한 장르로의 확대는 다양한 이야기 형식의 혼합을 통해 이루어졌습니다. 그 이야기 형식을 제공한 것은 만화, 애니메이션, 웹툰 등의 또 다른 시각문화였습니다.

이전의 미니시리즈들은 소설을 원작으로 한 작품들이 많았지만, 드라마 〈질투〉가 성공하면서 남녀간의 연애를 다룬 작품이 주를 이루게 되었습니다. 이는 소설보다도 한층 더 통속적인 장르에서 구현되는 이야기 소스를 필요로 하였습니다. 이 과정에서 연애물뿐만이 아니라, 다양한 장르의 만화, 애니메이션, 웹툰의 이야기가 TV 드라마로 새롭게 만들어졌습니다. TV 드라마의 원작이 된 만화, 애니메이션, 웹툰 등은 이미 대중적으로 흥행이 보증된, 어느 정도 검증이 완료된 이야기였고, 이에 따라 일정 수준 이상의 시청자층을 확보할 수 있다는 이점도 가지고 있었습니다.

1980년대 말부터, 허영만 원작의 〈퇴역전선〉(1987), 이현세 원작의 〈폴리스〉(1993), 역시 허영만 원작의 〈아스팔트 사나이〉(1995)와 〈미스터 큐〉(1998), 방학기 원작의 〈조선 여형사 다모〉(2003) 등 다양한 만화가 TV 드라마로 만들어지면서 시청자들의 긍정적 반응을 이끌어냈습니다. 〈조선 여형사 다모〉는 1990년대에 『스포츠서울』에 연재된 작품으로, TV 드라마로 만들어진 만화는 종종 당시 스포츠 신문에 소개되기도 하였습니다. 매일의 스포츠 경기는 밤마다 TV 스포츠 뉴스를 통해 그 결과가 보도되었고, 다음 날의 스포츠 신문을 통해 경기 내용에 대한 상세한 분석이 이루어졌습니다. 그리고 바로 여기에 스포츠 기사와 함께 만화가 연재되면서 타사의 신문과 치열한 발행 부수 경쟁을 벌이고 있었습니다. 이처럼 TV라는 뉴미디어는 신문이라는 올드미디어를 단순히 대체하는 것이 아니라 새

시리얼이란?

TV 드라마가 그 이야기를 펼쳐나가는 방식은 시리얼(serial)과 시리즈(series)로 나뉩니다. 이를 구별하는 기준은 이야기의 연속성과 시간입니다. 시리얼은 이야기가 지속적으로 전개되고, 시간이 이야기의 전개를 구속하지 않는 형식의 드라마입니다. 우리가 흔히 보는 일일연속극, 주말연속극, 미니시리즈는 대체로 시리얼의 형식을 취하고 있습니다. 한편, 시리즈는 이야기가 한번에 끝나면서 시간에 종속되는 형식의 드라마입니다. 대표적으로 시트콤이 시리즈의 형식을 취하고 있다고 할 수 있습니다. 시트콤을 비롯한 시리즈 형식의 드라마에서는 매번 특정한 상황이 부여되면서 한편의 에피소드가 다른 한편의 에피소드로부터 비교적 자유롭게 놓여 있습니다.

순정만화란?

순정만화는 한국과 일본, 대만 등 동아시아의 만화 양식에 존재하는 독특한 장르입니다. 대만에서 유통되는 순정만화는 대체로 한국과 일본의 작품을 수입한 경우가 많았는데, 한국에서는 서사의 방식에 주안점을 둔다는 의미에서 순정만화(純情漫畫)로, 일본은 수용자에 주안점을 둔다는 뜻에서 소녀만화(少女漫畫)로 부르는 것이 일반적입니다.

롭게 관계를 맺으며 공명하게 됩니다. 이를 '미디어 짜임관계'라고도 합니다. 이러한 짜임관계 속에서 TV 드라마는 변화와 발전의 동력을 확보할 수 있었습니다.

다양한 장르의 만화 가운데 특히 순정만화는 가장 적극적으로 드라마로 제작되었습니다. 순정만화를 원작으로 만들어진 한국 최초의 드라마는 황미나 원작의 〈우리는 길 잃은 작은 새를 보았다〉(1999)입니다. 그 밖에도 원수연 원작의 〈풀하우스〉(2004), 박소희 원작의 〈궁〉(2006) 등이 TV 드라마로 만들어져 큰 인기를 끌었습니다. 한국의 순정만화뿐만 아니라 일본의 소녀만화 〈꽃보다 남자〉(2009)도 한국 TV 드라마를 이야기할 때 빼놓을 수 없는 흥행작 가운데 하나입니다. 등장인물 간의 미묘한 관계, 특히 이성애 관계를 중심에 두고 그 이야기를 전개시키는 데 익숙했던 한국의 TV 드라마에서 순정만화 또는 소녀만화는 바로 그 익숙한 관계의 설정을 번번이 다른 양상으로 그려내는 일종의 아카이브 역할을 담당했다고 할 수 있습니다.

이처럼 한국의 TV 드라마는 인접한 다른 이야기 산업, 대표적으로 만화산업과 함께 성장할 수 있었습니다. 만화산업은 미디어 테크놀로지 환경의 거대한 변동과 함께 웹툰산업으로 이어졌고, 웹툰의 시장 확대와 이에 따른 사업 전략의 진화 속에서 TV 드라마의 형식과 내용도 함께 변화해갔습니다. 오늘날 한국 TV 드라마는 OSMU와 콘텐츠 IP 등의 테크닉을 기반으로 다른 영역의 이야기 산업과 함께 거대한 산업체계를 이루고 있습니다. TV 드라마는 종종 다른 이야기를 원작으로서 참조하지만, 그 내용은 같으면서도 다르고, 그 차이를 통해 만화, 애니메이션, 웹툰과 TV 드라마는 이야기로서 각각의 독창성을 유지하면서 공존하고 있는 것입니다.

더 알아봅시다

OSMU와 콘텐츠 IP IP(Intellectual Property)란 지식재산을 의미하는 개념입니다. 여기에 기반한 콘텐츠 IP란, "콘텐츠를 기반으로 다양한 장르 확장과 부가 산업을 가능하게 하는 일련의 지식재산권 묶음(portfolio)"으로서, 저작권(저작재산권)과 상표권을 권리의 법적 기반으로 삼고 있습니다. 콘텐츠 IP 개념이 등장하기 전에는, 경쟁력 있는 콘텐츠를 다양하게 활용하는 콘텐츠 비즈니스 전략을 OSMU(One Source Multi Use)라고 불렀습니다. OSMU는 하나의 원형 콘텐츠(One Source 또는 1차 콘텐츠)를 영화, 만화, 애니메이션, 게임, 음반, 완구 및 문구 등 다양한 매체(2차 또는 3차 콘텐츠)로 재개발 및 재활용하는 방식을 의미합니다. 콘텐츠 IP는 사실상 기존의 OSMU 개념 중 'One Source', 즉 재활용되는 콘텐츠의 원천을 지칭하는 개념으로도 볼 수 있지만, 콘텐츠의 다양한 구성요소를 재산권(property)의 관점에서 강조하고 있다는 점에서 차별화됩니다. 즉, IP의 관점에서 콘텐츠 산업에 접근할 경우, 스토리텔링 기획 등 기존의 창작 역량뿐 아니라, 자산으로 간주되는 지식재산 요소들의 확보 및 관리 역량이 중요해지는 것입니다. 정리해보자면, OSMU는 완결된 콘텐츠의 사후 활용을, IP는 콘텐츠 구성요소를 토대로 한 사전 기획을 중요시한다고 하겠습니다.

감상해 봅시다

한국의 TV 드라마는 극마당 안에서 성장하였고, 극마당은 기술적 조건과 극적 요소 등의 이야기 소스를 TV 드라마와 공유하였습니다. 이러한 문화적 상호작용과 관련된 각종 영상을 감상해보고 한국 TV 드라마의 역동적 형성 과정에 대해 토론해 봅시다.

- 드라마 〈파친코〉(2022)
- 만화 〈꽃보다 남자〉(2019)
- 드라마 〈꽃보다 남자〉(2009)
- 만화 〈궁〉(2012)
- 드라마 〈궁〉(2006)
- 만화 〈조선 여형사 다모〉(2003)
- 드라마 〈다모〉(2003)

A+

한류 드라마, K-드라마로의 부상

이런 것들을 배워 봅시다

1990년대 이후, 한국의 대중문화 요소가 해외로 전파되어 인기리에 소비되는 문화현상이 한류라는 이름과 함께 나타납니다. 특히 한국 TV 드라마는 해외에서 한류 붐의 주요한 계기를 제공하였습니다. 〈겨울연가〉는 일본에서 '한류 붐'을 본격화한 작품입니다. 최근에는 글로벌 OTT 플랫폼 넷플릭스를 통해 〈사랑의 불시착〉, 〈이태원 클라쓰〉, 〈사이코지만 괜찮아〉 등의 한국 드라마가 흥행하였습니다. 〈오징어 게임〉은 넷플릭스를 통해 전 세계 시청자들에게 많은 지지를 받은 한국 드라마가 되었습니다.

한류가 20년 넘게 지속되는 동안 동아시아에서는 '반한류' 또는 '혐한류' 등과 같은 우려스러운 움직임도 함께 재현되었습니다. 이는 한류와 함께 전파되는 대중문화가 동아시아 각국의 정치·경제적 이해관계 속에서 소비되고 있음을 의미합니다. 그럼에도 불구하고 대중문화의 영향력은 정치·경제적 논리보다 큰 힘을 발휘하였고, 한류 드라마는 다시 한번 글로벌 스케일의 문화적 흐름으로 재부상하였습니다. K-드라마의 인기몰이가 그것입니다. 이는 한국 드라마가 초국가적 문화 횡단이 이루어지는 흐름 위에서 해외 수용자에서 새롭게 해석될 수 있는 여지를 지닌 혼종적이고 개방적인 콘텐츠였기 때문입니다.

- **한국적인 것 같지만 꼭 그렇지만은 않은 한류를 통해 대중문화의 초국가적 횡단이 지니는 효과와 의미에 대해 생각해 봅시다.**

찾아가 봅시다

▼ 1990년대 이후 한류 드라마 관련 자료

- 〈겨울연가〉 촬영지(강원도 춘천시)
- MBC 드라미아(경기도 용인시)
- 〈사이코지만 괜찮아〉 촬영지 (인천시 중구 '아트플랫폼')
- 〈사랑의 불시착〉 촬영지 (인천시 영종도 '선녀바위해변')
- 〈이태원 클라쓰〉 촬영지 (인천시 송도국제도시 '트리플스트리트')
- 한류 테마 관광 코스 (https://korean.visitseoul.net/hallyu)
- 한류 콘텐츠 메타버스 전시관 '코리아월드'(온라인)

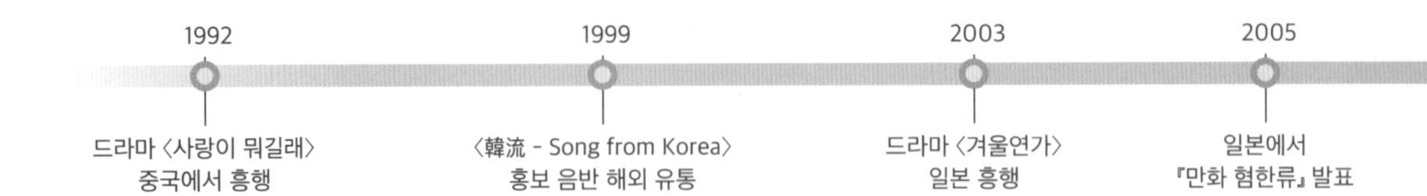

정치·경제적 환경에서 발생한 문화적 흐름, '한류 드라마'가 시작되다

오늘날 미드(미국 드라마), 영드(영국 드라마), 일드(일본 드라마)와 함께 다양한 장르의 한국 드라마를 볼 수 있는 곳은 글로벌 OTT입니다. 온라인 동영상 스트리밍 서비스로 불리는 OTT(Over The Top) 기반의 글로벌 플랫폼은 한류에 새로운 활로를 제공하였습니다. 한류란, 한국의 대중문화가 해외로 전파되어 인기리에 소비되는 문화적 현상을 의미합니다. 2021년, 넷플릭스(Netflix)를 통해 공개된 〈오징어 게임〉은 한류라는 현상의 전 세계적 영향력을 다시 한번 입증하였고, 그 영향력의 중심에 바로 한국의 드라마가 있음을 확인시켜 주었습니다. 〈오징어 게임〉은 의문의 서바이벌 게임에 참가한 사람들

▶ 서울 코엑스에 설치된 넷플릭스 오리지널 드라마 〈지옥〉 체험존 ©연합뉴스

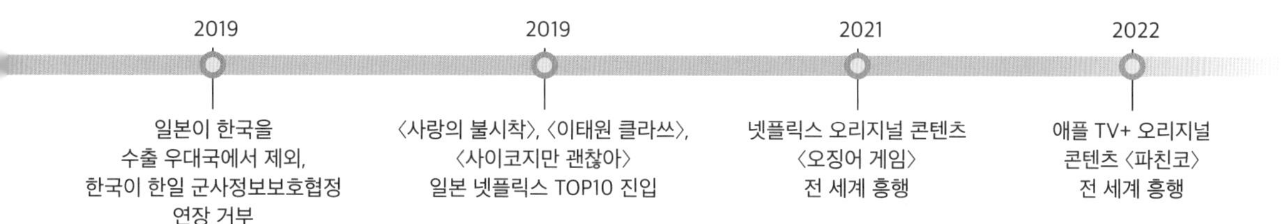

이 456억 원의 상금을 차지하기 위해 목숨을 걸고 대결하는 내용을 담은 드라마입니다.

흥행의 규모 면에서 봤을 때, 〈오징어 게임〉은 한국 드라마의 역사에서 최고의 성과라 할 만합니다. 하지만 이 작품이 한류 드라마에서 최초의 성과는 아닙니다. 한류 드라마의 역사를 이야기할 때 가장 먼저, 그리고 빈번하게 언급되는 작품은 〈겨울연가〉입니다. 〈겨울연가〉는 2003년부터 2004년에 걸쳐 일본 TV를 통해 거듭 방영되면서 '한류 붐'을 일으켰습니다. 일본에서 〈겨울연가〉는 일본어 더빙 버전으로 처음 방영되었지만, 주인공 강준상 역을 맡은 배우 배용준의 목소리를 듣고 싶다는 일본 시청자들의 강한 요청으로 일본어 자막 버전이 재방영되며 한류 붐을 이어갔습니다.

무엇보다도 한류라는 익숙한 이름은 한류의 발신지인 한국에서가 아니라, 중국에서 최초로 언급되었다는 사실을 기억해야 할 것입니다. 1992년에 이루어진 한국과 중국의 수교로 인해 1993년에 한국 드라마 〈질투〉가 중국에 정식으로 수출되면서 한국 TV 드라마가 공식적으로 중국에서 방영을 시작하였습니다. 당시에 대만, 홍콩 등에도 한국 TV 드라마가 수출되어 방영되었는데, 〈사랑이 뭐길래〉가 1996년 중국으로 수출되었다가 1997년 CCTV(China Central Television, 中國中央電視臺, 중국중앙TV방송국)에서 재방송되면서 높은 시청률을 기록하며 큰 인기를 얻게 되었습니다. 이후 1998년부터 한국 음반이 중국에 정식으로 출시되며, 1999년 중국 언론 『베이징칭니엔바오(北京青年報)』가 한류라는 현상을 언급하였습니다. 대중문화

더 알아봅시다

▲ 韓流 - Song from Korea 홍보 음반

한류라는 용어의 기원 한류는 드라마와 대중음악이 동시에 흥행하면서 만들어진 현상입니다. 드라마에 대한 관심에 이어 1998년 이후 한국 대중음악의 본격적인 해외 진출이 시작되면서 한국 문화의 열풍, 즉 한류가 발생한 것입니다

당시 한국 TV 드라마의 급속한 인기와 확산으로 인해 1996년부터 중국 내 10개 주요 도시지역을 중심으로 한국 음악을 소개하는 〈한성음악청(漢城音樂廳)〉이라는 FM 라디오 프로그램이 방송되기 시작하였습니다. 이어서 1999년 가을, 당시 한국 문화부는 한국 대중음악을 해외에 널리 알리기 위하여 1억 5천만 원을 들여 중국어 버전 6천 장과 영어, 일본어 각 3천 장씩을 홍보용 음반으로 제작해 해외의 방송사, 잡지사, 대학, 나이트클럽, 한국 공관에 배포하였습니다. 이 음반의 제목이 영어, 일본어 버전은 〈Korea Pop Music〉, 중국어 버전은 〈韓流 - Song from Korea〉였습니다. 따라서 한류라는 신조어가 공식적으로 사용된 최초의 사례는 1999년 가을부터 한국 문화부의 지원으로 제작된 홍보용 음반의 제목이라고 할 수 있습니다.

의 소비가 가장 컸던 일본에서는 1980년대 홍콩 영화의 유행을 '홍콩류', 즉 항류(港流)라고 지칭했고, 1990년대 일본 TV 드라마, 애니메이션, 게임 등의 유행을 일본 스스로 일류(日流)라 지칭하였습니다. 그 자리를 물려받은 것이 바로 한류였습니다. 이에 따라 한국에서도 2000년부터 한류 현상을 보도하기 시작했습니다.

한류는 1997년 무렵부터 문화 수출을 목표로 하는 한국 정부의 정책을 배경으로 합니다. 과거에는 제조업을 중심으로 공산품을 수출하던 나라가 문화콘텐츠를 수출하기 시작한 것입니다. 그러나 한류의 발생과 정착은 한국 정부의 일방적인 정책 때문에 가능했던 것은 아닙니다. 동아시아의 문화산업 구조 역시 한류에 큰 영향을 주었습니다. 아시아에서 일본의 TV 드라마(트렌디 드라마)와 대중음악(J-POP) 그리고 홍콩 영화 등이 큰 인기몰이를 하였으나 수요와 공급의 원칙에 따라 콘텐츠의 가격이 급격히 상승하였고, 1990년대

하반기에 접어들며 IMF 구제 금융에 따른 외환 위기로 인해 한국 화폐의 가치가 절하되면서 값싼 한국 콘텐츠가 그 자리를 대체하기 시작한 것입니다. 또한 일본의 위성방송과 대만의 케이블방송 시장이 급성장하면서 콘텐츠가 부족했던 상황도 한국 드라마에 대한 수요를 자극하였습니다. 여기서 알 수 있는 사실은 한류가 대중문화적 흐름이기에 앞서 정치 · 경제적 흐름과도 맞물린 것이었다는 점입니다. 그래서 한류는 국경을 넘어서는 정치 · 경제적 환경 변화에 따라 종종 의도하지 않은 효과를 낳기도 합니다.

초국가적 흥행이 '반한류', '혐한류'의 등장을 초래하다

1990년대 말부터 20년간에 걸쳐, 한류는 수많은 위기론 속에서도 지역적으로는 일본과 중국, 동남아시아와 중앙아시아, 그리고 남미, 유럽, 미국으로 확산되었습니다. 아울러 드라마를 필두로, 음악, 영화, 게임, 웹툰, 음식, 관광, 뷰티, IT 등 대중문화를 넘어서 문화경제 전반을 아우르는 것으로 확장되었습니다. 그러나 한류와 함께 동아시아에서 반한류(反韓流)와 혐한류(嫌韓流) 등 한류에 반대하고, 한류를 혐오하는 현상이 대두하기도 하였습니다. 이는 동아시아의 정치 · 경제적 갈등에 기인합니다. 갈등은 영어로 conflict입니다. 갈등을 다시 한자어로 풀어보면 '등나무'와 '칡뿌리'에 해당합니다. 정치 · 경제적 갈등을 통해 동아시아의 각국이 등나무와 칡뿌리처럼 뒤얽혀 있고, 그 속에서 충돌하고 있음을 짐작해볼 수 있습니다.

반한류란 한류에 대한 반감 또는 저항감, 혹은 한류에 대한 부정적 의견 및 경계심을 의미합니다. 전통적 가족 관계를 다루면서도 자본주의적 소비문화가 고스란히 재현되고 있는 한국 드라마는 중국으로 빠르게 파고드는 미국식의 세계화 시스템을 중국의 대중이 수용하는 데 완충 작용을 하는 한편, '중화사상'을 자극하는 계기로도 작용하였습니다. 그 결과, 중국에서의 한류는 한국 드라마 〈대장금〉을 '문화침략' 혹은 '치욕'으로 보도하거나 중국 폄하 내용을 의도적으로 지적하는 등 한국 대중문화에 대한 불편한 시각을 노골적으로 드러내는 반한류와 함께 형성되었습니다. 물론 〈대장금〉은 중국에서 큰 인기를 얻었습니다. 하지만 그 인기만큼 한국 드라마에 대한 경계심도 함께 커졌습니다. 〈대장금〉에서 재현되는 침술을 비롯한 한국의 전통 문화가 사실은 중국에 기원을 두고 있는 것이라는 반감이 바로 그 경계심과 결부되어 있던 것입니다.

대중문화의 영역에서 한국보다도 훨씬 먼저 초국가적인 흥행을 이루었다고 할 수 있는 일본에서도 한류 붐과 함께 한국을 혐오하는, 이른바 '혐한류'가 대두하였습니다. '혐한'은 글자 그대로 '한국을 혐오한다'는 의미입니다. 혐한은 대개 반일(反日)에 대응하는 현상처럼 이해되기도 하지만, '일본에 반대한다'는 반일과는 다르게 혐한은 '한국을 열등한 존재로 인식하는 우월한 일본'이라는 관점을 내포하고 있습니다. 2005년에 야마노 샤린(山野車輪)의 『만화 혐한류(マンガ嫌韓流)』 출간이 논란을 일으키며 한류의 자부심을 누리고 있던 한국인들에게 충격을 안겨주었습니다. 그리고 2019년의 무역 분쟁을 기점으로 다시금 일본 내 혐한류가 한국에서 우려스러운 시선으로 포착되고 있습니다. 2018년 10월, 한국 대법원이 일제강점기 일본 기업의 산업 노역에 동원된 강제징용 피해자들에게 일본 기업의 배상 판결을 내리자 일본 정부는 2019년 8월에 한국을 화이트리스트*에서 제외한다는 각의 결정을 발표하였습니다. 한국 정부가 일본과 맺은 지소미아** 종료를 선언하며 맞대응하는 등 일련의 과정을 통해 한일관계는 최악의 상황으로 치달았습니다. 그 결과 한국에서는 일본 제품 불매운동과 함께 반일 여론이 심화되었고, 이와 동시에 일본에서도 한국을 비방하고 배격하는 혐한 기류가 만연하였습니다.

대중문화적 영역에 머물러 있던 혐한은 근래 일본 정부의 명백

화이트리스트란?*

일본이 말하는 화이트리스트(whitelist)란 전략물자 수출 우대국 목록을 말합니다. 전략물자란 우라늄, 석유, 철, 고무 등 전쟁 수행에 필요한 물자를 가리킵니다. 일본이 한국을 화이트리스트에서 제외하겠다는 것은 한국이 수출 우대 혜택을 받지 못하도록 제한하겠다는 의미입니다.

지소미아란?**

지소미아(韓日軍事情報保護協定, General Security of Military Information Agreement, GSOMIA)는 2016년 11월에 북핵 또는 미사일 등의 군사정보를 직접 공유하기 위해 한국과 일본이 체결한 협정으로, 1945년 해방 이후 양국이 맺은 유일한 군사협정입니다. 이 협정에 따르면 한국과 일본은 북한의 핵·미사일 등 2급 이하 군사비밀을 모두 공유하게 되어 있었습니다.

한 정치적 수단으로 활용되는 상황입니다. 한류와 함께 주목을 받아온 혐한류는 혐오와 차별을 조장한다는 측면에서 비판을 받고 있으며, 일본 사회 전반의 지지를 받고 있다고 할 수는 없습니다. 다만, 많은 일본의 대중이 혐한류의 방법론에 부정적 입장을 취하면서도, 한국과의 정치적 대립에는 비판적인 의식을 가지고 혐한 콘텐츠의 잠재적 소비자로 존재합니다. 역사 인식의 괴리를 바탕으로 양국 정치권의 첨예한 대립이 지속되는 가운데, 혐한류는 앞으로 예측하지 못했던 또 다른 국면으로 전개될 가능성을 배제할 수 없습니다. 이러한 긴장 상황에 대해 정치권과 미디어의 책임은 막중합니다. 또한 민간 차원에서는 대화와 학습, 교류를 통해 타자에 대한 이해의 자세를 견지할 필요가 있습니다.

K-드라마의 장르물이 세계적으로 주목을 받다

그럼에도 불구하고 최근 일본 대중은 한국의 드라마를 그 어느 때보다도 열심히 시청하고 있습니다. 최근 들어 한류는 다시 한번 드라마를 통해 그 흐름을 뚜렷하게 드러내고 있습니다. 넷플릭스 일본 법인은 2020년 12월 14일, 2020년 'TOP 10'에 진입한 콘텐츠들을 발표하였습니다. 한국의 TV 드라마가 1순위에 올랐는데, 바로 〈사랑의 불시착〉이었습니다. 2위 역시 한국 드라마 〈이태원 클라쓰〉가 차지하였습니다. 이 외에 〈사이코지만 괜찮아〉(6위), 〈청춘기록〉(8위), 〈김비서가 왜 그럴까〉(9위)도 순위에 들었습니다. 이러한 현상은 양국의 정치 · 경제적 갈등과 대중문화가 분리되어 인식 혹은 수용되고 있음을 의미한다고 할 수 있습니다. 또한 한일 양국을 포함한 아시아가 다른 의미에서 한국 드라마를 통해 정서적 공감대를 향유하고 있다고도 볼 수 있습니다.

2010년 중후반을 기점으로 한국의 드라마는 '한류 드라마'와

더 알아봅시다

젠더 문제와 드라마 한류 드라마로 주목을 받았던 작품들을 통해 젠더 문제와 드라마의 관계를 생각해 볼 수 있습니다. 〈사랑의 불시착〉은 한반도의 분단 체제를 전제로 남한 재벌가의 딸과 북한 군벌가의 아들(리정혁)의 사랑을 낭만적으로 그려냅니다. 리정혁은 자신의 목숨보다 연인의 안전을 우선시하는 남성으로 국경을 넘나드는 위험을 무릅쓰면서까지 연인을 마치 아기처럼 보호합니다. 〈이태원 클라쓰〉는 한 청년이 자신의 아버지를 죽음에 이르게 만든 재벌가의 회장을 쓰러뜨리기 위해 차근차근 성장해나가는 이야기입니다. 잘 들여다보면, 이 작품은 시련과 수련, 복수로 이어지는 무협(武俠)의 서사적 패턴을 따르고 있습니다. 다만, 그 복수의 과정은 폭력 대신에 복수의 대상인 기업 회장의 자본주의적 처세술을 그대로 익힘으로써 철저히 합법적으로 이루어진다는 점에서, 무협이 아니라 의협(義俠)의 활극적 서사처럼 보이기도 합니다. 〈사이코지만 괜찮아〉는 자폐를 모티프로 삼아, 각자의 감옥을 제 몸 안에 품고 살아가는 주인공들을 형상화합니다. 자폐를 앓고 있는 형을 돌보는 동생은 그 의무감에 짓눌려 타인과의 관계를 차단하며 살아갑니다. 어느 날 그의 곁에 나타난 여성 아동작가 역시 어린 시절 부모의 정서적 학대 속에 스스로를 가둔 존재입니다. 이처럼 〈사이코지만 괜찮아〉에서 주인공들은 동병상련의 공동체를 구성하면서 서로에게 구원자가 되어 활기를 회복합니다. 이러한 한류 드라마가 전파하는 극적인 활기는 로맨스의 겉옷을 입으면서 일종의 '기사도'를 내포하고 있는 것을 특징으로 지적할 수 있습니다.

그런데 한류 드라마의 기사도는 그 원류가 되는 서구의 것과는 달리, 체제에 대한 충성이 아니라, 체제로부터 분리된 개인이 독자적으로 수행하는 의협심, 즉 사적(私的) 정의입니다. 사적 정의는 사적인 관계를 전제로 삼고, 그 관계는 종종 이성 간의 로맨티시즘을 취합니다. 이는 남성 주인공의 의협심을 정당화하거나 낭만화하는 알리바이로 기능하기도 합니다.

또한 일련의 한류 드라마는 '정상'으로 간주된 가부장제 가족의 위기를 극적 긴장감으로 활용하기도 합니다. 〈사랑의 불시착〉은 형의 죽음을, 〈이태원 클라쓰〉는 아버지의 죽음을, 〈사이코지만 괜찮아〉는 아버지의 부재와 형의 정신적 '결함', 나아가 가정폭력의 원인으로서 악모(惡母)를 활극의 모티브로 내세우고 있습니다. 이러한 요소는 가부장적 권위를 중심에 둔 남성성에 대한 대중의 동의를 요구하는 것으로 볼 수 있습니다. 이는 근대화 이후 새로운 대중으로서의 국민이 탄생하는 과정에서 강조되어 온 성역할(gender role), 특히 남성의 역할이 드라마라는 대중문화에까지 녹아든 결과라고 이해해 볼 수 있을 것입니다.

구분해 'K-드라마'라는 용어로 불리며, 아시아권의 인기를 넘어 서구권의 주목을 받기 시작합니다. K-드라마의 흐름을 주도한 것은 넷플릭스 등 OTT 플랫폼이 큰 역할을 하였습니다. K-드라마의 인기에는 단순히 선진국의 기술을 따라잡았다는 것 이상의 의미가 있습니다. 문화콘텐츠라는 것이 바로 '사상'을 담아내기 때문입니다. 일례로 세계의 영화 시장을 지금까지 미국에서 주도해올 수 있던 이유는 미국이 강하고 부유한 국가여서만은 아닙니다. 민주주의, 자유, 시민권, 인권, 평등 등 미국 영화계에서 전파해 온 '미국적' 사상을 전지구적으로 보편타당하게 받아들이기 때문입니다. 그런데 K-드라마가 약진하면서 여기에 균열을 일으키게 됩니다.

물론 K-드라마의 부상은 갑작스러운 것이 아닙니다. 과거에도 한국 드라마에 관심을 가진 서구권 시청자들이 있었고, 넷플릭스와 같은 플랫폼이 한국의 제작자와 함께 오리지널 콘텐츠를 만들게 되면서 그 저변이 폭발적으로 확대된 것입니다. 그런 점에서 보면 한류 드라마의 연장선상에 K-드라마가 있는 것처럼 보이기도 합니다. 하지만 K-드라마는 전통적 한류 드라마와 장르나 스타일 면에서 차이가 크다고 평가합니다. 한류 드라마가 로맨스나 가족물을 다루며 젊은 배우들의 사랑과 주변 인물들을 묘사했다면, K-드라마는 마니아들의 영역인 스릴러, 공포물과 같은 '장르물'이 주류를 차지합니다. 또한 K-드라마가 그간 콘텐츠 업계를 독점하다시피 해 온

◀ '〈오징어 게임〉과 함께하는 뉴욕 속 한국 여행' 행사 참가자들이 딱지치기를 하고 있는 모습 ©연합뉴스

미국의 제작사와 차별화되면서도 보편적인 주제, 예를 들어 '인간'에 대한 다각적 조명과 자본주의 사회의 모순 등 그 주제 의식이 대중적으로 공감 가능하다는 점을 인기의 요인으로 말하기도 합니다.

세계적 주제와 한국적인 것이 조화를 이루다

중국에서 한류가 시작하여 일본을 거쳐 세계로 진출하는 발판을 마련하기까지를 '한류 1.0' 시대라고 한다면, 세계적으로 큰 반향을 일으킨 K-팝이 추동한 한류를 '한류 2.0' 시대로 봅니다. 현재는 전통문화, 문화예술, 콘텐츠를 모두 포괄하는 K-컬처가 부상하는 '한류 3.0' 시대가 본격적으로 개막하였습니다. 한국 정부에서도 적극적으로 한류 지원 정책을 추진하였습니다. 그러나 해외에서 한국 드라마를 시청하는 수용자들의 선택을 예측하기란 쉬운 일이 아닙니다. 그럼에도 불구하고 분명한 사실은, 한류라는 현상은 해외의 수용자들이 한국 드라마를 소비하는 과정에서 문화 횡단적이고, 감정적이며, 능동적인 참여를 전제로 나타난다는 점입니다. 예를 들어, 〈겨울연

▶ 춘천 남이섬을 찾은 일본 관광객들
ⓒ연합뉴스

가〉는 일본에서 늘 사랑받아 온 주제인 '순애보 붐'에 합류하며 인기를 끌었습니다. 그 결과, 한국 드라마를 수동적으로 보기만 하던 대중들이 능동적으로 변하면서 〈겨울연가〉의 촬영지였던 남이섬 관광으로까지 발걸음을 옮기게 되는 것입니다.

또한 〈오징어 게임〉은 "무궁화 꽃이 피었습니다", "달고나 뽑기", "구슬치기", "딱지치기" 등 한국의 골목길 놀이 풍경을 전혀 알지 못하는 해외의 시청자들에게도 큰 반향을 일으켰습니다. 〈아카이브 오브 아워 오운(Archive of Our Own)〉에서는 중국산 게임 〈원신(Genshin Impact)〉의 캐릭터들이 〈오징어 게임〉의 스토리와 결합한 팬픽션이 등장하기도 했는데, 이는 한국의 골목길 놀이를 모르더라도 '게임'이라는 맥락 속에서 작품이 자연스럽게 독해되고 있다는 점을 시사합니다.

한국의 도시화와 골목길 공동체의 변동 1970년대 지방의 인구가 서울로 급속히 유입되면서 서울은 급속도로 팽창되기 시작하였습니다. 농사를 짓거나, 개천이 흐르던 서울의 변두리에는 소위 '집장수'들이 지은 주택이 골목길을 사이에 두고 일률적으로 늘어서게 되었습니다. 어린이들은 똑같이 생긴 집에서 나와 '국민학교'에 갔고, 학교가 끝난 후 골목에서 함께 놀았습니다. 골목에서 딱지치기, 구슬치기, 오징어 게임, 무궁화 꽃이 피었습니다 등의 놀이에 빠져들었습니다. 좁은 골목길에는 아이들이 밀집해 있었고, 그 밀집도만큼 이야기의 가능성도 풍부하였습니다. 〈오징어 게임〉도 바로 여기서부터 시작된 이야기입니다.

또 다른 한국 드라마 중에 〈응답하라 1988〉을 보면, 골목길 공동체의 모습이 잘 그려져 있습니다. 〈응답하라 1988〉은 골목길에서 그 이야기가 전개되다가 끝내 모두 떠나고 철거될 집들 사이의 쓸쓸한 골목길의 모습을 보여주며 마무리됩니다. '재개발'을 통해 새로워진 도시에서 새로운 주거의 형태와 함께 공동체의 질서는 급격하게 해체되었습니다. 무엇보다도 값이 치솟은 집을 구하기 위한 투기가 만연했고, 도시인들은 공동체적 관계가 아니라 적자생존의 경쟁 관계 속에서 서로를 혐오하기 시작했습니다. 〈오징어 게임〉이 그리고 있는 서바이벌 게임이 바로 이 시기부터 시작된 것으로 설정되어 있다는 사실도 이와 같은 도시의 변화와 무관하지 않다고 하겠습니다.

한국 드라마의 수용의 맥락뿐만 아니라, 생산의 맥락 또한 국경 안으로 제한되지 않습니다. 일본의 만화와 애니메이션, 중국의 무협과 홍콩의 느와르(Noir)는 동아시아를 가로질러 수용되는 가운데 한류의 다양한 장르를 낳았습니다. 무엇보다도 유럽의 멜로드라마가 일본을 거쳐 조선에 도입되는 과정에서 탄생한 '신파'가 한국에서 100년에 걸친 유구한 시간의 흐름 속에서 나름의 방식으로 명맥을 유지하고 있다는 사실은 생산의 맥락이 초국가적임을 여실히 보여줍니다. 한류 또한 마찬가지입니다. 한류에는 이미 항류와 일류가 녹아들어 흐르고 있습니다. 더 나아가 이 모든 흐름에 담긴 대중문화는 바로 대중의 선택에 의해 생명력을 유지하고 그 선택을 반영하여 변용되는 것입니다. 그런 점에서 한류는 대중문화가 단일한 '국적'을 드러내는 것이 아니라 혼종적이고 개방적이라는 사실을 보여주는 현상으로서 다시 이해될 필요가 있습니다. 세계적인 주제와 한국적인 요소가 조화를 이루고 있는 것입니다.

시청해 봅시다

전 세계에서 주목한 K-드라마는 초국가적인 문화 횡단의 환경 속에서 생산되고 소비되었습니다. 한국 드라마를 직접 감상해 보고, K-드라마의 혼종성과 개방성에 관해 함께 토론해 봅시다.

- 드라마 〈오징어 게임〉(2021)
- 드라마 〈이태원 클라쓰〉(2020)
- 드라마 〈사이코지만 괜찮아〉(2020)
- 드라마 〈사랑의 불시착〉(2019)
- 드라마 〈겨울연가〉(2002)

한국 대중가요

이런 것들을 배워 봅시다

대중가요란 대중들이 즐겨 부르는 노래를 의미합니다. 한국 대중가요의 시작은 명확하게 규정하기 어렵지만, 1920-30년대 일제강점기 하에서 시작되었습니다. 초기에는 번안곡들이 주를 이뤘지만, 한국인들의 창작이 시작되면서 식민 치하의 현실과 광복 후에는 분단과 전쟁을 그린 곡들이 많이 발표되었습니다. 1960년대에는 미국 문화의 영향이 본격화되면서 팝 양식의 노래가 인기를 얻었고, 1970년대에는 청년층을 중심으로 한 포크송 음악이 대중적 인기를 얻었습니다. 당시 가수로서 최고의 실력을 인정받았던 조용필은 1980년대를 풍미하였는데, 다양한 장르의 음악을 선보이며 전 세대를 음악으로 통합하였습니다. 1990년대 서태지와 아이들의 등장을 계기로 한국 대중가요는 새로운 시대를 맞이하였고, 다양한 장르의 음악이 발전하였습니다.

- **한국 대중가요의 시대별 특징에 대해 알아보고, 특히 1990년대 대중가요의 장르가 다양해진 이유에 대해서도 생각해 봅시다.**

찾아가 봅시다

- 한국대중음악박물관 (경상북도 경주시)
- 남이섬 노래박물관 (강원도 춘천시)
- 김광석다시그리기길 (대구시 중구)
- 북교동 예술인 골목 화가의 집 (전라남도 목포시)

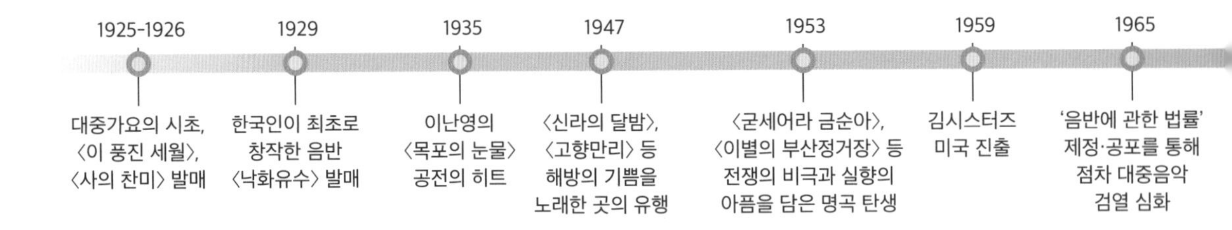

트로트란?

미국의 춤곡 폭스트로트(foxtrot)에서 기원한 말로 일본의 엔카(演歌)의 영향을 받아 형성된 대중가요를 말합니다. 해방 이후 일본 음악의 영향으로 형성되었다는 점에서 비판을 받기도 했지만, 지금은 한국인 특유의 정서와 꺾기 창법이 녹아든 독자적인 장르로 인식되고 있습니다.

대중들이 즐겨 부른 유행가가 '시대의 거울'이 되다

대중가요는 음악적 지식이 없어도 누구나 연주하고 들으며 즐길 수 있는 음악을 말합니다. 한국 대중가요가 언제부터 시작되었는지 특정하기는 어렵지만, 대체로 1920년대 대중들이 즐겨 부른 유행가를 그 시작으로 봅니다. 1925년에 나온 〈이 풍진 세월〉은 음반으로 제작해 발매된 최초의 대중가요이고, 1926년 〈사의 찬미〉는 당시 대중들에게 큰 화제를 불러 모으면서 대중가요 시대를 연 곡이라는 점에서, 이 두 곡은 한국 대중가요의 시초로 여겨집니다. 그러나 두 곡 모두 번안곡으로, 한국인이 만든 최초의 음반은 1929년의 〈낙화유수〉(김영환 작사 · 작곡)입니다. 이 외에도 1920년대 말부터 한국인의 대중가요 창작이 본격화되면서 많은 노래들이 발표되었고 대중들의 폭발적인 호응을 얻었습니다.

1930년대 이후 일본식 음 구조를 차용한 트로트 양식의 곡들이 유행하게 되는데, 이애리수가 부른 〈황성의 적〉(1932), 이난영의 〈목포의 눈물〉(1935) 등은 젊은이들 사이에서 큰 인기를 얻었습니다. 물론 트로트가 주류를 차지하였지만, 그 외 한국 전통 민요에 외래 음악을 가미한 신민요 양식이나 블루스, 재즈, 샹송 같은 서양음악의 특성을 차용한 노래도 대중의 관심을 모았습니다. 지금도 많이 불리는 〈오빠는 풍각쟁이〉(1938)는 대표적인 재즈송 양식의 곡입니다.

대중가요는 대중이 느끼는 감정을 표현하는 것으로 사랑, 이별, 기쁨, 슬픔 등 그 주제는 과거나 지금이나 세계 공통적인 요소

윤심덕과 〈사(死)의 찬미〉 윤심덕(1897-1926)은 1897년 평양에서 태어났습니다. 평양여자고등보통학교를 거쳐 경성여자고등보통학교 사범과를 졸업하고, 강원도 원주에서 1년여간 소학교 교사로 근무하던 중 조선총독부 관비유학생으로 뽑혀 일본 도쿄의 우에노 음악학교 성악과에서 유학하였습니다. 1921년 일시 귀국했을 때 국내 순회공연에 참여했다가 극작가 김우진을 만나 사랑에 빠지게 되는데, 당시 김우진은 아내와 자식이 있는 유부남이었습니다. 이후 윤심덕은 일본에 돌아가 음악학교를 졸업하고 1년간의 조교 생활을 마친 뒤 1923년 귀국합니다. 귀국 직후 독창회를 열었고, 이는 한국 최초의 소프라노 가수의 공연으로 평가됩니다.

조선에서 성악가로 활동하던 윤심덕은 1926년 일본에 건너가 닛토(日東) 레코드회사에서 24곡을 녹음하였습니다. 〈도나우강의 잔물결〉이라는 외국곡에 가사를 붙인 〈사의 찬미〉가 이 음반에 들어 있습니다. 일본에 먼저 와 있던 김우진과 만난 윤심덕은 8월 3일 시모노세키에서 부산으로 향하는 배에 탑승하였고, 현해탄을 지날 무렵 김우진과 함께 바다에 몸을 던졌습니다. 이튿날 조선·동아일보를 비롯한 많은 신문에서 정사(情死)한 청춘 남녀의 소식을 대대적으로 보도하였습니다. 물론 언론이 투신으로 보도한 것에 대해서 사고사, 타살의 가능성 등이 제기되기도 하였으나, 비극적이고 낭만적인 두 남녀의 이야기는 이후로도 큰 인기를 끌었고 지금까지도 영화, 드라마, 연극, 뮤지컬 등으로 제작되고 있습니다.

〈사의 찬미〉는 윤심덕이 죽은 후 큰 반향을 불러일으켰고, 이를 통해 본격적으로 대중가요 시대를 열었다고 평가됩니다. 윤심덕이 직접 가사를 붙인 것으로 알려진 〈사의 찬미〉는 예술인의 좌절과 욕망, 고뇌와 절망을 비극적으로 그리고 있으며, 자유연애 사조를 상징하는 노래로 자리잡았습니다.

〈사의 찬미〉

광막한 광야에 달리는 인생아
너의 가는 곳 그 어데이냐
쓸쓸한 세상 험악한 고해를
너는 무엇을 찾으러 가느냐

눈물로 된 이 세상은
나 죽으면 고만일까
행복 찾는 인생들아
너 찾는 것 허무

웃는 저 꽃과 우는 저 새들은
그 운명이 모두 다 같구나
삶에 열중한 가련한 인생아
너는 칼 우에 춤추는 자로다
눈물로 된 이 세상은
나 죽으면 고만일까
행복 찾는 인생들아
너 찾는 것 허무

허영에 빠져 날뛰는 인생아
너 속였음을 네가 알겠느냐
세상의 것은 너의게 허무니
너 죽은 후에 모두 다 없도다
눈물로 된 이 세상은
나 죽으면 고만일까
행복 찾는 인생들아
너 찾는 것 허무

尹心德孃의 決死의 絶唱

2249-A 死의 讚美
獨唱 尹心德
作歌 尹心德

(一)
曠寞한 荒野에 달니는 人生아
너의 가는곳 그어데냐
쓸쓸한 世上 險惡한 苦海에
너는 무엇을 차즈려 가느냐

(후렴)
눈물로된 이 世上이
나죽으면 고만일가
幸福찻는 人生들아
너찻는것 서름

(二)
웃는쏫과 우는저새들이
그運命이 모도다 갓흐니
生에 熱中한 可憐한 人生아
너는 칼우에 춤추는者로다

(三)
虛榮에 빠저 날쒸는人生아
너속혓슴을 네가아느냐
世上의것은 너의게 虛無니
너죽은후에 모도다업도다

2249-B 復活의 깃봄
獨唱 尹心德
作歌 尹心德

(一)
내주오날부활햇네…하々々할렐루야
텬사들이 노래하네…하々々할렐루야
너의깃봄 놉히며…하々々할렐루야
텬디뒤로화답하네…하々々할렐루야

(二)
직힌군사헛되엿네…하々々할렐루야
디옥문을깻치섯네…하々々할렐루야
죽음의힘 헛되네…하々々할렐루야
텬당문을 여섯네…하々々할렐루야

(三)
우리님군부활햇네…하々々할렐루야
사망에서니러낫네…하々々할렐루야
도라가신 주께서…하々々할렐루야
우리령혼구속햇네…하々々할렐루야

(四)
주의인도하실사리…하々々할렐루야
깃봄으로조치겟네…하々々할렐루야
무덤에서 나올때…하々々할렐루야
주와갓치 살겟네…하々々할렐루야

「死의讚美」를最後로부르고蒼海에몸을던진朝鮮唯一의「쏘푸라노」名歌手
故尹心德孃

大阪市住吉 日東蓄音器株式會社

◀ 〈사의 찬미〉 가사지
©한국유성기음반

를 담고 있습니다. 다만 일제강점기에 시작된 한국 대중가요는 이 외에도 고향에 대한 그리움과 서러움처럼 나라를 잃은 식민 치하의 현실을 직간접적으로 표현한 노래도 많이 발표되었습니다.

해방 후에도 대중가요는 기본적으로 이전 시기의 양식을 계승하거나 일부 변용하는 형태로 만들어졌습니다. 일본 레코드사들이 한국에서 철수하며 장비나 물자가 부족하였지만, 한국의 자본과 기술로 음반을 제작하기 위해 노력하였습니다. 해방의 기쁨을 묘사한 노래들이 등장하였고, 〈신라의 달밤〉·〈고향만리〉(1947)와 같은 노래가 큰 인기를 얻었습니다.

남북의 분단 역시 대중가요에 많은 영향을 미쳤습니다. 남북 분단의 비극적인 상황을 반영한 〈흘러온 남매〉(1947), 〈가거라 삼팔선〉(1948), 〈달도 하나 해도 하나〉(1949)와 같은 노래는 당시 세태를 반영하여 대중들의 호응을 얻었습니다. 더욱이 한국전쟁의 폐허 속에서도 대중가요 창작자와 가수들은 전쟁과 분단을 소재로 한 노래를 불렀고, 사람들도 노래를 들으며 전쟁의 상처와 아픔을 치유하였습니다. 흥남철수*를 배경으로 한 〈굳세어라 금순아〉(1953), 〈이별의 부산정거장〉(1954), 〈꿈에 본 내 고향〉(1954), 〈휴전선 나그네〉(1955), 〈단장의 미아리 고개〉(1957) 등은 전쟁의 비극과 힘겨운 피난살이, 실향의 아픔을 담은 곡들로서 지금까지도 대중들의 기억 속에 많이 남아있습니다.

전쟁이 끝난 후 남한 사회에서 본격화된 미국 문화의 영향은 대중가요에도 상당한 영향을 미쳤습니다. 해방 이후 미국 문화가 본격적으로 유입되면서 대중가요의 양식은 물론이고 가사도 변하기 시작하였습니다. 당시 등장한 〈샌프란시스코〉(1952), 〈아리조나 카우보이〉(1955) 등과 같은 노래는 전쟁 이후의 참혹한 현실에서 벗어나고 싶은 대중들의 욕구와 풍요로운 미국에 대한 동경을 담고 있습니다. 특히 미8군 쇼**에서 공연하던 음악인들은 1960년대 이후 방송 매체 등을 통해 국내 무대에 진출하여 미국의 팝 음악을 크게 유행시키는 역할을 하였습니다. 미8군 무대에서 활약했던 대표적인 가수인 김시스터즈의 경우 1959년 한국인으로는 처음으로 미국 라스베이거스 무대에 올랐고, 당시 미국의 인기 쇼 프로그램이었던 CBS의 에드 설리번 쇼에 여

흥남철수란?*

한국전쟁 당시 국군과 UN군 주력부대가 흥남항을 통해 진행했던 대규모 해상 철수를 말합니다.

미8군 쇼란?**

한국에는 미8군이 주둔하였는데, 미8군 쇼는 이들 미군들을 대상으로 한 공연을 말합니다. 초창기 미8군 쇼의 무대에는 마릴린 먼로, 냇 킹 콜, 루이 암스트롱 등이 서기도 했으나, 점차 한국인 가수와 연주자, 무용수 등을 선발해 공연 활동을 벌이게 됩니다.

▼ 김시스터즈 ©중앙포토

세시봉이란?*

1960년대 서울 무교동에 있던 한국 최초의 음악감상실로, 입장료를 내고 들어가면 음료와 함께 최신 팝 음악을 들을 수 있었습니다. 재능있는 젊은 가수들이 이곳에서 통기타 라이브 연주를 펼치기도 하였습니다.

러 차례 출연할 정도로 큰 관심을 모았습니다. 한국 최초의 미국 진출 걸그룹이라고 볼 수 있습니다.

물론 〈동백아가씨〉(1964)로 엄청난 돌풍을 일으킨 가수 이미자와 1960년대 중반 등장해 큰 인기를 얻었던 남진과 나훈아 등 트로트 음악의 인기도 여전하여 대중가요의 두 흐름을 형성하였습니다. 대체로 트로트가 서민적 정서를 표현하고자 했다면, 팝 양식의 대중가요는 젊은 세대의 정서를 대변하는 것으로 여겨졌고, 점차 팝 계열의 대중가요가 완전한 주류를 이루게 됩니다. 라디오를 통해 해외 팝송을 듣는 청소년이 점차 늘어났고, 1960년대 팝 가수의 내한 공연이 급증하면서 불법으로 제작한 해적 음반(일명 '빽판')의 유통이 늘어나기도 하였습니다. 특히 이 시기 LP음반이 일반화되면서 음반 산업의 중심을 차지하게 된 것도 주목할 만합니다.

1960년대 말부터는 통기타 포크송이 등장하며 1970년대에 들어 본격적으로 유행하였습니다. 서울 무교동에 있던 세시봉*에서는 음악적 재능이 뛰어난 젊은이들이 통기타를 메고 노래를 불렀습니다. 이들은 대부분 대학생 신분이거나 대학을 갓 졸업한 청

▼ 세시봉 입구
▼▶ 1960년대 세시봉 안내지, 입장권, 희망곡 신청용지
©연합뉴스

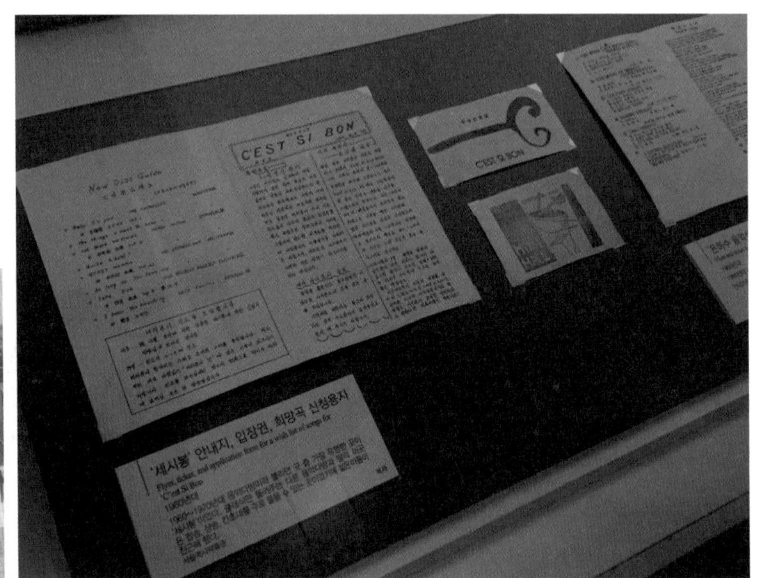

년들이었습니다. 청년들이 기타를 메고 자유롭게 노래를 부르는 모습은 이전의 대중가요와 사뭇 다른 모습이었습니다. 이들은 AFKN(American Forces Korean Network, 주한미군방송)과 팝송, 미국 문화의 강한 영향을 받으며 자랐습니다. 이처럼 1970년대 포크송은 기성세대의 문화, 성인문화에 대항하는 청년문화라는 구도를 띄었습니다.

세련되고 자유로운 청년문화의 상징으로 세시봉의 청년들이 대중적 인기를 얻었다면, 부당한 사회체제에 대한 성찰과 비판의 목소리를 내는 가수들도 있었습니다. 이들도 동시대를 대표하며 한국 대중음악에 큰 영향을 미쳤습니다. 그러나 당시 한국 사회는 군사정권 집권기로 정부 당국은 기성세대와는 다른 청년문화를 체제를 위협하는 반사회적 방종으로 인식하였습니다. 가요를 비롯한 다양한 문화예술 영역에 관한 심의 제도가 생겨나며 대중문화를 통제하기 시작하였습니다. 심의를 통한 검열을 강화하여 청년들의 최소한의 자유조차 용납하지 않았습니다. 더욱이 1975년 100여 명 이상의 가수들이 대마초 파동에 연루되어 구속, 활동을 정지당하며 통기타 음악, 록과 같은 청년문화는 막을 내리게 됩니다. 다만 1970년대 후반에도 젊은 세대의 감성을 잇는 활동들이 이어졌고, MBC에서 개최한 대학가요제(1977), 강변가요제(1979)를 통해 청년 세대를 재차 호출하는 계기를 마련, 이후 이 음악제는 한국 대중가요계의 등용문이 되었습니다.

다양성이 공존하며 대중가요 '전성시대'를 열다

한국 대중가요 역사에서 조용필의 등장은 슈퍼스타의 탄생을 알리는 것이었습니다. 거대한 팬덤 문화를 형성하기도 한 그는 특정 세대가 아닌 전 세대에 걸쳐 인기를 얻었습니다. 그 이유는 무엇보다도 장르를 넘나든 뛰어난 음악성 때문입니다.

가왕(歌王), 국민가수의 등장 조용필은 LP로 데뷔하여 카세트테이프, CD를 거쳐 디지털 음원까지 모두 석권한 전무후무한 기록을 보유한 한국 가요계의 살아있는 전설로, 가왕(歌王), 국민가수 등으로 불리며 한국 대중가요사에서 가장 영향력 있는 인물로 평가됩니다.

▲ 조용필, 19집 음반 발매기념 기자회견 ©연합뉴스

▲ 조용필 새 앨범 〈Hello〉를 든 팬들 ©연합뉴스

기타리스트였던 그는 1976년 〈돌아와요 부산항에〉로 큰 인기를 끌면서 일약 스타가 되었습니다. 이후 발표한 〈창밖의 여자〉(1979) 음반은 한국에서 최초로 음반 판매량 100만 장을 돌파한 앨범으로, 〈단발머리〉, 〈한오백년〉 등 수록곡 대부분이 공전의 히트를 기록하였습니다. 이후 〈고추잠자리〉, 〈미워 미워 미워〉(1981, 3집), 〈못찾겠다 꾀꼬리〉(1982, 4집), 〈친구여〉(1983, 5집), 〈여행을 떠나요〉(1985, 7집), 〈허공〉, 〈킬리만자로의 표범〉(1985, 8집)이 인기를 끌었고, 〈서울 서울 서울〉, 〈모나리자〉(1988, 10집)는 '서울 올림픽 붐'을 타고 엄청난 인기를 누렸습니다.

당시 조용필을 쫓아다니는 10대 소녀팬들로 인해 '오빠 부대'라는 말이 대중화되었고, 이후 10대 청소년들이 가요 시장에서 강력한 소비자로 부상하였습니다. 물론 조용필은 10대뿐만 아니라 남녀노소 전 연령층에 걸쳐 인기가 있었는데, 이는 그가 록과 발라드, 그리고 팝, 트로트, 재즈, 포크 등 다양한 장르의 음악을 소화하며 전 세대를 음악으로 통합할 수 있었기 때문입니다.

그는 일본 가요계 진출에도 성공하여 1980년대 한국 가수들의 일본 진출에 영향을 주기도 하였습니다. 일본에 진출한 한국 가수들의 인기 척도를 나타내는 'NHK 홍백가합전'에 한국 가수 최초로 참가하였고, 한국인 최초로 일본 골든디스크상을 2회 수상하였으며, 〈돌아와요 부산항에〉는 많은 일본 가수들에 의해 리메이크되는 등 조용필은 '한류'가 형성되기 훨씬 이전부터 일본에서 잘 알려진 한국 가수였습니다. 이 외에도 한국 가수로 처음으로 공식 수교가 맺어지기 전 중국 베이징에서 공연을 하였고, 최초로 북한 평양에서 단독 공연을 가지기도 하였습니다. 1990년대부터 조용필은 TV 등 방송 매체를 떠나 공연 위주로 음악 활동을 하였는데, 이 당시 세트, 음향, 조명을 비롯해 라이브 공연과 관련된 무대 시스템을 한 단계 발전시켰다고 평가합니다. 한편 2013년 발매된 〈Hello〉(19집)의 정식 발매 전 선공개곡으로 나온 〈Bounce〉는 발표되자마자 당시 싸이의 〈GENTLEMAN〉과 경합하며 음원차트 1위에 올랐고, 지상파 음악 프로그램에서도 1위를 하였습니다. 당시 아이돌이 강세를 보이던 음악 프로그램에서 63세라는 노장의 힘을 보여준 기록으로, 그의 음악이 그를 잘 아는 기성세대뿐 아니라 그를 잘 모르는 십 대, 이십 대에게도 어필하였음을 알 수 있습니다. 데뷔 때부터 다양한 장르의 음악을 통해 전 세대를 통합해 왔던 조용필의 유연함이라 할 수 있습니다.

1980년대 초중반 조용필의 노래가 가요계를 주도했다면, 후반에는 발라드의 주도 속에 댄스음악과 언더그라운드 록이 도약하게 됩니다.

한국에서 발라드 음악을 대중화시키는 데 큰 역할을 한 가수 유재하는 1987년 1집 음반 〈사랑하기 때문에〉를 발표하고 25세의 나이로 세상을 떠났습니다. 유재하는 작사 · 작곡 · 편곡까지 전부 소화한 싱어송라이터로서 클래식 음악의 화성학과 다양한 악기를 섭렵하여 기존의 대중가요와 전혀 다른 느낌의 노래를 만들었고, 세련된 발라드의 전형을 구축한 것으로 평가받고 있습니다.

팝 발라드 장르가 유행하면서 밀리언셀러 음반 판매 시대가 열리게 되었습니다. 이문세는 1985년 발매된 3집 음반을 통해 한국 팝 발라드의 양식을 확립하였습니다. 3집에 수록된 〈난 아직 모르잖아요〉, 〈소녀〉에 이어 〈사랑이 지나가면〉, 〈이별이야기〉(1987, 4집), 〈가로수 그늘 아래 서면〉, 〈붉은 노을〉, 〈광화문 연가〉(1988, 5집)에 이르기까지 큰 성공을 거두며 음악성과 흥행을 모두 잡은 '이문세표' 발라드의 시대를 열었습니다. 특히 1980년대 중반 이후는 '발라드 전성시대'로 불리며 많은 발라드 가수가 배출되었고, 1990년대 초

X세대란?

캐나다의 작가 더글라스 쿠플랜드가 1968년을 전후해서 태어난 세대를 가리켜 사용한 용어로 소설 『X세대』(1991)에서 유래합니다. 한국에서는 1993년을 전후해서 X세대라는 용어가 대중화되었으며, 이 무렵 20대를 맞이한 1970년대생들을 X세대의 중심을 이루는 세대로 보는 것이 일반적입니다.

까지 주도적인 흐름을 차지하였습니다.

한편 1980년대 후반 박남정, 김완선, 소방차 등 현란한 댄스 실력과 외모를 겸비한 비디오형 가수가 등장하여 10대 청소년들의 열광적인 지지를 이끌며 댄스음악의 새로운 트렌드를 주도하였습니다. 록밴드 들국화는 언더그라운드 록의 새로운 세대를 열었으며 시나위, 부활 등이 그 뒤를 이으며 '록 전성시대' 역시 전개되었습니다. 또한 1987년 6월 민주항쟁을 계기로 노래를 찾는 사람들이 부르던 민중가요가 대중가요 속에 녹아든 점도 주목할 만합니다.

신세대(X세대)가 새로운 흐름을 만들다

1980년대 대중가요 시장에서 강력한 소비자가 되었던 10대 청소년들은 1990년대 신세대 문화의 주역이 됩니다. 1990년대에 들어 민주화의 흐름이 점차 자리를 잡아 가는 상황 속에서 이 시대를 대표하는 신세대, 이른바 X세대가 등장하며 사회문화적 변화를 적극적으로 주도하였습니다. 이들은 기성세대의 사고방식을 거부하며 새로운 생각과 감성을 추구하게 된 새로운 세대이자, 어려서부터 컬러TV, 비디오 게임 등을 경험한 첫 세대로서 본격적인 '영상 세대'라 할 수 있습니다. 당시 신세대의 개성과 자유분방함을 기존 질서에 대한 일탈로 볼 정도로 이들의 문화적 감각은 이전 시대와 크게 달랐습니다.

1992년 혜성같이 등장한 서태지와 아이들은 신세대 문화의 아이콘이었습니다. 당시로서는 생소한 한국어 랩과 댄스음악을 결합한 〈난 알아요〉는 단숨에 대중가요계를 평정하였습니다. 기성세대에게는 낯설기만 했던 서태지의 음악에 신세대는 열광적인 지지를 보냈고, 데뷔 음반은 그해 최고의 인기 가요로 등극하였습니다. 그들의 힙합 패션도 신세대들에게는 자신을 표현하는 하나의 방식이

[서태지 30주년] ① 세계 속 K팝 초석 놓은 '문화대통령'

송고시간 | 2022-03-07 07:01

> 음반마다 혁신 또 혁신…사전심의 폐지·사전녹화 등 현재까지 영향력
> 가요계 "창작하는 아이돌의 우상"…BTS에 "이젠 너희들 시대" 선언

서태지와 아이들 3집 콘서트
(서울=연합뉴스) 지난 1994년 잠실체조경기장에서 열린 서태지와 아이들 3집 발매 기념 콘서트. 왼쪽부터 양현석, 서태지, 이주노

◀ 서태지와 아이들을 다룬 기사 ©연합뉴스

었습니다. 서태지와 아이들은 노래 전체가 랩으로 이루어진 〈환상 속의 그대〉까지 연이어 히트시키면서 한국어는 랩에 적합하지 않다는 통념을 깨며 랩과 힙합 시대를 본격적으로 열었습니다.

대표곡 〈하여가〉(1993, 2집)는 국악 리듬을 접목한 실험적인 음악으로 주목을 받았고, 〈발해를 꿈꾸며〉에서는 통일의 염원을, 〈교실 이데아〉(1994, 3집)에서는 교육 문제에 대한 비판을 시도하는 등 사회 비판적 메시지를 담은 노래를 발표하며 그들은 10대들의 우상을 넘어 '문화 대통령'으로 불리게 됩니다. 〈Come Back Home〉(1995, 4집)을 듣고 가출 청소년들이 집으로 돌아갔다는 이야기는 지금도 회자되는 에피소드입니다. 특히 4집 음반의 〈시대유감〉은 음반 사전심의제도 폐지 문제에 불을 붙이게 된 도화선이 되었습니다. 이 노래

얼굴만 빼놓곤 톡톡 튀는 X세대

지난해 10월 매니저와 함께 방송국을 찾았던 가수 박진영(24)은 자신을 단순한 방문객으로 착각한 PD 때문에 적잖이 당황했다. 시커먼 얼굴에 우락부락하게 생긴 박진영이 가수일 거라고는 상상도 못한 PD가 실수를 저지른 것이다.

겉모습만 보면 박진영은 전혀 연예인같지 않다. 여자보다 더 예쁘장하게 생긴 남자가수들이 인기를 얻는 요즘 현실에 비춰보면 더욱 그렇다.

스타와 함께

그러나 박진영은 최근 청소년들에게 가장 인기있는 가수다. 데뷔곡 「날 떠나지마」는 지난해 11월 발표된지 3개월만인 요즘 각종 방송가요차트 상위권에 올랐고 음반도 20여만장 이상 팔렸다. 엉덩이를 살살 돌리는 힙춤도 요즘 디스코테크에서 선풍적인 붐을 일으키고 있다. 또 박진영이 방송에 자주 입고 출연하는 검은색의 헐렁한 바지와 속이 훤히 비치는 망사 티셔츠는 압구정동 멋쟁이들의 화제의 대상이다.

물론 그의 인기비결은 톡톡 튀는 재능이다. 데뷔음반 수록곡중 「날 떠나지마」등 6곡은 직접 작사·작곡한 작품이고 안무와 패션도 스스로 하는 재주꾼. 노래와는 전혀 관계없는 공부(연세대 지질학과 4년)를 하면서 독학으로 작곡이론을 깨우친 음악성도 그의 진가를 엿볼 수 있게 하는 대목이다.

「국민학교때 미국 뉴욕에서 3년간 지낸게 도움이 된 것같아요. 학교 운동장에서, 아파트 앞마당에서 흑인아이들과 어울려 노래 부르고 춤추며 자연스럽게 음악을 익혔거든요」

비록 짧은 기간이지만 미국에서 생활을 한 탓인지 박진영의 사고방식은 그 또래에 비해 유난히 개방적이다. X세대를 뛰어넘어 Z세대라 불러도 될 만큼 자기주장도 강하다. 가수가 된뒤 친구들의 반응도 『평소 튀는 행동을 자주 하더니 그럴줄 알았다』는 것이 대부분.

엉덩이춤 인기폭발

직접 작사·작곡 "실력파" "가수는 2년만" 주장 뚜렷

이를테면 연예인이 된 이후 불편한 점이 뭐냐니까 거리낌없이 『길거리에서 여자친구와 뽀뽀할 수 없다』거나 『술마시면서 신나게 놀 수 없다』고 대답할 정도이다. 「인기」라는 달콤한 환상에 집착하지 않고 『가수는 딱 2년동안 시한부로 하겠다』고 잘라 말한다.

박진영의 장래희망은 놀랍게도 「훌륭한 가장」이다.

『아직 결혼하고 싶은 여자는 없지만 아이도 낳게 될거고 그럴 경우 최고의 아버지가 되고 싶다』는 것.

72년 1월13일생. 1남1녀중 막내다. 별명은 「타이슨」과 「킹콩」. <朴信姸기자>

날 떠나지만

박진영

엉덩이를 살살 돌리는 힙춤으로 폭발적인 인기를 얻고있는 가수 박진영. <金世九기자>

▶ 1995년 1월 29일자 가수 박진영 기사 ©경향신문

의 가사가 기성세대를 향한 사회비판의 내용을 포함하고 있다는 이유로 한국공연윤리위원회의 사전심의에 걸리자, 서태지는 아예 가사 전체를 빼고 연주곡만 음반에 수록하며 항의 표시를 하였습니다. 이후 많은 팬들이 진상조사를 벌이는 한편 서명 운동을 전개하여 사전심의제의 부당함과 문제점을 폭로하였고, 이를 계기로 한국공연윤리위원회의 검열 제도에 대한 사회적 논란이 확산되었습니다. 결국 이듬해 1996년 수십 년간 지속되어 왔던 음반 사전심의제는 폐지되었습니다. 물론 사전심의제를 폐지하려는 노력은 이전부터 꾸준히 이어져 왔습니다. 그러나 서태지와 아이들과 그의 팬들을 통해 그 당위성이 사회 전반의 인식을 변화시켜며 법안 폐지에 결정적인 영향을 끼쳤습니다. 이는 한국 대중가요사의 중요한 전환점으로 기록됩니다.

이 외에도 듀스, 룰라, 박진영, 박미경의 댄스음악을 비롯해 랩은 물론 흑인 감성의 소울을 잘 소화해 낸 김건모가 '레게 붐'을 주도하며 큰 인기를 얻었습니다. 그의 대표곡 〈잘못된 만남〉(1995, 3집)의 파격적인 가사는 기성세대의 고정관념을 타파한 신세대의 사랑

을 노래하며 큰 사랑을 받았고, 당시 단일 음반으로 국내 최단기간 최다 음반 판매량 1위로 기네스북에 등재되기도 하였습니다.

이렇게 신세대의 감성과 문화 트렌드를 녹여낸 대중가요는 젊은 남녀의 사랑, 연애를 솔직한 감성으로 표현하며 공감대를 높였습니다. 당시 객원 가수 시스템을 도입하며 파격적인 행보를 보인 공일오비(015B)의 〈아주 오래된 연인들〉(1992, 3집), 〈신인류의 사랑〉(1993, 4집)도 대표적인 노래입니다. 1990년대 등장한 신세대는 한국 대중문화의 새로운 흐름을 만드는 문화 소비의 주체가 되어 적극적으로 대중가요 시장을 주도하였습니다. 반면 이러한 신세대들의 표현 방식이 향락주의에 매몰되고 과소비의 문제로 이어지는 것을 우려하는 시각도 있었습니다.

음반 산업의 활성화로 대중가요의 '르네상스기'를 맞다

1990년대 대중가요 시장의 주축은 서태지와 아이들로 대표되는 댄스음악이었습니다. 댄스음악과 함께 이 시대를 풍미했던 언더그라운드 음악은 음반 사전심의제도가 폐지되면서 사회비판적 목소리를 더욱 높였고, 인디 밴드의 활약도 크게 활성화되었습니다. 특히 밴드들은 신촌과 홍대 앞 클럽들을 중심으로 각각 개성 있고 자유로운 활동을 벌이며 대중성까지 확보하는 등 큰 인기를 얻었습니다.

발라드 역시 꾸준한 인기를 구가했습니다. 신승훈은 1990년 〈미소 속에 비친 그대〉로 데뷔한 후 1992년 〈보이지 않는 사랑〉(2집)으로 총 14주 동안 1위를 기록(SBS인기가요)하여 한국 기네스북에 오르기도 하였습니다. 이후 '신승훈표' 발라드가 유행하며 '발라드의 황제'로 불리게 된 그는 1998년에 아시아 최단기간 정규음반 100만장 돌파라는 기록을 달성했고, 이로 인해 빌보드 인터내셔널지 표지를 장식하기도 하였습니다. 정규음반 7연속 밀리언셀러를 기록하였고,

▶ 그룹 패닉(김진표, 이적)
©중앙포토

열 장의 정규음반이 모두 골든디스크상을 받는 등 그는 전설적인 발라드 가수이자 싱어송라이터로 평가받고 있습니다.

실력파 싱어송라이터들이 대거 등장한 것도 1990년대의 일입니다. 윤종신은 솔직한 가사를 통해 대중의 감성을 잘 읽는 가수로 인정받았고, 윤상은 데뷔하자마자 지금의 아이돌급 인기를 누렸습니다. 그룹 패닉은 실험적인 음악을 선보이며 신세대가 주도하는 대중가요 전성시대를 함께하였습니다. 유희열은 프로젝트 그룹 토이를 결성하여 큰 인기를 얻으며 마니아층을 확보하였고, MBC 대학가요제에서 대상을 받았던 김동률은 〈기억의 습작〉(1994, 1집)을 통해 크게 알려졌는데, 이 노래는 영화 《건축학개론》(2012)의 주제곡으로 사용되면서 풋풋한 첫사랑을 추억하는 1990년대를 상징하는 노래로 자리잡았습니다.

이은미, 이소라, 박정현 등의 가창력이 뛰어난 여자 솔로 가수들의 등장 역시 대중가요계를 풍성하게 하였고, 복고적 경향이 유행하면서 상대적으로 위축되었던 트로트 음악도 '트로트 4인방'(송대관, 태진아, 설운도, 현철)의 활약으로 고유의 시장을 부활시켰습니다.

이렇게 1990년대는 다양한 장르의 음악이 서로 공존하던 시

포크 음악의 위축과 영원한 가객(歌客) 김광석 1996년 만 31세의 나이로 삶을 마감한 고(故) 김광석은 지금도 대중문화에서 많은 이들에게 기억되는 존재입니다. 영화 《공동경비구역 JSA》(2000)를 통해 널리 알려지게 된 노래 〈이등병의 편지〉는 지금까지도 꾸준히 불립니다. 김광석은 1984년 김민기의 민중가요 음반 제작에 참여하면서 음악 생활을 시작하였고, 1989년 솔로 음반을 발표하며 본격적으로 활동하였습니다. 1991년 〈사랑했지만〉(2집)을 비롯해 1992년 〈잊어야 한다는 마음으로〉(3집)는 그가 직접 작사, 작곡한 노래로 가장 김광석다운 노래로 여겨집니다. 그 외 〈서른 즈음에〉, 〈일어나〉(1994, 4집) 등도 그의 대표곡입니다. 김광석은 소극장을 중심으로 꾸준히 공연을 해왔고, 1995년 '1,000회'라는 공연 기록을 달성하였습니다. 1990년대 다양한 장르 음악이 경쟁하며 컴퓨터를 활용한 전자음악이 등장하는 등 질적으로나 양적으로 그 지평이 확대되는 가운데 포크 음악이나 민중가요의 위축을 두고 가요계에 대한 우려가 나오기도 하였습니다. 이러한 점에서 김광석의 공연 기록은 의미가 깊습니다. 또한 김광석은 통기타와 하모니카로 노래하는 포크 음악 가수였습니다. 그의 노래는 조용하고 차분하며, 인생의 무상함, 세상살이의 어려움, 어떤 경우 염세적인 분위기를 풍기지만 그의 치장 없는 진정성은 듣는 이에게 많은 위안을 주었습니다. 지금도 김광석이 남녀노소 대중에게 끊임없이 기억되는 이유는 그의 음악이 진솔한 감정을 전달하고 있기 때문입니다.

▲ 대구 김광석길 ©연합뉴스

▲ 김광석 전시회 모습(2016년) ©연합뉴스

기였습니다. 이는 음반 산업의 활성화라는 사회 배경 때문이기도 합니다. 한국에서 LP는 1960-80년대까지 대표적인 음반이었는데, 1970년대 카세트테이프가 새로운 음반으로 인기를 끌기 시작했고, 1980년대 대중가요계를 주도한 청소년들을 통해 카세트테이프가 음악을 보관하고 청취하는 대표적인 수단이 되었습니다. 이후 1990년대에는 CD가 새로운 형태로 등장하여 카세트테이프, LP와 함께 음반 시장을 형성하였습니다. 이후 2000년대 들어 디지털 음원이 대세를 차지하게 되면서 실물 음반 시장은 빠르게 축소됩니다. 즉 1990년대는 LP, 카세트테이프, CD가 공존하며 가장 큰 음반 시장을 형성한 시기였고, 이런 음반 시장의 활기를 바탕으로 다양한 장르의 음악이 꾸준히 등장하며 인기를 모을 수 있었습니다.

감상해 봅시다

한국 대중가요는 짧은 시간 동안 다채로운 발전을 해왔습니다. 다음의 드라마와 영화를 감상하며 시대별 대중가요의 특성을 토론해 봅시다.

- 드라마 〈사의 찬미〉, SBS(2018)
- 영화 〈쎄시봉〉(2015)
- 영화 〈해어화〉(2015)
- 영화 〈라디오스타〉(2006)

아이돌과 K팝

이런 것들을 배워 봅시다

K팝은 트렌디한 서구 음악과 한국적인 요소가 혼합된 새로운 장르라고 할 수 있습니다. K팝이 해외에서 인정을 받기까지 그 토양을 제공한 것은 아이돌 그룹의 등장과 팬덤 문화라 할 수 있습니다. 1990년대 중반 1세대 아이돌 그룹이 등장한 이후, 2000년대 초반 대형기획사를 중심으로 아이돌 시스템이 보완, 발전하게 됩니다. 이러한 환경에서 탄생한 2세대 아이돌은 동아시아 지역에서 괄목할 만한 성공을 거두었고, 독특한 한국의 팬덤 문화를 형성하기도 하였습니다. 또한 다양한 뉴미디어 플랫폼을 통해 K팝의 인기가 확산되었고, 싸이의 〈강남스타일〉 신드롬이나 방탄소년단의 활약은 그러한 세계인들의 관심을 하나로 모았습니다. 이처럼 글로벌한 성공을 거두게 된 K팝은 소셜미디어, Z세대와 조화를 이루며 한류의 중심을 이루고 있습니다.

- **아이돌의 활동과 팬덤의 관계를 생각해 봅시다.**
- **K팝이 세계인의 관심을 끌고 있는 이유도 함께 생각해 봅시다.**

찾아가 봅시다

- 대한민국역사박물관(서울시 종로구)
- 하이브 인사이트(서울시 용산구)
- K☆STAR ROAD(서울시 강남구)
- 한국대중음악박물관(경상북도 경주시)

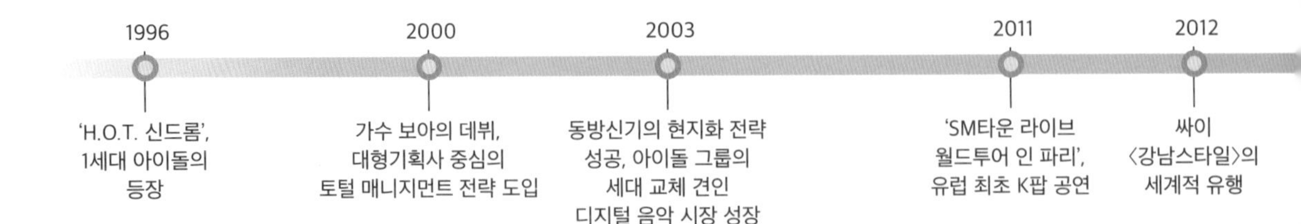

아이돌이란?

아이돌(idol)은 원래 우상(偶像), 우상적인 존재를 뜻하는 말이지만, 현재는 의미가 확장되어 10대 청소년들에게 인기가 많은 젊은 가수를 지칭하는 말로 널리 사용됩니다. 비슷한 의미로 '하이틴 스타'라는 용어가 사용되기도 하였습니다

아이돌 중심으로 가요 시장이 재편되다

우선 'K팝'은 한국에서 만든 한국적인 대중음악이라는 의미보다 해외에서 받아들이는 한국 특유의 음악이라고 정의할 수 있습니다. K팝이라는 용어는 1990년대 말부터 중국어권 지역을 중심으로 동아시아 각지에서 광범위하게 사용되기 시작하였습니다. 한국에서 이 말이 널리 쓰인 것은 2007-2008년 무렵으로, 당시 한국 가수들의 노래가 동아시아를 넘어 서구에 알려지기 시작한 것입니다. 즉 K팝이라는 용어는 한국 국내에서 만들어진 것이 아니라, 해외에서 널리 쓰이다 역수입된 것입니다. 특히 미국과 서유럽 등에 이 말이 알려진 이후부터 활발하게 사용되기 시작한 K팝은 해외에서 정의된 장르로서, 한국 음악 모두를 의미하지는 않습니다. 그러나 K팝이 널리 해외에서 평가를 받기까지 그 토양을 제공한 것은 한국 대중가요의 급격한 발전과 독특한 팬덤 문화로, 아이돌 그룹의 등장과 성공을 이야기하지 않을 수 없습니다.

한국의 대중가요계는 1980년대 후반 댄스 가수의 등장에 이어, 1990년대 초중반 다양한 그룹들이 활동하면서 댄스음악의 전성기를 맞이하였습니다. 이는 대중가요 시장의 강력한 소비자로 부상한 10대 팬들의 전폭적인 지지가 있었기에 가능한 것이었고, 이러한 팬덤과 시장의 형성은 아이돌 그룹의 본격적인 활동으로 이어집니다.

물론 1990년대 댄스 그룹과 아이돌 그룹의 음악을 명확하게 구분하기는 어렵습니다. 그러나 일반적으로 연예기획사의 사전 기

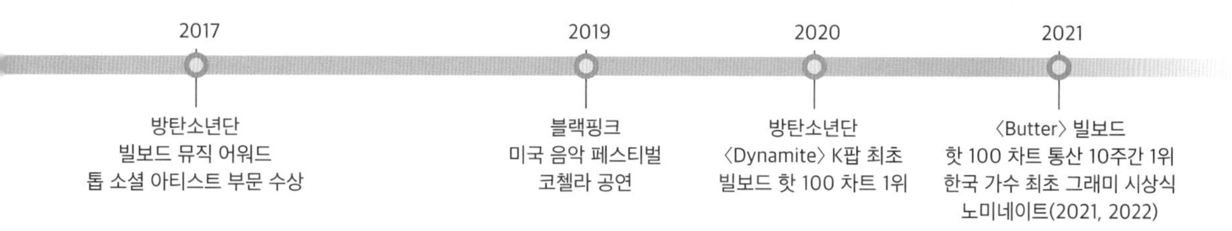

획과 철저한 매니지먼트를 아이돌 탄생의 중요한 요소로 간주할 경우, 1996년 데뷔한 H.O.T.는 한국에서 본격적으로 등장한 아이돌 그룹이라 할 수 있습니다. H.O.T.(High-five Of Teenagers)는 데뷔하자마자 10대들의 우상 자리를 단숨에 차지하였고, 90년대 후반 그야말로 신드롬급 인기를 누렸습니다. 현재 대부분의 아이돌 그룹 멤버들이 메인 보컬, 메인 래퍼, 메인 댄서, 서브 보컬 등 각자의 역할과 리더, 막내, 비주얼 담당 등 각각의 캐릭터를 갖고 활동하고 있는데, 이러한 아이돌 그룹의 '공식'이 이때 완성되었다고 평가합니다.

1990년대 후반 등장한 1세대 아이돌 그룹들은 '한국형 아이돌'의 시초라고 부를 수 있습니다. 그러나 이들은 당시 엄청난 인기와 더불어 많은 편견과 부정적 평가를 받기도 하였습니다. 기본적으로 아이돌 그룹이 기획사의 전략으로 만들어졌다는 점에서 기계적이고 인위적이라는 평가를 집중적으로 받았고, 음악성보다는 퍼포먼스에 치중한다는 점을 들어 라이브 실력이 부족한 가수로 보기도 하였습니다. 이로 인해 아이돌 그룹 멤버들은 작곡과 작사, 편곡 등 음악 제작에 직접 참여하거나 다수의 공연을 라이브로 진행하는 등 그 역량을 키우며 성장을 위해 노력하였습니다.

2000년대 초반 이후부터는 대형기획사를 중심으로 '토털 매니지먼트' 전략을 통해 아이돌 시스템이 보완 · 발전하기 시작합니다. 대표적으로 기획사들은 독자적인 트레이닝 시스템을 확립하며 연습생 제도를 본격화하였습니다. 10대 초중반의 연습생들은 혹독한 교육과 훈련을 반복하는 연수 기간을 거쳤고, 끊임없는 경쟁 속

NHK 홍백가합전이란?●

일본의 공영방송 NHK가 매년 12월 31일에 방송하는 음악 프로그램으로, 일본을 대표하는 유명 가수들이 다수 출연하는 일본의 국민 프로그램입니다. 이 프로그램에 출연하는 것 자체가 인기 가수의 척도로 여겨질 만큼 시청률과 화제성이라는 측면에서 독보적인 위상을 가지는 프로그램이라고 할 수 있습니다.

에서 성공과 실패를 경험하며 데뷔라는 꿈을 이루었습니다. 2000년 SM엔터테인먼트에서 약 2년 반의 연습생 생활을 거쳐 13세의 나이로 데뷔한 보아는 가창력과 댄스, 작사, 작곡 실력까지 모두 갖춘 아티스트로 인정을 받으며, 한국은 물론 일본에서도 엄청난 성공을 거두었습니다. 보아는 일본 데뷔 1년 만에 NHK 홍백가합전●에 출연하였고, 한국 가수로서 처음으로 일본 오리콘 차트 1위에 오르는 등 한국의 기획형 아이돌 가수의 해외 성공 사례로 평가됩니다. 또한 2002년 데뷔한 JYP엔터테인먼트 연습생 출신 비(RAIN)도 일본과 중국을 비롯한 아시아 지역에서 큰 인기를 거두며 한류 스타의 반열에 올랐습니다.

아이돌 시장의 성장은 실력파 가수들의 등장을 견인하기도 하였습니다. 그들은 댄스 음악이 아닌 발라드와 R&B 음악을 통해 뛰어난 가창력을 바탕으로 인기를 얻었습니다. 이런 가운데 2003년 말 데뷔한 동방신기(東方神起)는 아이돌계의 세대 교체를 이끌었습니다. 동방신기는 애초 중화권 시장을 겨냥한 그룹이었으나, 보아의 성공적인 일본 진출을 기반으로 일본에서 더 많은 활동을 펼쳤

H.O.T.의 중국 공연과 '한류' 1990년대 후반 한국의 대중음악과 드라마 등이 중국과 아시아의 여러 나라들로 진출하기 시작하면서 현재의 한류(韓流)라고 볼 수 있는 현상이 등장하게 됩니다. 특히 2000년 H.O.T.의 중국 베이징 공연은 본격적인 한류의 시작이었습니다. H.O.T.는 1998년 한국 가수 최초로 중국에서 음반을 발매하였고, 중국의 청소년들에게 열광적인 인기를 얻었습니다. 베이징 시내 번화가에 H.O.T. 전용 음악카페가 문을 열었고, 자생적으로 팬클럽이 결성되기도 하였습니다. 이를 바탕으로 H.O.T.는 2000년 2월 1일 한국 가수로는 처음으로 베이징 단독 콘서트를 개최하였고, 1만 2천여 명의 관람객이 운집하였습니다. 당시 중국 언론에서 이 같은 H.O.T. 열풍을 '한류가 몰아치고 있다'라고 보도하였습니다.

H.O.T.의 영향으로 중국에서는 한국 상품이 특수를 누렸고, 1세대 아이돌 그룹의 중국 진출에도 큰 영향을 주었습니다. 2001년 H.O.T. 해체 당시 중국의 많은 팬들이 자발적으로 중국 전역에서 대규모 해체 반대 집회를 벌였던 일은 유명합니다.

▲ 보아의 일본 진출 ©연합뉴스

고, 초기부터 철저한 현지화 전략을 세워 큰 성공을 거두었습니다.

동방신기의 등장을 계기로 대형기획사들은 아이돌 육성시스템을 운영하며 체계적인 훈련을 받은 아이돌 그룹을 대거 배출하기 시작하였습니다. 이런 점에서 동방신기는 2세대 아이돌 그룹으로 구분되기도 하면서, 1.5세대 아이돌 그룹으로 불리기도 합니다. 이후 2005년을 기점으로 슈퍼주니어, SS501, 빅뱅, 샤이니, 2AM, 2PM 등이 데뷔하며 아이돌 그룹의 전성시대가 열리게 되고, 이들은 대형 팬덤 문화•를 형성하며 해외 진출을 통해 지금의 한류 열풍의 기반을 마련하게 됩니다. 여성 아이돌 그룹의 활약 역시 두드러지는데, 2007년 데뷔한 원더걸스와 소녀시대는 자연스럽게 라이벌 구도를 형성하며 걸그룹 신드롬을 이끌었고, 현재까지도 걸그룹 붐의 명맥이 이어지고 있습니다.

팬덤 문화란?•

팬덤은 팬(fan)과 영토 또는 나라를 뜻하는 접미사 덤(dom)의 합성어로, 특정 인물이나 분야에서 열정적으로 좋아하는 사람, 또는 그러한 문화현상을 의미합니다. 1980년대 가수 조용필의 인기로 시작된 한국의 팬덤 문화는 90년대 문화대통령으로 불리던 서태지와 아이들 팬클럽이 만들어지면서 본격적으로 자리잡았습니다.

2세대 아이돌 그룹은 몇 가지 공통된 특징을 가졌습니다. 첫째, 1세대 아이돌이 주로 TV 음악 방송을 기반으로 활동했다면, 2세대 아이돌은 대형기획사의 아이돌 홍보 전략으로 리얼리티쇼와 예능 프로그램을 적극 활용하였습니다. 〈리얼 다큐 빅뱅〉, 〈소녀시대의 Hello Baby〉, 〈카라 베이커리〉, 〈2NE1 TV〉와 같은 단체 리얼리티 프로그램은 물론, 다양한 장르의 TV 예능 프로그램에 아이돌을 적극적으로 투입하여 인지도를 높여갔습니다. 둘째, 1세대에 비해 멤버의 수가 많은 다인수 그룹을 결성하는 대신 유닛이라는 형태로

더 알아봅시다

한국의 대표적인 대형기획사 1989년 창립한 SM기획의 회사명을 변경해 1995년 설립된 SM엔터테인먼트는 아이돌 그룹의 시초라고 할 수 있는 H.O.T.를 기획한 대표적인 연예기획사입니다. SM엔터테인먼트 출신 아이돌은 퍼포먼스와 비주얼이라는 면에서 가장 아이돌다운 모습을 보여줍니다. SMP(SM Music Performance)라고 불리는 SM 특유의 스타일을 바탕으로 고도로 훈련된 아이돌 그룹을 배출하며 한국적 아이돌 매니지먼트 시스템을 구축했다고 평가됩니다.

YG엔터테인먼트는 서태지와 아이들 출신 멤버가 설립하였으며, 소속 가수들의 재능과 개성을 강조하는 형태로 다른 기획사들과 차별화된 마케팅 전략을 구사하였습니다. 이 때문에 YG 출신 아이돌은 스스로 음반 작업, 프로듀싱이 가능한 자유롭고 아티스트적 이미지가 전면에 드러나 있습니다.

JYP엔터테인먼트는 가수 박진영이 설립한 회사로 기본기와 성장 가능성을 중시하는 것은 물론, 가수로서 필요한 인성을 갖추기 위해 인성 교육을 강조하여 주목을 받기도 하였습니다.

일반적으로 SM, JYP, YG 출신의 2세대 아이돌 그룹이 활발한 활동을 벌이는 2000년대 중후반 3대 대형기획사라는 이미지가 널리 알려지게 되었습니다. 이후 아이돌 그룹 시장이 본격화되면서 많은 기획사가 등장하였습니다. JYP에서 독립한 방시혁이 2005년에 설립한 빅히트엔터테인먼트는 방탄소년단의 전 세계적인 인기와 성공을 이끌며 4대 대형기획사 체제를 형성하였고, 2021년에는 회사명을 HYBE로 변경하였습니다.

SM엔터테인먼트 로고

YG엔터테인먼트 로고

JYP엔터테인먼트 로고

Big Hit
Entertainment

빅히트엔터테인먼트 로고

▲ 한국 대표 대형기획사 로고

상황에 따라 가변적으로 활동하며 모그룹을 유지하는 형태를 취합니다. 셋째, 해외시장을 겨냥해 다국적 멤버로 그룹을 구성하는 형태도 본격화되었습니다. 넷째, 중독성 있는 훅 송*이 아이돌 그룹의 트랜드를 주도하면서 화려한 군무 퍼포먼스를 곁들인 댄스음악이 아이돌 그룹의 주류로 자리잡게 됩니다. 2세대 아이돌 그룹은 K팝이라는 장르를 본격적으로 전 세계에 전파한 한류 열풍의 주역이자 지금의 K팝 시장을 형성하는 데 크게 기여하였습니다.

팬덤 문화가 확장되고 조직적인 모습을 보이다

2세대 아이돌의 등장은 팬덤의 확장이라는 점에서도 중요한 의미를 가집니다. 기존 아이돌 팬덤 문화가 주로 10대 여성에 국한되어 있었다면, 20대는 물론 3-40대, 심지어 그 이상의 세대로까지 팬덤이 확장되었습니다. 걸그룹의 활약으로 남성 팬층이 아이돌 시장에 유입되면서 팬덤의 인적 구성도 다양해졌습니다. 누나팬, 이모팬, 삼촌팬, 소덕후** 등의 신조어가 등장하였고, 사회적 이슈로 다뤄질 정도로 아이돌을 향한 관심이 세대와 성별을 넘어 확대되었습니다. 팬덤의 존재가 아이돌의 성공으로 이어지는 만큼 팬덤을 잘 구축하는 것은 아이돌의 또 다른 생존 전략이기도 합니다.

2000년대 이후 체계적인 '아이돌 육성시스템'을 통해 탄생한 아이돌은 매력적인 개성과 뛰어난 가창력, 화려한 퍼포먼스, 그리고 팬을 대하는 자세에도 에티켓이 필요했습니다. 우선 아이돌들은 자신의 성공에 대해 가장 먼저 팬에게 감사하는 태도를 보입니다. 무대 위의 인사나 수상 소감, 콘서트, 팬 사인회 등에서 쉽게 볼 수 있는 아이돌의 팬에 대한 예의와 겸손함은 중요한 덕목이 되었습니다. 자신보다 그룹을 우선시하고, 그룹 멤버들과 좋은 관계를 유지하기 위해 노력하는 모습을 보며 팬들은 자신이 응원하는 아이돌에게 신뢰를 보냅니다. 또한 아이돌들은 다양한 방식으로 팬들과 친밀감을 형성하기 위해 노력합니다. 리얼리티쇼는 아이돌의 인간적인 매력을 보여주며 친근함을 형성하는 소통 방식이 되었고, 이 외에도 다양한 소셜미디어를 통해 자신의 일상을 공유함으로써 팬과의 거리를 좁히고 친밀감을 강화합니다.

이러한 아이돌의 에티켓은 독특한 한국적 특성을 지닌 팬덤 문화로 이어졌습니다. 2세대 아이돌이 본격적으로 등장하기 시작한 시점은 기존 CD(Compact Disc)를 중심으로 하는 음반 시대가 저물고 MP3 플레이어를 이용한 디지털 음원이 대중음악 산업의 중심을

훅 송이란?*

훅 송(Hook song)은 후렴구에서 특정한 가사를 반복하는 형태로 귀를 사로잡는 노래를 말합니다. 원더걸스의 〈Tell me〉, 빅뱅의 〈거짓말〉, 소녀시대의 〈Gee〉, 슈퍼주니어의 〈Sorry, Sorry〉, 샤이니 〈Ring Ding Dong〉 등이 대표적입니다.

소덕후란?**

소녀시대 덕후라는 의미입니다. 덕후는 일본어 오타쿠(おたく)를 한국식 발음으로 바꿔 부르는 말인 '오덕후'의 줄임말입니다.

총공이란?•

총공격의 줄임말로 주로 아이돌 팬덤이 원하는 목적을 달성하기 위해 단체로 행동하는 것을 의미합니다.

UCC란?••

UCC(User Created Contents)는 말 그대로 사용자들이 직접 제작한 저작물을 의미하며, 문자, 이미지, 동영상 등 다양한 종류의 콘텐츠가 있습니다.

이루게 된 때입니다. 팬덤은 이러한 미디어 환경의 변화에 가장 먼저 유연하게 대처하는 역할을 하였습니다. 자신이 응원하는 아이돌이 발표한 음원 성적을 높이기 위해 총공•과 같은 온라인 집단행동을 서슴지 않고, 또 디지털 세대로서 UCC••를 만들어 공유함으로써 적극적으로 홍보 활동을 하기도 합니다. 이러한 한국 팬덤의 특징은 K팝의 유행과 함께 세계적인 팬덤이 형성되는 데에도 중요한 역할을 담당하였습니다.

또한 팬덤은 지지하는 아이돌이 기획사로부터 부당한 대우를 받을 경우 적극적으로 문제를 제기하기도 합니다. 다시 말해 무조건적으로 아이돌을 추종하는 것이 아니라 아이돌을 관리하는 역할을 자처하는 것입니다. 이를 위해서 팬덤은 더 체계적인 조직을 구축하게 되고, 단단해진 결속력을 바탕으로 아이돌을 위한 의견 제안까지 제출합니다. 아이돌 팬덤의 이름으로 이루어지는 사회 공공이익을 위한 자선 사업이나 기부, 아이돌의 활동에 영향을 줄 수 있는 관계자들을 대접하는 커피차 출장 서비스 등은 모두 팬덤 내의 기획을 통해 이루어집니다. 이처럼 팬덤은 아이돌의 성공을 위해 기꺼이 헌신하는 협력자입니다. 그러나 이는 반대로 지지하는 아이돌이 기대에 어긋나는 행동을 할 경우 지지를 철회하고, 팬덤에서 이탈하기도 합니다.

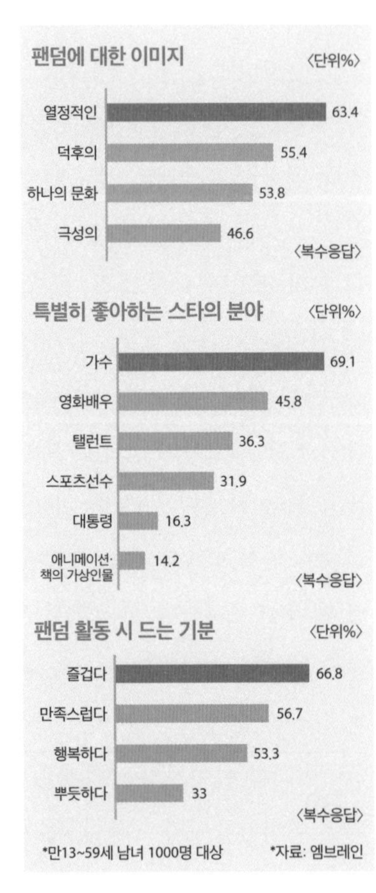

▲ 최근 사회 전반에 걸쳐 발전하는 팬덤 문화에 대한 인식

◀ 기부를 통해 사회에 공헌하는 아이돌 팬덤(유노윤호 다국적 팬클럽이 기부한 쌀화환) ©연합뉴스

따라서 아이돌의 품행과 인성에 대한 문제는 음악적 능력만큼이나 중요한 요소로 인식되어 기획사가 이에 대해 전방위적인 관리를 하기도 합니다. 높은 수준의 도덕성을 요구하는 한국 팬덤이 갖는 독특한 특성이라고 할 수 있습니다.

K팝이 세계인의 관심을 끌다

2011년 'SM타운 라이브 월드투어 인 파리' 공연은 K팝이라는 장르가 하나의 문화 상품으로 세계인들에게 관심과 소비의 대상이 되었음을 확인시켜준 이벤트였습니다. 이 공연은 유럽에서 최초로 열린 본격적인 K팝 공연으로 당초 1회만 열릴 예정이었습니다. 그러나 예매 시작 15분 만에 표가 매진되면서 표를 구하지 못한 팬 300여 명이 루브르박물관의 상징인 유리 피라미드 앞에서 추가 공연을 요구하는 플래시몹* 시위를 벌였고, 이를 계기로 파리 공연이 하루 더 연장되었습니다. 파리 공연은 아시아를 중심으로 확대되던 K팝의 유럽 진출 가능성을 보여주었고, K팝이 다양한 지역으로 시장을 확대하게 되는 계기가 되었습니다. 이후 중남미 등의 지역에서도 유사한 형태의 플래시몹 이벤트가 릴레이로 열리는 등 K팝 공연을 요

플래시몹이란?*

플래시몹(Flash mob)은 사전 약속을 통해 정해진 시간과 장소에서 여러 사람이 모여 정해진 행동을 하고 흩어지는 문화적 행위를 의미합니다. 정지 동작에서부터 댄스, 음악 연주 등 다양한 방식으로 행해집니다.

▶ SM타운 파리 공연에 대해 집중 보도하고 있는 프랑스 언론 르 피가로 신문와 르 몽드
©연합뉴스

청하는 열기가 각지에서 확대되어 갔습니다. 슈퍼주니어, 빅뱅, 샤이니, 인피니트, 엑소 같은 그룹은 아시아를 넘어 세계적인 팬덤을 가진 그룹으로 떠올랐고 아이돌 그룹의 적극적인 해외시장 공략은 계속해서 이어졌습니다.

한편 K팝이 해외 진출을 확대하기 시작한 2000년대 이후는 디지털 음악 시대가 본격적으로 도래하면서 음악 산업의 생태계가 크게 변화한 시기이기도 합니다. 대중가요 시장의 중요한 축인 음반 산업이 위축되고, 디지털 음원으로 시장의 중심이 이동하였습니다. 당시 한국은 국가 차원의 정보통신 육성 정책을 펼치고 있었고, 전국적으로 보급된 초고속 인터넷 인프라는 디지털 음악 산업으로 빠르게 전환할 수 있도록 환경을 조성하였습니다. 2003년 무렵에는 이미 디지털 음악 시장 규모가 음반 시장의 규모를 넘어설 정도로 성장하였습니다.

이러한 디지털 음악 시장의 확대는 아이돌 산업에도 큰 영향을 미쳤습니다. 초기 대형기획사들을 중심으로 한 디지털 음원의 다양한 이용과 유통의 다변화는 전 세계 어디에서든 접하기 쉽고 공유하기 편한 K팝 이미지를 만들었습니다. 동시에 한국의 독특한 팬덤 문화를 통해 적극적으로 재생산된 아이돌 관련 콘텐츠들 역시 다양

K팝의 양면성, 보편성과 특수성 K팝은 일본의 J팝(J-Pop), 홍콩의 칸토팝(Cantopop), 스웨디시 팝(Swedish Popo), 라틴 팝(Latin Pop)처럼 지역명의 이니셜과 팝이 결합된 용어로 국제적인 성공을 거둔 지역 음악 중 하나라고 할 수 있습니다.
처음 K팝이 동아시아에서 인기를 얻기 시작하였을 때, 많은 이들은 K팝을 J팝이나 칸토팝과 비교했고, 그 인기가 전 세계로 확장되었을 무렵인 2010년대부터는 영미권의 스웨디시 팝, 라틴 팝과 비교하였습니다. 다시 말해 K팝은 글로벌 대중음악(pop)으로서의 보편성과 한국(Korea)의 지역 음악으로서의 특수성이라는 양면성을 가지고 있는 것입니다. 특히 K팝이 글로벌 인기 음악 장르를 바탕으로 하고 있음에도 한국어 가사를 통해 자신의 지역적 정체성을 확고히 하는 것은 글로벌 수용자들에게 '익숙함'과 '다름의 미학'을 지닌 K팝만의 독특한 매력입니다.
심지어 K팝의 글로벌한 성공은 'K'라는 접두어의 광범위한 활용을 낳았습니다다. K팝과 더불어 한류 인기를 견인해온 한국의 TV 드라마는 언젠가부터 K-Drama로 불리기 시작하였고, K-Variety, K-Movie, K-Webtoon 등의 이름도 등장하고 있습니다. 해외의 한류 팬들이 이렇게 이름을 붙이자, 한국 정부는 이러한 흐름을 적극적으로 이용하고 지원하기 시작하였습니다. 최근 3-4년 사이 K-Beauty, K-Food는 물론이고, K-방역, K-트로트 등 다양한 분야에 'K'를 붙이고 있습니다. 이렇듯 K팝이 현재 한국 사회와 문화에 끼친 영향력도 크다고 할 수 있습니다.

한 뉴미디어 플랫폼을 통해 언어와 인종이 다른 세계에 K팝을 확산시키고, 다국적 팬덤을 형성하는 견인차가 되었습니다. K팝의 전 세계적 확산은 디지털 시대, 새로운 미디어 환경에 빠르게 적응하고, 전 방위적으로 대응하는 가운데 성장하였다고 말해도 과언이 아닙니다.

싸이의 〈강남스타일〉은 뉴미디어 플랫폼을 이용한 성공 사례라고 할 수 있습니다. 2012년 7월 15일 공개된 〈강남스타일〉은 한 달 만에 뮤직비디오 조회수 약 2900만 뷰를 기록한 데 이어, 9월 1억 뷰를 돌파하며 최단기간 최고 누적 조회

▲ 빌보드 표지를 장식한 싸이

▶ 싸이, 미국 NBC '투데이쇼' 출연
©연합뉴스

수 세계 신기록을 세웠고, 그해 12월 조회수 10억 뷰를 돌파하며 2005년 유튜브 창사 이래 최단기간, 최다 조회수 기록을 세웠습니다. 또 한국 대중가요 역사상 최초로 미국 빌보드 핫 100 차트 2위에 올라 7주간 그 자리를 유지하였고, 영국, 독일, 프랑스 등 30개국 이상의 공식 차트에서 1위에 올랐습니다. 당시 전 세계의 다양한 매체들이 앞다투어 〈강남스타일〉 신드롬에 주목하였고, 싸이는 절정의 인기를 바탕으로 11월 아메리칸 뮤직 어워드에서 뉴미디어 부문 수상과 피날레 무대를 장식하였습니다.

싸이의 성공은 기존에 아이돌 그룹이 주도한 음악에만 한정되었던 K팝을 하나의 음악 장르로 인정하게 되는 계기가 되었고, K팝을 새로운 장르로 인식하는 데 큰 역할을 하였습니다. 그리고 전 세계적으로 수많은 커버댄스 및 리액션 동영상들이 제작 · 공유되면서 〈강남스타일〉 열풍을 함께했다는 점에서 발전된 뉴미디어 플랫폼 서비스의 역할을 재차 환기하였고, 이후 K팝 산업에서 뉴미디어를 이용한 마케팅이 체계화하는 분기점이 되었습니다.

K팝은 디지털 미디어의 확산과 스마트폰 대중화 등과 같은 기술적 발달로 인해 잠재적인 수용자들을 결집시켰고, 그 결과 세계적인 음악 시장에서 성공을 거두게 된 것입니다. 이후 뉴미디어 인프라는 K팝의 세계적 확산에 주요한 전략으로 활용되게 됩니다.

K팝, 소셜미디어, Z세대와 조화를 이루다

K팝의 세계적인 성공과 인기는 21세기 글로벌 음악 산업에서도 가장 주목되는 흐름으로 지적됩니다. 방탄소년단(BTS)은 미국의 대표 차트인 빌보드 메인 앨범 차트와 싱글 차트에서 여러 차례 1위에 올랐습니다. 그 외에도 블랙핑크 등 많은 K팝 가수들이 인기를 얻고 있습니다. 그래서 2017년 말에는 빌보드 차트 내에 'K팝 차트'까지

▼ 트위터 발표 자료를 통해 본 K팝의 인기

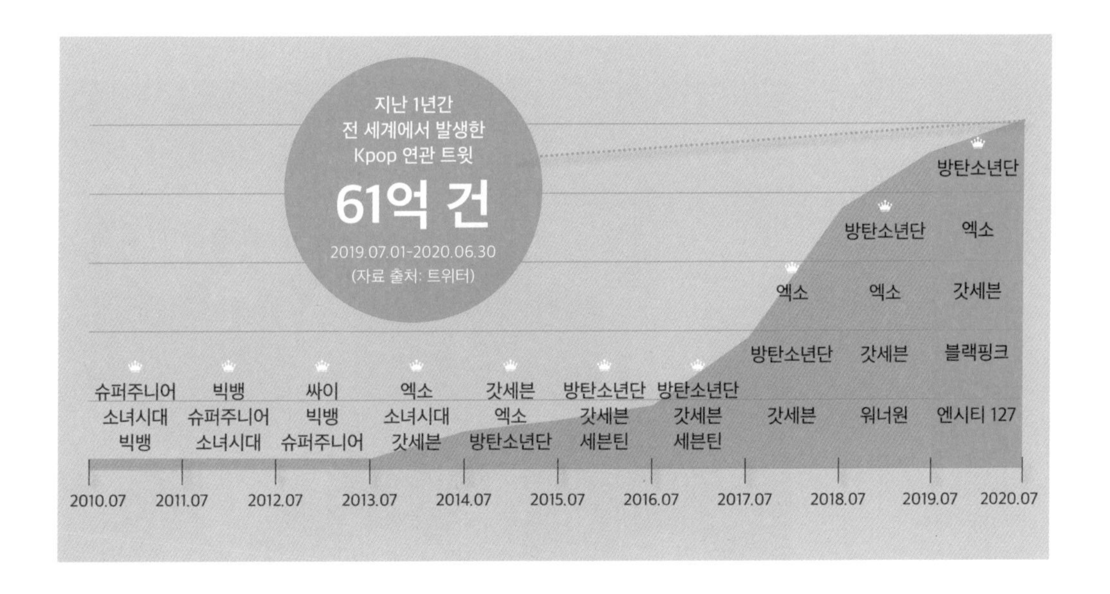

생겼습니다. 세계적인 글로벌 디지털 음원 서비스 등에서도 K팝을 독립된 장르로 구분하여 소개합니다.

게다가 세계화와 디지털화가 급속히 진행된 1990년대 중반 이후 출생한 'Z세대'는 영어가 아닌 언어로 된 음악을 그 자체로 즐길 수 있는 열린 태도를 가진 세대입니다. 심지어 익숙하지 않고 '다르기 때문에' 더 매력적이라고 생각하기도 합니다. Z세대의 이러한 태도는 지역적인 정체성이 강한 이국적인 K팝이 글로벌한 인기를 확장할 수 있던 요인이기도 합니다. 더불어 K팝 특유의 화려하고 생동감 넘치는 퍼포먼스는 MZ세대들에게 좋은 놀이문화를 제공하기도 하였습니다. 영상을 보고 즐기는 것에서 그치지 않고, 흉내내는 영상을 만드는 등 2차 창작물을 만들어 소셜미디어나 유튜브 등을 통해 공유하고, 그에 대한 리액션을 역시나 유튜브 등에 영상으로 올립니다. K팝이 가진 '종합 시청각 예술'로서의 특성이 현재 젊은 세대들이 미디어를 활용하는 방식과 잘 맞아떨어진 것입니다.

BTS는 K팝 한류의 외연을 크게 확장한 대표적인 아이돌 그룹입니다. 방탄소년단은 '21세기의 비틀즈'라고 불릴 정도로 전 세계적으로 돌풍을 일으키며 K팝의 새로운 신화를 만들고 있다고 평가됩니다. BTS가 본격적으로 인기를 얻기 시작한 시기는 2015-6년

▶ 서양에서 굉장히 반듯한 이미지와 옷차림으로 기억되는 BTS
©연합뉴스

을 전후해서입니다. BTS는 K팝 붐을 이끌던 대형기획사가 아닌 중소기획사 출신으로, 힙합 아이돌이라는 정체성을 가지고 등장했습니다. 이들은 기획사의 아이돌 시스템으로 관리되면서도 자유로운 의사 표현과 자기결정권을 보장받는 형태로 기존 아이돌 그룹과의 차별성을 가졌습니다. 멤버들은 직접 곡을 쓰고 프로듀싱한 노래를 통해 젊은 세대들이 공통적으로 겪는 문제의식을 담아내며 소통하였습니다. 이처럼 음악을 통해 자기를 표현하는 것은 데뷔 초부터 BTS의 주체성과 진정성을 담보해 주었고, 전 세계가 공감할 수 있는 메시지를 전하는 아이돌로서 글로벌한 인기를 얻을 수 있는 요인으로 작용하였습니다.

이 과정에서 BTS는 뉴미디어를 적극적으로 활용하게 됩니다. BTS는 소셜미디어를 통해 자신들의 음악과 일상을 공유하며 팬들과 소통하고 친밀감을 키워나갔습니다. 〈방탄 밤(BANGTAN BOMB)〉, 〈본보야지(BON VOYAGE)〉와 같은 독자적인 콘텐츠를 제작하거나 다양한 SNS 플랫폼을 통해서 발신하는 소소한 일상에 전 세계의 팬들은 특별한 유대감을 느낄 수 있었습니다. BTS의 강력한 팬덤 아미(A.R.M.Y)는 그들의 일상 및 성장 과정과 음악 메시지에 공감하며 형성되었고 함께 성장하고 연대하는 공동체로 자리매김하고 있습니다. 물론 아미의 조직적인 활동은 K팝의 팬덤 문화의 영향 속에서 전 세계 각지에 맞게 확대 재생산되었다는 점에서 K팝 팬덤의 독특함과 그 역할과 위상을 가름해 볼 수 있습니다. BTS는 2017년 빌보드 뮤직 어워드에서 처음으로 톱 소셜 아티스트 부문을 수상한 이래, 2021년까지(2022년 폐지) 5년 연속 이 부문의 수상자가 되었습니다. 톱 소셜 아티스트 부문이 팬들과의 소통과 교류가 중요한 선정 기준이 된다는 점에서 언어와 인종 등을 뛰어넘은 방탄소년단과 아미의 강한 유대 관계를 확인할 수 있습니다.

BTS의 폭발적 인기를 바탕으로 K팝은 한류의 중심을 이루고 있습니다. K팝은 성별, 인종, 연령, 그리고 언어의 장벽까지도 넘어 전 세계가 향유하는 문화가 되었고, 지금도 수많은 K팝 가수들이 다양한 음악 스타일과 넘치는 에너지를 바탕으로 전 세계 팬들을 사로잡고 있습니다. 2019년 미국의 대형 음악 페스티벌 코첼라에서 K팝 걸그룹 최초로 무대에 오른 블랙핑크는 전 세계적으로 가장 인기 있는 K팝 걸그룹으로 세계 유명 언론으로부터 호평을 받고 있으며, 이 외에도 몬스타엑스, 세븐틴, 갓세븐, 트와이스, NCT를 비롯해 스트레이 키즈, 에이티즈, TXT, 엔하이픈, (여자)아이들, ITZY, 에스파 등도 전 세계를 대상으로 활발한 활동을 펼치며 K팝 한류를 지속, 확장시키고 있습니다.

K팝 한류는 이제 역동적이고 감각적인 하나의 음악 장르로서 전 세계인의 관심과 소비의 대상이 되었습니다. 그리고 K팝에 대한 관심이 음악을 넘어 한국 문화 전반에 걸친 폭넓은 관심으로 이어지고 있습니다. K팝은 한국 음악 산업의 글로벌화를 견인하고 대중문화 콘텐츠 전반의 사업 구조를 재편하고 있다고 해도 과언이 아닙니다.

감상해 봅시다

K팝을 리드하고 있는 다양한 아티스트들을 조사해 보고, K팝 아이돌로서 전 세계와 소통하는 방식, 그들의 정체성, 음악적 메시지 등 대중음악이 초국가적인 팬덤을 형성하는 이유와 의미에 관해 토론해 봅시다.

- 영화 〈브레이크 더 사일런스: 더 무비〉(2020)
- 영화 〈브링 더 소울: 더 무비〉(2019)
- 영화 〈번 더 스테이지: 더 무비〉(2018)

한국영화의 과거와 현재

이런 것들을 배워 봅시다

한국영화는 문화통제가 극심하던 일제강점기에 태동하였습니다. 해방 이후에도 정치적인 상황이나 이데올로기에 의해 도구화되는 운명을 벗어나기 어려웠습니다. 그러다 1990년대에 들어 한국영화계에 대대적인 쇄신이 일어났습니다. 그리고 지금 한국영화는 전 세계 영화시장에서 크게 환영받는 존재가 되었습니다. 이러한 극적인 변화의 계기는 무엇이고, 그 동력은 무엇이었을까요.

- 한국영화가 오랜 시간 정치 세력에 의해 견제받거나 동원되었던 이유에 대해 생각해 봅시다.
- 21세기 한국영화의 성공 이면에 있는 부정적 요소는 무엇인지도 함께 생각해 봅시다.

찾아가 봅시다

- 한국영화박물관
  (서울시 마포구 상암동)
- 영화역사관
  (구 단성사, 서울시 종로구 묘동)
- 부산 영화의 전당
  (부산시 해운대구 수영강변대로)
- 신영제주영화박물관
  (제주시 서귀포시 남원읍)

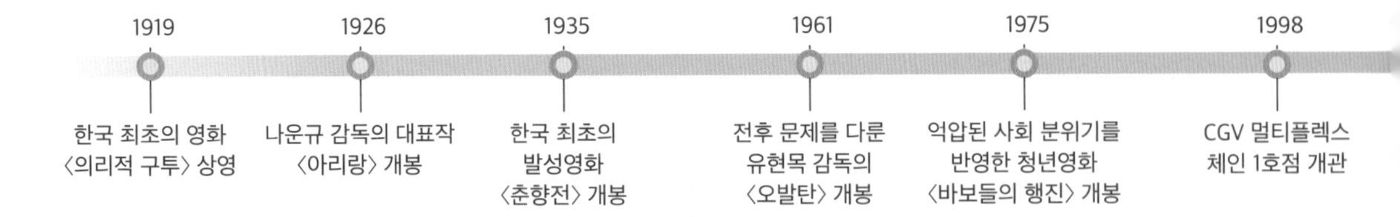

무성영화를 시작으로 한국영화가 태동하다

무성영화란?

무성영화(Silent Film, 無聲映畵)는 말 그대로 소리를 사용하지 않는 영화입니다. 대체로 1895년에서 1927년 사이에 제작되었습니다. 무성영화 시대에는 영화 예술의 본질이 영상에 있다고 보고 영상의 시각적 특성에 주목하였습니다. 이후 배우의 음성이 들어가는 유성영화(有聲映畵)가 제작되고 상업적으로 성공하였습니다.

영화는 세계의 엔터테인먼트 산업 및 문화콘텐츠 분야에서 늘 주류적인 위치를 차지해온 영상 매체이자 종합 예술입니다. 최초의 한국영화로 꼽히는 〈의리적(義理的) 구투(仇鬪)〉(1919) 이후 한국영화의 역사는 100년 이상에 걸쳐 축적되었습니다. 이 시간 동안, 한국영화는 대중문화의 여러 범주 중에서도 가장 두드러진 발전을 거듭해왔다고 해도 과언이 아닙니다.

1920년대를 대표하는 작품으로는 윤백남 감독의 〈월하의 맹서〉(1923)와 나운규 감독의 〈아리랑〉(1926) 등이 있습니다. 〈월하의 맹서〉가 극적 일관성을 갖춘 가장 초기작에 해당한다면, 〈아리랑〉은 한국영화를 처음 예술의 경지로 상승시켰다는 평가를 받습니다. 다만 이들은 기술적 한계로 인해 무성영화로 제작될 수밖에 없었고, 영화 자체도 보존되지 않아 문헌 기록을 통해서만 영화의 수준을 짐작할 수 있을 뿐입니다. 무성영화*의 시대에는 주로 극장에서 변사를 통해 대사를 전달하였습니다. 변사의 존재는 이제 노년층의 향수를 자아내는 과거 대중문화의 한 요소로 기억되고 있습니다.

한국 최초의 유성영화(발성영화)는 이명세 감독의 〈춘향전〉(1935)입니다. 일제강점기의 한국영화는 소설의 스토

◀ 영화 〈아리랑〉 포스터

리텔링을 변주한 작품들이 다수 발표되었는데, 〈춘향전〉 외에도 이기세 감독의 〈장한몽〉(1920), 김영환 감독의 〈장화홍련전〉(1924), 나운규 감독의 〈벙어리 삼룡〉(1929)과 〈오몽녀〉(1937) 등이 있었습니다.

20대 중반 시절 〈아리랑〉을 발표한 나운규 감독은 유작이 된 〈오몽녀〉에 이르기까지 한국영화계를 선도하며 종횡무진 활약하였습니다. 그는 일제강점기의 사회현실 비판이나 민족적 저항의식을 영화 속에 담아낸 인물이기도 합니다. 그러나 아쉽게도 30대 중반에 불과한 1937년에 요절한 까닭에 더 많은 활동을 이어가지 못하였습니다.

선전영화란?

선전영화(宣傳映畫)는 국가의 이념을 강화하기 위해 대중에게 그 이념을 선전하고 선동하려는 목적으로 제작한 영화입니다. 전쟁기의 프로파간다(propaganda)와 비슷한 역할을 하였습니다.

현전하는 가장 오래된 한국영화는 안종화 감독의 〈청춘의 십자로〉(1934)이고, 발성영화 중 가장 오래된 것은 윤백남 감독의 〈미몽〉(1936)입니다. 전자는 신파와 멜로가 혼합된 작품이고 후자는 가정의 속박에서 벗어나고자 했던 부인의 몰락 과정을 다루었습니다. 이 작품들이 제작되던 시기에는 이미 시대 현실을 반영한 문제의식을 담은 작품들은 희소해집니다. 식민지 검열은 출판물뿐만 아니라 영화에 대해서도 갈수록 엄격한 통제를 가하였고, 이로 인해 1930년대 후반으로 가면 조선총독부의 정책에 복무하는 선전영화* 외에는 영상화되기 어려운 환경이 조성되었습니다. 이러한 흐름에

▼ 영화 〈미몽〉의 한 장면

발맞춰 나온 것이 〈군용열차〉(1938), 〈지원병〉(1941), 〈조선해협〉(1943) 같은 영화들입니다.

반공법이란?

반공법(反共法)은 1960년대 초에 만들어진 법률로 공산계열의 활동을 막기 위한 것이었습니다. 1980년에 '국가보안법' 개정으로 폐지되었습니다.

한국전쟁과 검열 등 사회 변화와 함께 성장하다

제 2차 세계대전에서 일본이 패망하면서 한국은 식민지에서 해방이 되었지만 한국영화가 정치적 영향에서 단번에 벗어날 수 있었던 것은 아닙니다. 특히 한국전쟁이 발발한 1950년 이후, 한국영화계는 오랜 시간 반공주의 이데올로기에 속박된 선전 도구로 활용될 수밖에 없었습니다. 대중의 입장에서 영화는 문자 텍스트보다 훨씬 쉽고 직관적인 매체였습니다. 즉 영화는 대중 친화성과 동원력을 지니고 있었던 만큼 정치권력에 의해 철저히 견제되거나 정반대로 적극적으로 활용되기 쉬웠던 것입니다. 이러한 양상은 기본적으로 이승만 정권과 군부 독재 시대가 이어지던 1980년대까지 반복적으로 나타났습니다.

▼ 소설가 정비석의 작품을 원작으로 한 사회성이 짙은 영화 〈자유부인〉 포스터

특히 영화인들에게 적용되던 반공법•은 엄혹하였습니다. 가령 이만희 감독은 〈7인의 여포로〉(1965)를 연출할 때 북한군을 인간답게 담아냈다는 이유로 구속되었습니다. 당시 이만희 감독은 "배우가 그렇게 생긴 것을 어떡하냐"는 말을 남겼는데, 한국영화에서 북한군 내지 북한군의 옷차림이 멋있게 표현된 것 때문에 벌어진 논란은 2000년도의 영화 〈공동경비구역 JSA〉 때에도 대두된 고정 레파토리였습니다.

사회정치적으로 침체기였던 한국영화는 1950년대 중반 이후 점차 제작 편수가 늘어나기 시작하였습니다. 미국의 영화 제작 기술을 습득하고, 신진 감독들이 그 역량을 발휘하면서 영화계는 유망 엔터테인먼트로 부상하며 관심을 받기 시작합니다. 한형모 감독의 〈자유부인〉(1956)은 여성들의 경제적인 지위 향상과 한국전쟁 이후의 풍조를 다루며 한국사회의 단면을 사실적으로 묘사하며 호평을 받았습니다.

▲ 영화 〈기생충〉에 영향을 주었다는 김기영 감독의 영화 〈하녀〉 포스터

1960년대에 들어 한국영화 산업은 본격화되었습니다. 연간 100~200편의 영화가 제작되면서 영화관도 증가하였습니다. 이는 영화 관객수가 급증하였음을 의미하기도 합니다. 1960년대 초, 약 5천 8백만 명이었던 관객이 1969년에 약 1억 7천 3백만 명으로 늘었습니다. 영화 인프라의 확충과 영화 제작에 관한 전반적인 질적 수준의 향상을 목표로 '영화법'(1962)도 제정되었습니다. 하지만 국산영화의 경우 사전신고제를 원칙으로 한다거나 영화 상영 시 공보부장관의 허가를 받아야 했습니다. 영화 선전물은 미풍양속에 위배되어서는 안 된다는 등 규제적인 측면이 강하였고, 수차례의 개정을 거쳐 영화진흥법(1996)으로 대체됩니다.

그러나 이때를 한국영화의 황금기로 보기도 합니다. 중산층의 불안과 몰락을 그려낸 김기영 감독의 〈하녀〉(1960), 실향민의 삶을 조명하며 분단의 비애를 다룬 유현목 감독의 〈오발탄〉(1961), 그리고 〈사랑방 손님과 어머니〉(1961)와 같은 가족영화나 로맨스 영화가 관객의 인기를 얻으면서 대중성과 작품성을 갖춘 감독과 흥행작들이 등장했기 때문입니다. 2019년 제72회 칸 영화제에서 황금종려상을 받은 봉준호 감독은 "영화 〈기생충〉이 김기영 감독의 〈하녀〉의 영향을 받았다."고 한 수상소감은 유명합니다.

1970년대는 TV의 보급과 외국 영화의 인기, 그리고 검열제도 등으로 영화계가 쇠퇴하게 됩니다. 특히 사회문화적으로 표현의 자유를 제약했던 검열이 강화되면서 당시 제작된 영화의 90%가 수정될 정도였습니다. 이러한 억압된 사회 분위기에서 끊임없이 자유와 이상을 추구하며 고뇌하는 청년들의 모습을 영화로 제작한 하길종 감독의 〈바보들의 행진〉(1975)과 같은 청년영화들은 이러한 시대상을 잘 보여줍니다. 반면 이장호 감독의 〈별들의 고향〉(1974), 김호선 감독의 〈영자의 전성시대〉(1975) 등 산업화에 따른 향락산업의 발전과 사회비판을 담은 신파극 성격의 여성 주연의 영화들도 주목을 받았습니다.

1990년대에 들어 전방위적 변화를 맞이하다

경직된 영화 관련 정책과 외국 영화의 수입이 증가하는 1980년대는 한국영화사에서 암흑기로 통합니다. 관객의 감소는 영화 제작의 질적, 양적 부진을 초래했고 이는 극장의 감소로도 이어졌습니다.

그러나 도태된 영화계에 새로운 활력을 불어넣기 위한 다양한 노력 역시 이루어졌습니다. 민주화운동의 영향으로 한국전쟁기 이념의 대립이나 군부 독재 시절의 학생운동, 급속한 도시 개발과 이로 인한 빈부격차 등 사회문제를 본격적으로 다룬 영화가 등장하였고, 독립영화와 다큐멘터리 작품도 제작되기 시작하였습니다. 임권택 감독의 〈만다라〉(1981), 〈씨받이〉(1987), 〈아제아제바라아제〉(1989), 배용준 감독의 〈달마가 동쪽으로 간 까닭은〉(1989) 등이 국제영화제

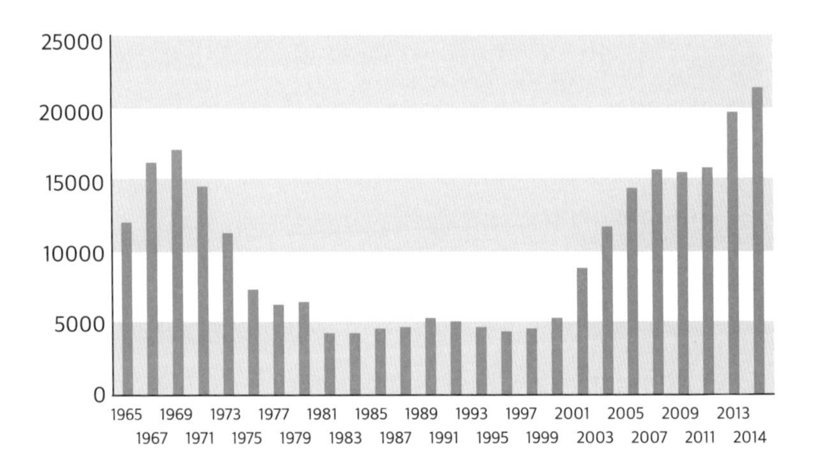

▶ 극장 관객수의 변화

◀ 영화 〈쉬리〉의 마지막 장면 삽화

에서 수상과 호평을 받는 등 영화사에 남을 만한 성과도 배출되었습니다.

한국영화계의 커다란 변화, 즉 한국영화의 양적 · 질적 발전이 뚜렷해진 것은 1990년대에 이르러서입니다. 여기에는 몇 가지 배경이 작용하였습니다. 첫째, 1987년 '6월 항쟁' 이후 민주화의 열기 속에서 지식문화계의 정치적 폐색 역시 눈에 띄게 해소되었습니다. 이는 영화계가 더 이상 정치권력의 시녀 역할을 하지 않아도 되는 시대가 도래했음을 의미합니다. 둘째, 한국 영화산업의 확장성과 장래성을 높게 평가한 대기업들의 투자가 활발해졌습니다. 〈서편제〉(1993), 〈투캅스〉(1994), 〈쉬리〉(1999) 등의 폭발적 흥행은 한국 영화산업에 대한 인식을 완전히 바꾸어 놓았습니다. 셋째, 첫째와 둘째에 해당하는 창작의 자유와 그것을 실현해 줄 자본의 조건이 결합한 결과, 뛰어난 인재들이 영화판에 대거 출현하기 시작하였습니다. 지금도 한국영화계를 대표하며 활발한 작품 활동을 이어가고 있는 이창동, 박찬욱, 홍상수, 봉준호, 김지운 감독 등과 한석규, 송강호, 최민식, 김혜수, 전도연, 이병헌, 정우성, 이정재 등의 배우들이 영화계에 처음 선을 보인 시기도 1990년대였습니다. 이 시기 한국영화는 단순히 흥행 파워를 갖춘 작품만이 아니라, 장르적으로도 다양해졌으며 사회에 대한 날카로운 비판의식을 갖춘 작품도 빈번하게 출현하였습니다.

한국영화의 르네상스를 연 〈쉬리〉 1999년에 개봉한 강제규 감독의 영화 〈쉬리〉는 "한국영화의 역사는 쉬리 개봉 이전과 이후로 나뉜다."고 할 정도로 기념비적인 작품입니다. 서울 관객 244만 명, 전국 693만 명을 동원하였고, 또 일본에서도 관객수 100만 명을 돌파하며 영화의 문화산업으로서의 가능성을 보여주기도 하였습니다. 당시 IMF로 인한 경제적 어려움으로 한국사회가 상당히 힘든 때라는 것을 고려하면 엄청난 흥행성적이라 할 수 있습니다.
한석규, 최민식, 송강호, 김윤진 등 현재 한국영화계를 대표하는 배우들이 출연하기도 한 이 영화는 외국 영화가 강세를 보였던 당시 극장가의 판도를 뒤바꿨습니다. 첩보 액션 스릴러 영화라는 소개답게 최초의 한국형 블록버스터 영화인 〈쉬리〉는 북한 특수 8군단의 간첩들이 남한에 침투하여 암살 및 총격전을 벌이는 내용입니다.
이 영화 이후 영화산업에의 투자가 점차 늘어났고 2000년대 한국영화계는 르네상스 시대를 맞이하게 됩니다. 〈쉬리〉의 성공으로 이후 〈공동경비구역 JSA〉, 〈친구〉, 〈살인의 추억〉, 〈태극기 휘날리며〉, 〈올드보이〉, 〈실미도〉, 〈왕의 남자〉, 〈달콤한 인생〉, 〈타짜〉 등 히트작으로 기록된 영화들이 연이어 등장할 수 있었습니다.

멀티플렉스 영화관이란?*

멀티플렉스(multiplex) 말 그대로 2개 이상의 복수의 스크린을 가진 영화관을 말합니다. 기존의 영화관과 달리 복수의 영화를 한 장소에서 동시에 상영하기 때문에 관객이 영화를 선택하기에 편하고, 첨단 시설을 갖추고 있어 영화감상의 질이 높은 것이 장점입니다.

21세기의 한국영화, 세계를 종횡무진하다

2003년, 강우석 감독의 〈실미도〉가 한국 최초로 관객 천만 명을 돌파하며 이른바 '천만 관객 시대'를 열었습니다. 이듬해 강제규 감독의 〈태극기 휘날리며〉 역시 천만 대열에 합류하였습니다. 이후 한국영화계에서 천만 관객은 흥행에서 대성공을 한 영화의 지표가 됩니다. 이러한 흥행력은 단순히 영화의 재미나 완성도가 높아진 데서 기인한 것만은 아닙니다. 보다 근본적인 요인은 1990년대 이래로 급격하게 확대된 한국 영화시장의 규모 자체에서 찾아야 할 것입니다. 이를테면 1998년 서울 광진구에 있던 테크노마트에 CGV라는 멀티플렉스 영화관*이 첫 번째 체인점을 오픈하였습니다. 이후 CGV는 2013년 6월 신촌아트레온 매장을 개관하면서 100호점을 돌파하였고, 2020년 3월 기준 국내 스크린 1,228개, 외국 스크린 약 3,000개(중국, 터키, 베트남 등)를 기록하여 해당 분야 세계 5위에 랭크되어 있습니다.

그런데 CGV*는 CJ그룹의 계열사이므로, 사실상 CJ라는 단일 기업만으로 기획, 투자, 제작, 배급, 상영 등 영화 한 편의 모든 생산과 유통 과정을 담당하는 형태를 만든 것입니다. CJ 외에도 롯데(롯데시네마)와 오리온(메가박스) 등이 이 같은 방식을 도입하고 있습니다. 현재 한국 영화산업을 지탱하는 것은 상당 부분 이러한 대기업 중심의 수직계열화 구조입니다. 이는 규모의 경제를 실현한다는 측면에서는 영화산업 발전에 이점으로 작용하지만, 기업이 특정 영화를 통해 최대한의 이윤을 창출하려 하는 행위를 견제하기 어렵다는 단점이 있습니다. 소위 스크린 독과점 문제는 영화의 제작 주체와 상영 주체가 단일한 데서 야기되는 한국영화의 고질적인 병폐가 되었습니다.

분명한 것은, 이러한 한계에도 불구하고 한국영화계의 자본 규모가 꾸준히 상승해 왔다는 사실입니다. 멀티플렉스의 보급은 영화 관람을 전국민의 보편적 엔터테인먼트로 자리매김하게 만들었습니다. 게다가 1990년대에 본격화된 한국영화의 질적 성장은 외국영화에 비해 늘 경쟁력이 떨어진다고 여겨지던 공공연한 인식을 어느덧

CGV란?*

CGV(CheilJedang, Golden Harvest, Village Roadshow)는 한국의 제일제당, 홍콩의 골든 하베스트, 호주의 빌리지 로드쇼 픽처스가 1996년에 설립한 기업으로서 CGV 자체도 각 회사의 앞글자를 따서 만들었습니다. 1999년부터는 CJ그룹이 단독으로 운영하고 있습니다.

◀ 멀티플렉스 영화관 CGV
ⓒ연합뉴스

IPTV란?•

IPTV(Internet Protocol Television)는 한마디로 인터넷으로 실시간 방송과 VOD를 볼 수 있는 서비스로 '인터넷 TV'라고도 합니다. 실시간 방송뿐 아니라 '다시 보기' 등을 통한 스트리밍 서비스를 원하는 시간에 볼 수 있기 때문에 영화 상영에도 중요한 플랫폼으로 여겨집니다.

과거지사로 만들었습니다. 2000년대에 들어와 한국인들의 한국영화 선호도는 꾸준히 상승곡선을 그렸습니다. 역대 흥행 1위부터 4위까지가 모두 한국영화인 것도 주목해볼 점입니다.(1위 명량, 2위 극한직업, 3위 신과함께-죄와 벌, 4위 국제시장) 덧붙이자면 상위 10편 중 2014년도 이전에 발표된 작품은 7위 〈아바타〉(2009) 한 편뿐입니다. 흥행 기록은 대체로 최신 영화를 통해 갱신되고 있습니다.

여기에 IPTV• 등을 통한 2차 시장의 규모 역시 급속히 확대되어 극장 수입에 지나치게 의존적이었던 과거보다 투자자의 위험 부담이 크게 줄어들었습니다. 가령 2017년도에 개봉한 〈범죄도시〉는 총 제작비 70억 원의 액션영화인데, 680만 명이라는 극장 흥행 성적도 대단했지만, IPTV를 통한 VOD 서비스만으로도 첫 두 달 동안 110억 원의 추가 매출을 올렸습니다. 이러한 미디어 환경과 수익 구조의 변화는 투자자들이 재차 공격적인 투자를 가능하게 하는 요인이 되고 있습니다.

21세기 한국영화의 고무적 현상 중 하나는, 내수 영화 시장뿐 아니라 세계 시장에서도 뚜렷한 성과를 올리고 있다는 점입니다.

더 알아봅시다

스크린 쿼터제 한국영화를 의무적으로 상영해야 하는 일수를 제도화한 것으로서, 관행적으로 '스크린 쿼터제'라 부릅니다. 스크린 쿼터(Screen Quota) 제도는 한국영화가 외국영화에 비해 경쟁력이 떨어지므로 의무 상영일수를 보장하여 보호 육성해야 한다는 입장에서 마련된 것이었습니다. 스크린 쿼터제는 1967년 처음 시행되었고, 다음과 같은 변천 과정을 거쳤습니다.

① 연간 6편 이상의 한국영화 상영과 연간 90일 이상의 상영일수 준수(1966)
② 연간 3편 이상, 총 상영일수 30일 이상(1970)
③ 연간상영일수 1/3 이상(1973)
④ 연간 상영일수 2/5 이상과 인구 30만 이상의 시지역은 한국영화와 외국영화와의 교호상영(1985)을 각각 의무화함. 2006년 '영화 및 비디오물의 진흥에 관한 법률 시행령'에 따라 연간 의무상영 일수가 5분의 1(73일)로 축소됨

2016년 이래 한국영화는 꾸준히 4,000만 달러 이상의 수출액을 기록하고 있습니다. 2021년 한국영화 완성작 수출액은 약 4,300만 달러이며 최대 판매처는 약 840만 달러를 수출한 중국이었습니다. 리메이크 판권의 수출도 주목할 만합니다. 중국에서는 〈베테랑〉과 〈너의 결혼식〉 등이 리메이크되어 이미 대성공을 거두었습니다. 〈써니〉나 〈수상한 그녀〉 등은 일본, 베트남, 필리핀, 태국, 인도네시아 등 아시아 각국에서 현지화되며 기록적인 흥행 성적을 써내려가고 있으며, 최근에는 미국의 〈아저씨〉, 〈기생충〉, 〈극한직업〉 리메이크 소식이 들려오기도 했습니다.

이러한 성과의 배경에는 꾸준히 축적된 한국영화에 대한 세계인들의 높은 평가도 큰 몫을 차지하고 있습니다. 세계 3대 영화제로 일컬어지는 칸영화제, 베니스영화제, 베를린영화제에서 한국영화의 수상 기록을 따져보면 총 25건이 있는데, 이 중 2000년대 이전의 수상 사례는 단 3건에 불과합니다. 즉, 한국영화가 세계 무대에서 높은 평가를 받은 경우는 대부분 최근 영화들에 집중되어 있다는 뜻입니다.

2020년 미국 아카데미 영화제에서 봉준호 감독의 〈기생충〉이 4관왕을 차지한 것과 2021년 〈미나리〉를 통해 윤여정 배우가 아카데미 여우조연상을 수상한 것은 한국영화의 국제적 위상 변화를 상징적으로 보여준 사건이었습니다. 더욱이, 최근 영화 제작 및 유통의 새로운 플랫폼으로서 그 영향력을 키워가고 있는 OTT(Over The Top)의 오리지널 콘텐츠 시장에서도 한국영화의 미래는 밝은 편입니다. 대표적인 OTT 업체 넷플릭스는 봉준호 감독의 〈옥자〉(2017) 이래로 한국영화나 드라마 제작에 지원을 아끼지 않고 있습니다.

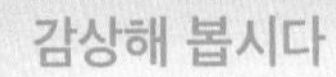

감상해 봅시다

한국영화 중에서 어떤 작품을 가장 인상 깊게 보았나요? 또 가장 추천하고 싶은 작품은 무엇인가요? 친구들과 서로 리스트를 교환하며 관련 영화를 감상해 봅시다. 그리고 한국 대중문화에서 영화가 차지하는 위상에 관해 함께 토론해 봅시다.

- 영화 〈미나리〉(2021)
- 영화 〈기생충〉(2019)
- 영화 〈명량〉(2014)
- 영화 〈실미도〉(2003)
- 영화 〈쉬리〉(1999)

한국영화의 명작들

이런 것들을 배워 봅시다

〈아리랑〉(1926)의 나운규, 〈지옥화〉(1958)와 〈사랑방 손님과 어머니〉(1961)의 신상옥, 〈하녀〉(1960)의 김기영, 〈오발탄〉(1961)의 유현목, 〈마부〉(1961)의 강대진 등 한국영화계에 뚜렷한 족적을 남긴 감독들은 적지 않습니다. 그러나 본 강에서는 현대 한국영화의 전환점이라 할 수 있는 1990년대 이후에 초점을 맞추어, 4명의 핵심적인 감독과 그들의 작품을 살펴보고자 합니다. 바로 임권택, 이창동, 박찬욱, 봉준호입니다. 그들은 지금의 한국영화의 위상을 만드는 데 직접 관여했을 뿐 아니라, 여전히 인상적인 활동을 이어나가고 있는 한국영화계의 살아있는 증인이라 할 수 있습니다. 이번 강에서는 이러한 감독들의 주요 영화와 업적을 소개해보고자 합니다.

- **영화의 우수성을 판단하는 척도로는 크게 대중성(흥행성)과 작품성을 들 수 있습니다. 어떤 것이 보다 중요한 요소인지, 그리고 어떻게 절충할 수 있을지 생각해 봅시다.**
- **여러분이 가장 좋아하는 한국 영화감독과 작품에 대해서도 이야기를 나눠 봅시다.**

찾아가 봅시다

- 임권택 영화박물관(부산시 해운대구)
- 8월의 크리스마스 촬영지 (전라북도 군산시 구영2길)
- 쉬리의 언덕(제주도 서귀포시 색달동 〈쉬리〉 촬영지)
- 전도연 거리(경상남도 밀양시 가곡동 〈밀양〉 촬영지)
- 흰여울 문화마을 (부산시 영도구 영선동 〈변호인〉 촬영지)
- 신흥동 일본식가옥 (전라북도 군산시 구영1길 〈장군의 아들〉, 〈타짜〉 촬영지)

1961
강대진 감독 〈마부〉,
베를린영화제
특별은곰상

1987
임권택 감독 〈씨받이〉,
베니스영화제
여우주연상(강수연)

2002
이창동 감독 〈오아시스〉,
베니스영화제 감독상 ·
신인배우상(문소리)

2004
박찬욱 감독
〈올드보이〉, 칸영화제
심사위원대상

2007
이창동 감독
〈밀양〉, 칸영화제
여우주연상(전도연)

2010
이창동 감독 〈시〉,
칸영화제 각본상

임권택, 한국영화사의 전통과 현대를 잇다

서편제란?*

서편제는 한국의 고유 예술문화인 판소리의 세 유파 중 하나입니다. 나머지 두 유파는 동편제와 중고제입니다. 동편제가 진중하고 시원하며 절도있는 색채를 지니고 있다면, 서편제는 애절하고 구슬프며 섬세한 소리를 그 특징으로 합니다.

임권택(林權澤, 1934~) 감독은 1962년 데뷔작 〈두만강아 잘 있거라〉를 시작으로 100편 이상의 영화를 연출한 다작 감독입니다. 최근작 2015년의 〈화장〉까지 거의 50여 년을 영화판에서 감독으로 살아온 셈입니다. 1960~70년대에는 주로 반공이나 반일을 주제로 한 영화를 제작했지만, 1980년대 이후 한국의 전통적 소재를 예술적으로 영화에 담아내며 변신을 꾀하였습니다. 이때 발표된 작품으로 조선시대의 대리모를 소재로 한 〈씨받이〉(1987)와 불교영화 〈아제아제바라아제〉(1989) 등이 있습니다. 두 영화는 국제영화제에서도 높은 평가를 받았습니다. 특히 배우 강수연은 〈씨받이〉를 통해 베니스영화제 여우주연상을 수상하기도 하였습니다.

전통을 소재로 한 임권택 영화 중 가장 큰 성공을 거둔 작품은 〈서편제*〉(1994)입니다. 판소리꾼의 애환을 다룬 이 작품은 한국에 멀티플렉스가 정착되기 전이었던 당시 한국 최초로 서울 관객 100만 명을 돌파한 흥행작이 되었습니다. 2002년에는 조선시대 말기의 화가 장승업을 영화화한 〈취화선〉으로 칸영화제 감독상을 수상하기도

▼ 임권택 감독 영화박물관 홈페이지 메인화면
http://www.iktfilm.co.kr/

2019	2020	2021	2022	2022
봉준호 감독 〈기생충〉, 칸영화제 황금종려상	〈기생충〉, 미국 아카데미상 4관왕(작품상, 감독상, 각본상, 국제영화상)	정이삭 감독 〈미나리〉, 미국 아카데미상 여우주연상(윤여정)	홍상수 감독 〈소설가의 영화〉, 베를린영화제 심사위원대상	박찬욱 감독 〈헤어질 결심〉, 칸영화제 감독상 수상

베를린국제영화제에서 수상한 한국영화

지금의 한국영화가 세계인들이 즐기는 문화콘텐츠로 발전하는 데에는 국제영화제에서 활약한 감독 및 작품 들의 역할이 컸습니다. 이에 본 강의 '더 알아봅시다' 코너는 유명 국제영화제에서 인정받은 한국영화에 관해 소개해 보겠습니다.

▲ 베를린국제영화제 로고

1951년 독일 베를린에서 시작된 베를린국제영화제(Internationale Filmfestspiele Berlin)는 다른 국제영화제와 비교할 때 정치성이 강하다고 평가합니다. 수상 후보들도 그렇고 최고의 작품상인 황금곰상도 정치적인 소재를 다룬 영화에 수상을 하는 경우가 많습니다. 베를린이라는 도시 자체가 역사적으로 냉전의 최전선이었기 때문에 그 영향이 현재까지도 미치고 있다고 보기도 합니다. 독립영화에 대한 비중이 높은 것도 특징입니다.

아직까지 베를린국제영화제에서 최고상인 황금곰상을 수상한 한국의 장편영화는 없습니다. 그렇지만 홍상수나 김기덕이 감독상을 받은 것을 비롯해 여러 부문에서 한국의 영화인들이 수상을 하였습니다. 홍상수는 심사위원대상이나 감독상, 각본상 등 한국 감독으로서는 최다 수상자이기도 합니다.

베를린국제영화제의 프로그램은 크게 경쟁 부문, 포럼 부문, 파노라마 부문, 제너레이션 부문, 회고 부문, 독일 영화 부문, 단편 영화 부문 등으로 나뉩니다.

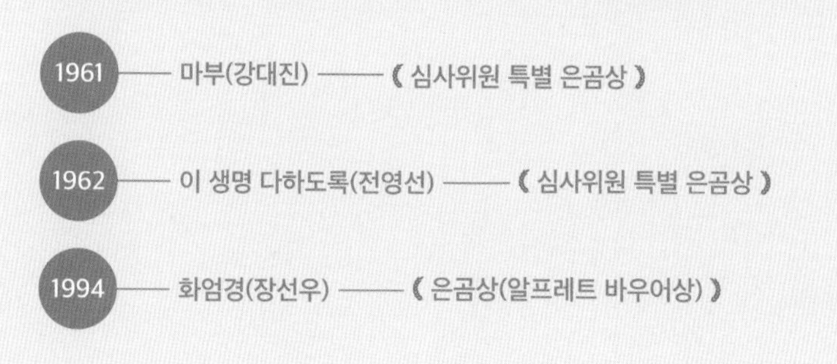

더 알아봅시다

2004 — 사마리아(김기덕) — 《 경쟁 부문 은곰상:감독상 수상 》

2005 — 임권택 — 《 명예 황금곰상 수상 》
여자, 정혜(이윤기) — 《 포럼 부문 넷팩상 수상 》
신성일의 행방불명(신재인) — 《 포럼 부문 베를리너 자이퉁 독자상 수상 》

2007 — 싸이보그지만 괜찮아(박찬욱) — 《 경쟁 부문 은곰상:알프레드 바우어상 수상 》

2009 — 나무없는 산(김소영) — 《 포럼 부문 에큐메니컬상 수상 》
어떤 개인 날(이숙경) — 《 포럼 부문 넷팩상 수상 》

2011 — 파란만장(박찬욱,박찬경) — 《 단편 경쟁 부문 황금곰상:단편영화상 수상 》
부서진 밤(양효주) — 《 단편 경쟁 부문 은곰상:단편영화상 수상 》

2012 — 가족의 나라(양영희) — 《 포럼 부문 국제예술영화관연맹(CICAE)상 수상 》

2013 — 청이(김정인) — 《 제너레이션 K플러스 부문 대상 수상 》
명왕성(신수원) — 《 제너레이션 14플러스 부문 특별언급상 수상 》

2014 — 콩나물(윤가은) — 《 제너레이션 K플러스 부문 수정곰상(제너레이션 K플러스) 단편 영화 수상 》

2015 — 호산나(나영길) — 《 단편 경쟁 부문 황금곰상:단편영화상 수상 》

2016 — 위캔즈(이동하) — 《 파노라마 부문 파노라마 관객상 수상 》

2017 — 밤의 해변에서 혼자(홍상수) — 《 경쟁 부문 김민희 은곰상:여자연기자상 수상 》

2019 — 벌새(김보라) — 《 제너레이션 14플러스 부문 대상(제너레이션 14플러스) 국제심사위원 부문 수상 》

2020 — 도망친 여자(홍상수) — 《 경쟁 부문 은곰상:감독상 수상 》

2021 — 인트로덕션(홍상수) — 《 경쟁 부문 은곰상:각본상 수상 》

2022 — 소설가의 영화(홍상수) — 《 경쟁 부문 심사위원대상 수상 》

하였습니다. 임권택은 반공 · 반일 영화를 양산하던 활동 초기의 한계를 스스로 극복하여 한국영화계 전체가 새로운 단계로 나아갈 때도 여전히 영화계의 현역 원로로서 인상적인 성과를 남겼습니다.

이창동, 사회의 약자들을 응시하다

소설가로서 먼저 이름을 알린 이창동(李滄東, 1954~)이 영화감독으로 데뷔한 것은 1996년 〈초록물고기〉를 통해서였습니다. 상대적으로 늦은 나이에 첫 연출작을 발표했으며 지금까지의 모든 작품을 합해도 총 6편에 불과하지만, 이는 이창동이 한국영화계를 대표하는 감독으로 평가받는 데 아무런 걸림돌이 되지 않았습니다.

〈초록물고기〉를 통해 연출가로서의 잠재력을 선보인 이창동은 차기작 〈박하사탕〉(2000)으로 한국영화의 새로운 지평을 열었다는 극찬까지 받게 됩니다. 1980년 '광주민주항쟁'의 비극으로부터 시작된 한 개인의 파멸을 역시간순으로 재구성해낸 이 영화를 보고 평단은 이 영화 한 편이 과거 한국영화계의 부끄러운 역사를 상당 부분 청산해냈다는 절찬까지 쏟아냈습니다.

이후 이창동 감독의 작품은 한결같이 세계 영화인들의 주목을 받았습니다. 사회에서 차별받고 소외된 전과자와 뇌성마비 장애인의 사랑을 그린 〈오아시스〉(2002)는 베니스영화제에서 감독상과 신인배우상(문소리)을 받았고, 남편을 잃은 주인공이 밀양으로 이사하며 하나뿐인 아들마저 잃고 절망 속에 놓이는 내용의 〈밀양〉(2007)은 칸영화제에서 여우주연상(전도연)을 받기도 하였습니다. 또 집단 성폭행 사건 가해자의 할머니가 자살한 피해자 여중생의 고통에 동참하는 과정을 담은 〈시〉(2010)는 칸영화제에서 각본상을 수상하였고, 청년들의 방황을 다룬 미스터리 스릴러 〈버닝〉(2018) 역시 칸영화제에서 비공식 2관왕을 기록하였습니다(국제영화비평가연맹상, 벌칸상).

더 알아봅시다

베니스국제영화제에서 수상한 한국영화

▲ 베니스영화제 로고

베니스영화제(Mostra Internazionale d'Arte Cinematografica)는 이탈리아 베네치아에서 매년 개최되는 국제영화제로 '칸영화제', '베를린국제영화제'와 더불어 3대 영화제로 유명합니다. 3대 영화제 중 역사적으로 가장 오래된 영화제이기도 하면서 가장 진취적인 성향을 보인다고 평가됩니다. 일본과 중국, 한국의 영화 감독들이 이 영화제의 황금사자상을 수상하며 아시아 영화를 세계인에게 각인시키기도 하였습니다.

역사적으로 가장 오래된 영화제인 베니스국제영화제는 예선을 통과한 각 나라의 영화들이 상영되며, 전 세계의 영화 배우와 영화 감독, 제작자, 관련 기자들이 참석합니다. 진취적이라는 평가답게 넷플릭스 오리지널 영화를 경쟁 부문에 포함시켰고, 2018년에는 넷플릭스 영화 〈로마〉가 최초로 황금사자상을 수상하였습니다. 역시나 최초로 만화를 원작으로 한 영화(〈조커〉)를 초청해 황금사자상을 수여하기도 하였습니다. 반면, 이 영화제에 초청된 작품들이 아카데미 시상식과 연계되는 경우가 많아 지나친 상업화 등을 두고 비판하는 목소리도 많습니다.

최고상인 황금사자상 외에 은사자상, 심사위원대상, 골든 오셀라상(각본상), 볼피컵 남우/여우주연상, 심사위원특별상, 마르첼로 마스트로야니상(신인배우상) 등의 공식 경쟁부문과 비공식 부문으로 진행됩니다.

한국에서는 2012년 김기덕 감독의 작품이 처음으로 황금사자상을 받았습니다. 그 외 2017년 개봉한 극장판 애니메이션 〈넛잡 2〉의 캐릭터 중 말 못하는 쥐 '버디'를 주인공으로 삼은 VR 애니메이션이 그 해에 신설된 VR 경쟁 부문에서 베스트 VR 익스피리언스상(Best VR Experience)을 수상하였습니다.

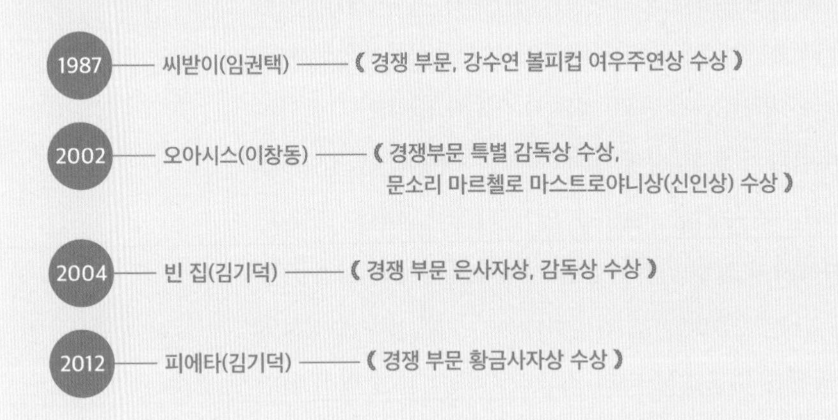

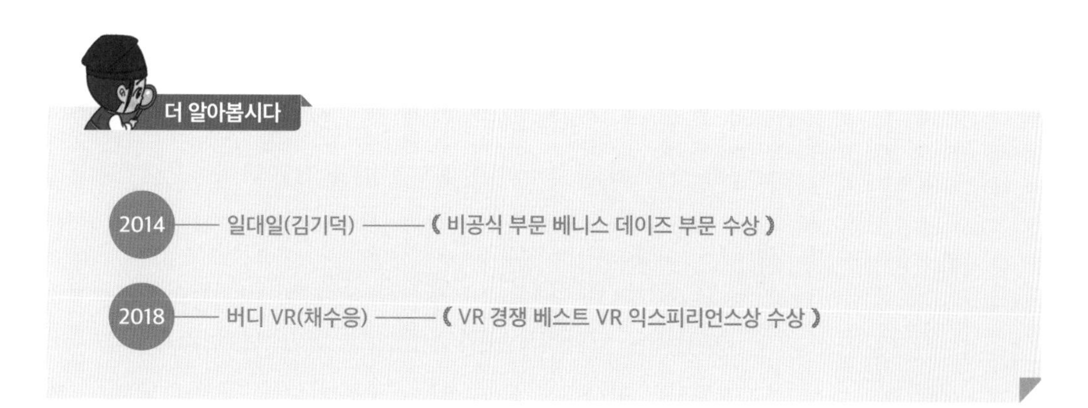

소개한 영화들에서 알 수 있듯이 이창동의 영화 이야기는 대부분 사회 하층민 혹은 소외된 계층을 통해 펼쳐집니다. 그들을 통해 때로는 사회의 민낯을, 때로는 인생의 본질에 대해 고민하는 것이 이창동 영화가 가진 특유의 색채라 하겠습니다.

박찬욱, 인간 내면의 모순을 파헤치다

박찬욱(朴贊郁, 1963~)은 인간 내면의 문제를 집요하게 파헤치는 감독입니다. 그 가운데 온갖 장르적 변주와 실험, 금기와 B급 정서 등을 가득 담아 자신만의 영화 세계를 펼쳐 보였습니다. 아이러니하게도 그의 출세작은 대한민국의 분단 현실을 담은 〈공동경비구역 JSA*〉(2000)이지만, 이후 그는 현실 정치나 시대의 문제와는 거리가 있는 작품들을 주로 발표하였습니다.

그가 꾸준히 반복하여 활용한 테마는 바로 '복수'입니다. 〈복수는 나의 것〉(2002), 〈올드보이〉(2003), 〈친절한 금자씨〉(2005)를

▲ 영화 〈공동경비구역 JSA〉 삽화

공동경비구역 JSA 란?*

〈공동경비구역 JSA〉에서 'JSA'란 Joint Security Area로서 그 자체로 영화 제목의 앞에 있는 '공동경비구역'을 뜻합니다. 1953년의 한국전쟁 휴전 당시 회의를 원만하게 진행하기 위해 군사분계선상에 지은 시설물 일체를 뜻하며 판문점이라고 부르기도 합니다.

엮어 '복수 3부작'이라고도 합니다. 이들 영화는 공통적으로 개인의 비극과 그에 따른 복수의 인과율을 다룹니다. 나아가 그는 복수를 통해 인생의 부조리를 고발합니다. 일견 정당해 보이는 복수의 행위는 늘 상식적인 방식으로 귀결되지 않기 때문입니다.

박찬욱의 영화에서 찾아낼 수 있는 또 하나의 키워드는 복수와 연동되어 있다고도 볼 수 있는 '구원'입니다. 구원의 테마는 '복수 3부작'의 마지막 작품 〈친절한 금자씨〉에서 이미 선명하게 나타나는데, 여기서 그는 복수가 구원의 방법이 될 수 없다는 것을 보여줍니다. 그가 영화에서 다루는 구원은 〈싸이보그지만 괜찮아〉(2006), 〈박쥐〉(2009), 〈아가씨〉(2016)까지 일관되게 관찰됩니다. 가령 박찬욱 감독이 본인의 작품 중 가장 좋아한다고 언급한 〈박쥐〉는 주인공 자체가 천주교 신부인 동시에 흡혈귀입니다. 이는 선악의 경계를 무화(無化)시키고자 한 의도적 설정이라 할 수 있습니다. 이 영화에서 배우 송강호가 연기하는 주인공 현상현은 직접 구원을 갈구하기도 하지만, 구세주의 현신으로 추앙받기도 합니다. 〈싸이보그지만 괜찮아〉나 〈아가씨〉에서 박찬욱이 제시하는 구원의 해답은 진실한 사랑에 있는 듯합니다. 언뜻 진부해 보일 수 있지만, 그것을 제시하는 방식은 뻔하지 않습니다. 〈싸이보그지만 괜찮아〉의 두 주인공은 정신과의 중증 환자들이고, 〈아가씨〉의 경우는 동성애를 정면으로 다루었습니다.

한편 〈아가씨〉의 경우에서처럼, 박찬욱은 〈친절한 금자씨〉의 연출을 즈음하여, 과거 자신의 영화에서 빈번히 등장했던 여성의 대상화 문제를 반성하고 여성 캐릭터의 주체성을 강화하는 시도를 꾸준히 보여주고 있습니다. 오늘날 그가 거장으로 불리는 원동력 중 하나는 분명 이와 같은 자기 성찰과 실천에 있을 것입니다.

2022년 5월에 개최된 제75호 칸영화제에서 박찬욱 감독이 〈헤어질 결심〉으로 감독상을, 배우 송강호가 〈브로커〉로 남우주연상을 수상하는 쾌거를 올리기도 하였습니다.

칸영화제와 한국영화

FESTIVAL DE CANNES

▲ 칸영화제 로고

칸영화제(FESTIVAL DE CANNES)는 1946년 프랑스 칸(Cannes)에서 시작된 영화제로 매년 5월에 개최되고 있습니다. 영화제의 상징 마크는 종려나무의 잎사귀로, 칸영화제에서 가장 권위있는 상의 이름 역시 황금종려상입니다. 영화 평론가들은 다른 국제영화제보다 칸영화제를 더 높이 평가하기도 하는데, 그만큼 작품성에 대한 권위를 갖추고 있기 때문입니다. 따라서 본 영화제에 초청을 받는 것만으로도 작품성을 인정하기도 합니다. 심사위원들도 각 분야의 최고 수준이며 매년 칸영화제와 인연이 있는 감독, 배우, 비평가, 작가 등 다양한 국적의 위원들을 선정하여 초청합니다.

경쟁부문과 비경쟁부문으로 나뉘며 다양한 지역과 문화의 독창적이고 색다른 작품 혹은 감독들을 초청해 '주목할 만한 시선'으로 다루기도 합니다.

영화제뿐만 아니라 자체적인 필름마켓도 최대 규모로, 메이저급 제작사의 직배 영화를 제외한 대부분의 영화들이 그 자리에서 판매(수입, 배급권 거래)가 이루어질 정도입니다. 다른 국제영화제에 비해 매년 개최되는 영화제 포스터가 화려하고 상징적인 것으로도 유명합니다. 1946년 이후 발표된 역대 포스터를 보고 싶다면 다음의 링크를 참고해 보세요.(https://www.wikilinks.fr/toutes-les-affiches-du-festival-de-cannes-de-1946-a-2018/)

다른 국제영화제에 한국영화가 초청된 것이 1960년대임을 감안할 때, 칸영화제와 한국영화의 인연은 조금 늦은 1980년대부터 시작되었습니다. 그러나 1984년 이두용 감독의 〈여인잔혹사 물레야 물레야〉가 비경쟁부문 '주목할 만한 시선'에 초청된 것을 시작으로, 2019년에 초청된 봉준호 감독의 〈기생충〉이 황금종려상을 수상하기에 이르렀습니다. 2022년에는 박찬욱 감독의 영화 〈헤어질 결심〉 등 6편이 초청되며 한국영화에 대한 관심과 열기가 한층 높아졌음을 알 수 있었습니다. 본상 수상 기록은 다음과 같습니다.

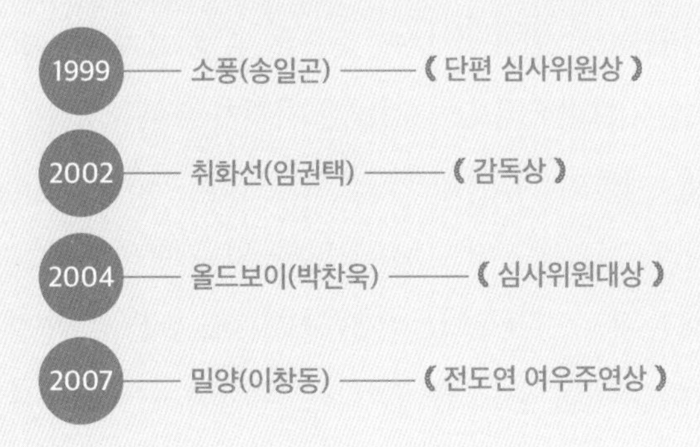

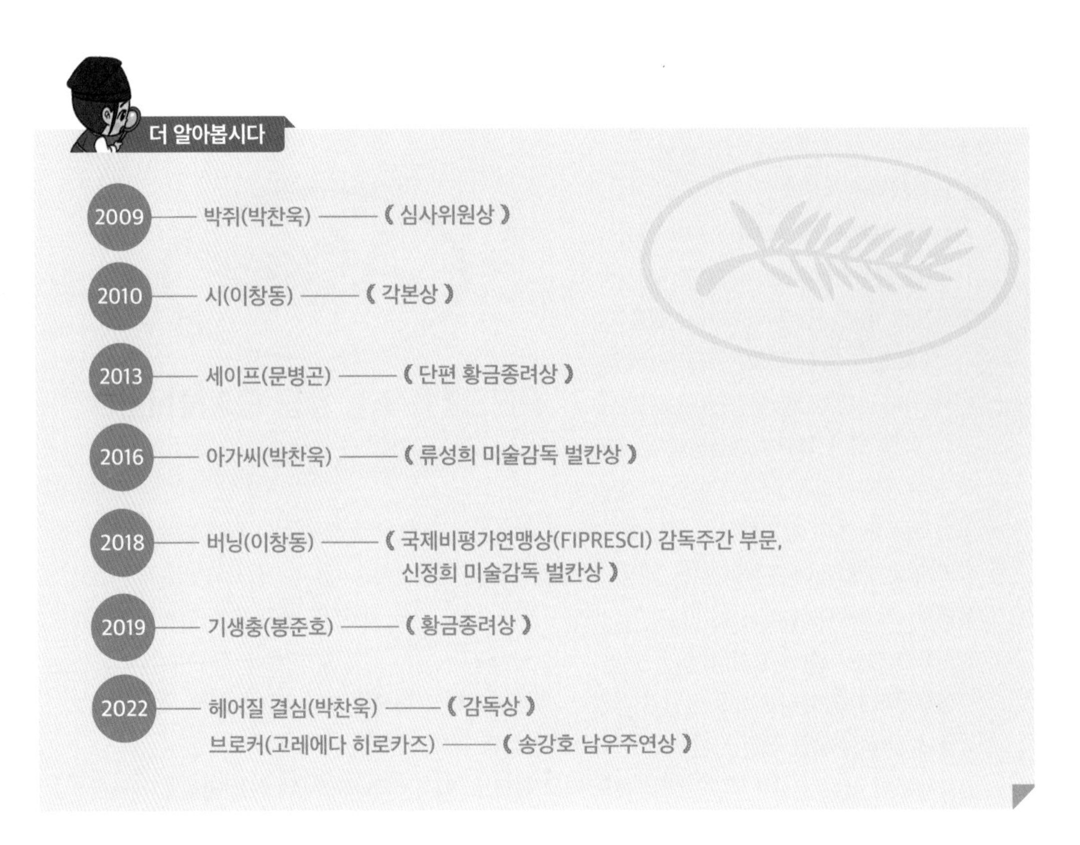

봉준호, 시대의 폭력을 고발하다

〈기생충〉(2019)의 세계적 성공으로 봉준호(奉俊昊, 1969~)는 다시 한 번 한국영화를 대표하는 감독으로서의 위상을 공고히 하였습니다. 〈기생충〉에서도 재차 이어진 그의 인장과 같은 평가는 대중성과 예술성을 모두 갖췄다는 데 있습니다. 데뷔작 〈플란더스의 개〉(2000)를 제외하면 그가 지금까지 발표한 모든 작품은 흥행 불패의 신화를 써 내려가고 있으며, 평단에서도 늘 강력한 지지가 뒤따릅니다.

그런데 많은 이들이 그의 최고작으로 손꼽는 작품은 의외로 〈기생충〉이 아니라 〈살인의 추억〉(2003)입니다. 영화 제작 당시는 미제사건이었던 이춘재의 연쇄살인사건을 모티프로 삼은 이 영화는 〈올드보이〉, 〈장화, 홍련〉, 〈지구를 지켜라〉 등 각종 수작들이 쏟아져 나온 2003년도의 최대 흥행작이었을 뿐 아니라 압도적인 퀄리티로 국내외 여러 전문가들의 찬사를 받았습니다. 2019년, 한국영화사 100년을 맞아 스포츠동아에서 실시한 한 설문조사에서 〈살인의 추억〉은 한국영화 관계자 100명이 꼽은 최고의 작품에 선정되기도 하였습니다. 1980년대 공권력의 억압과 무능을 정면으로 다룬 이 작품은 진정한 살인은 범인이 아닌 국가와 시대의 폭력에 의해 자행되었다는 날카로운 메시지를 던졌습니다. 국가 폭력에 대한 비판은 무대의 배경을 현대로 옮긴 〈괴물〉(2006)에서도 계속되었습니다.

▲ 영화 〈살인의 추억〉 삽화

봉준호 감독의 작품세계는 모성의 신화를 전복하는 〈마더〉(2009)처럼, 사회적 통념을 깨뜨린다는 점에서 박찬욱 감독과도 닮아 있습니다. 다만 그는 박찬욱 감독보다는 더욱 정치화된 사회성을 구현해왔습니다. 예컨대 〈설국열차〉(2013), 〈옥자〉(2017), 〈기생충〉에는 공통적으로 자본주의 시스템에 대한 직접적인 비판이 내재되어 있습니다. 특히 〈기생충〉은 SF영화 〈설국열차〉에서 선보였던 '혁명'에 대한 지향과는 달리, 계층 이동이 원천적으로 불가능한 현대 사회를 신랄하게 풍자함으로써 보다 암울한 미래를 그려냈는데, 오히려 이러한 점 때문에 전 세계적으로 높은 공감대가 형성되기도 하였습니다. 〈기생충〉은 한국 최초로 칸영화제 황금종려상(대상)을 수상했을 뿐 아니라 2020년에 열린 미국 아카데미 시상식*에서 주요 부문 4관왕의 위업을 달성하였습니다. 아카데미에서 외국어 영화가 작품상을 받은 것도 〈기생충〉이 최초입니다.

이렇게 한국영화의 중흥기를 이끈 4명의 감독과 그들의 작품에 대해 알아보았습니다. 한국영화의 약진은 여전히 현재 진행형입니다. 아울러 본 강에서 다룬 감독들 외에도 홍상수, 김지운, 변영

아카데미 시상식이란?*

아카데미상(Academy Awards)은 전 세계에서 가장 유명한 영화 시상식이라고 할 수 있습니다. 3대 영화제와는 성격이 다른 시상식으로 보통 오스카(Oscars)로 불립니다. 2020년부터 '외국어영화상'이 '국제영화상'으로 바뀌는 등 변화를 추구하고 있습니다.

주, 최동훈, 류승완, 나홍진, 윤종빈, 김보라 등 한국영화계에는 다양한 개성과 탁월한 역량을 뽐내고 있는 감독들이 많습니다. 한국영화의 미래가 기대되는 이유입니다.

감상해 봅시다

여러분이 가장 좋아하는 한국 영화감독은 누구인가요? 또 그 감독의 작품에서 무엇이 인상적이었나요? 친구들과 이야기하며 '우리만의 한국 영화감독 베스트 10'을 뽑아 토론해 봅시다.

- 영화 〈헤어질 결심〉(2022)
- 영화 〈오아시스〉(2002)
- 영화 〈시〉(2010)
- 영화 〈서편제〉(1994)

경계를 넘는 공연문화

이런 것들을 배워 봅시다

판소리, 탈춤과 같은 전통 공연예술은 구술을 통해 그 레퍼토리가 전승되는 '각본 없는 드라마'였습니다. 근대 전환기가 되자 새롭게 등장한 상설극장을 통해 새로운 공연 양식인 신파극이 대중에게 확산되었습니다. 그러나 신파극의 감정적 과잉에 대한 반발로 사실주의적 재현에 초점을 둔 '신극' 운동이 펼쳐졌고, 식민지 시기 조선의 공연예술은 이 두 가지 흐름의 각축 속에서 발전해 왔습니다.
해방과 전쟁 이후, 한국의 공연예술은 재현을 넘어서는 행위의 예술로 자리잡았습니다. 이 과정에서 탈사실주의극, 마당극 등과 같은 새로운 공연예술의 형식과 내용이 다양하게 나타났습니다. 1960년대와 1970년대의 탈사실주의극은 한국 사회의 근대적 모순에 대한 공연예술 담당자들의 비판과 성찰에 따라 그 명맥이 이어졌습니다. 한편, 1980년대의 마당극은 '마당'이라고 하는 열린 공간을 중심으로 관객과의 소통, 관객의 참여를 적극적으로 유도하면서 관객을 정치적으로 각성시켰습니다.
1990년대 이후 한국의 공연예술은 국가의 지원 속에서 이어졌습니다. 그 지원은 통제와 함께 이루어진 것이기도 하였습니다. 그러나 공연 담당자들은 제도의 손길이 닿지 않은 소극장에서 나름의 연극적 실험을 시도하였습니다. 이러한 과정을 거쳐 오늘날의 연극은 가상현실 기술의 매개로 이루어지는 '이머시브 공연'을 통해 관객과 만나고 있습니다.

- **근대 대중문화로서의 한국 공연예술이 100여 년간 어떠한 환경 속에서 발전해 왔는지 생각해 봅시다.**

찾아가 봅시다

▼ 근대 한국 공연예술 관련 장소

- 국립극장(서울시 중구 장충단로)
- 국립극단 명동예술극장 (서울시 중구 명동길)
- 남산예술센터 드라마센터 (서울시 중구 소파로)
- 아르코예술극장 (서울시 종로구 대학로)
- 산울림소극장 (서울시 마포구 와우산로)
- 남산예술센터 디지털 아카이브 (https://www.nsac.or.kr/)

1912	1913	1931	1933	1939
『매일신보』에 한국 최초의 희곡 「병자삼인」 발표 및 연재	신파극 〈장한몽〉 공연 및 『매일신보』에 소설 연재	일본 유학생들 중심의 신극 운동 단체 '극예술연구회' 창립	'극예술연구회'에서 홍해성의 연출로 유치진의 〈토막〉 공연	동아일보 주최 제2회 연극경연대회에서 함세덕의 〈동승〉 공연

'신파', 공연예술의 새로운 흐름을 이끌다

판소리란?*

판소리는 노래를 하는 사람이 고수(북치는 사람)의 장단에 맞추어 창(소리), 아니리(말), 너름새(몸짓-발림)을 섞어가며 구연(口演)하는 일종의 솔로 오페라로, 2003년 유네스코 인류무형문화유산에 등재되었습니다.

탈춤이란?**

말 그대로 탈을 쓰고 공연자와 관객이 한 마당에서 어울려 즐기는 공연예술입니다. 서민들이 자신의 얼굴을 감추는 탈을 쓰고 양반이나 하인 등으로 분장하여 못마땅한 현실을 놀이화한 것이 바로 탈춤입니다.

근대 전환기의 한국에는 공연예술이 있었습니다. 하지만 극예술은 없었습니다. 극예술의 '극(劇)'은 서양에서 말하는 '드라마(Drama)'의 번역어입니다. '드라마'는 '포엠(Poem)', '노블(Novel)'과 함께 '리터래처(Literature)'를 이룬다는 것이 서양의 근대문학에 대한 상식입니다. 포엠은 '시(詩)', 노블은 '소설(小說)', 그리고 드라마는 '극'으로 번역되어 리터래처의 번역어에 해당하는 '문학'의 범주로서 한국에 정착하였습니다. 문학을 가리키는 이러한 근대적 용법은 조선의 문화 엘리트 춘원(春園) 이광수에 의해 보급되었습니다.

이광수가 서양 근대문학의 개념을 소개했을 당시까지만 하더라도 조선에는 드라마에 해당하는 극이 없었지만, 공연의 전통은 분명히 있었습니다. 한국 최초의 희곡으로 등장해 후일 일본 희곡 「우승열패(優勝劣敗)」의 번안작으로 밝혀진 「병자삼인(病者三人)」이 1912년에 당시 일본의 조선총독부 기관지였던 『매일신보』 지면에 등장하기까지, 조선에는 드라마라는 문학을 토대로 삼는 공연 대신, 다른 방식의 공연이 이루어지고 있었던 것입니다. 그 대표적인 예가 바로 판소리*와 탈춤**입니다. 그런데 판소리와 탈춤은 공연 내용이 미리 기록되어 있지 않고, 공연을 담당하는 사람들의 입에서 입으로 전달되었던 독특한 형식 속에서 그 레퍼토리가 이어지고 있었습니다. 그리고 사람들이 많이 모이는 전국 곳곳의 공개된 장소, 즉 '마당'에서 공연되었습니다.

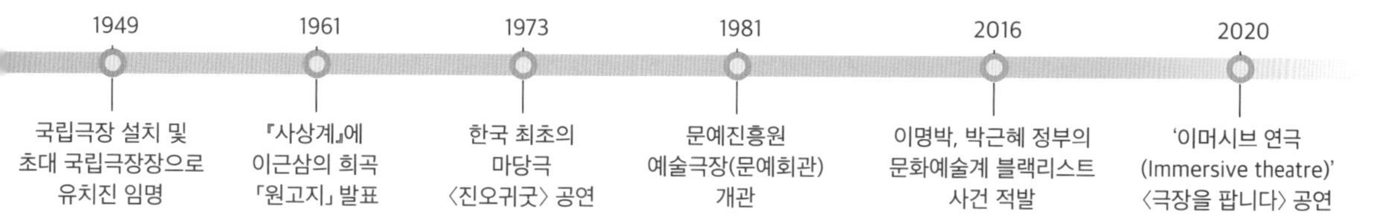

전통적 공연예술의 형태가 이와 같았다면, 근대적 형태의 공연예술은 '극예술'로부터 출발하였습니다. 다시 말해, 근대에는 '극'이라는 문학을 토대로 공연이 이루어질 수 있었습니다. 이러한 공연예술의 새로운 흐름을 가리키는 말이 신파• 였습니다. 신파 역시 처음에는 일정한 대본 없이 레퍼토리를 준비하는 방식으로 공연되었으나, 『장한몽(長恨夢)』과 같은 신소설을 레퍼토리로 삼으며 점차 문자화된 대본(공연 텍스트)을 확보해나갔습니다.

신파란?•

신파(新派)라는 말은 원래 일본에서 처음 쓴 신극용어의 하나로서 일본의 구파극(舊派劇)인 가부키(歌舞伎) 연극에 대립하는 칭호로 사용하였습니다.

신파극(新派劇)은 기존의 판소리나 탈춤과는 달리, 정해진 날짜와 시간에 맞추어 극장에 값을 치르고 입장한 사람들을 상대로 한 약속된 공연이었습니다. 당시 조선을 식민지로 삼아 살아가고 있던 일본인들이 바로 신파극의 관객이었고, 이러한 신파극은 조선인들이 볼 수 있는 대중적인 공연으로서 널리 확산되었습니다. 여기에서 알 수 있듯이 신파극은 일본에서 조선으로 수입된 양식이었습니다. 신파극의 주된 레퍼토리였던 『장한몽』은 메이지 시기 일본의 가정소설 『곤지키야샤(金色夜叉)』의 번안작이었습니다.

◀◀ 조중환의 번안소설 『장한몽』의 표지

◀ 일본 소설 『곤지키야샤』의 표지

신파극과 신극의 길항으로 한국 극예술이 발전하다

식민지 조선이 제국 일본의 신파를 받아들였던 것처럼, 신파라는 용어를 성립시켰던 일본 역시 가부키(歌舞伎) 또는 노(能)와 같이 노래, 춤, 연기를 종합한 전통적인 공연예술의 전근대에는 볼 수 없었던 '새로운 파도'의 연극을 당시 유럽으로부터 배워왔습니다. 당시 유럽에서 유학하던 일본의 지식인들은 그곳의 연극, 특히 멜로드라마•를 접하고 이것을 자국으로 전파하여 새로운 연극을 공연하기 시작하였고, 그것이 바로 신파극입니다.

신파극은 근대라는 새로운 시대 앞에서 갈등하는 당시 사람들의 모습을 통속적으로 재현하면서 동시대 관객의 감각을 자극하는 이야기와 장면을 담고 있었습니다. 전국 곳곳에서 "대한 독립 만세"를 외쳤던 1919년의 3 · 1 운동 이후, 탈식민화의 기대가 좌절로 뒤바뀌었던 1920년대는 신파극 특유의 체념적 정서에 관객이 공감할 수밖에 없는 환경이었습니다. 그 결과, 세계의 억압적 질서에 맞서다 끝내 좌절하고야 마는 주인공을 통해 눈물을 자아내는 공연이 더 인기를 얻게 되었고, 신파극은 당대에는 물론 여전히 사회적 약자에 해당하는 여성의 수난 이야기를 앞세워 눈물을 자아내는 최루성(催淚性) 연극이라는 다소 편향된 의미를 얻게 되었습니다. 영화 〈7번방의 선물〉이나 〈신과 함께-죄와 벌〉, 그리고 〈반도〉에 이르기까지, 과도한 감정 표현 앞에서 여전히 신파라 일컫는 것도 바로 식민지 시기로부터 이어지는 오래된 관습이라 할 수 있습니다.

한편 신파의 통속성과 감상성에 대한 반동으로 유럽의 사실주의적 극양식에 대한 주목이 바로 식민지 시기에 동시에 이루어졌고, 이는 식민지 조선에서 신극(新劇)이라는 이름으로 불리면서 공연되었습니다. 신극은 관객들을 불러 모은 신파극의 흥행과는 다소 다른 차원의 의식적인 운동을 통해 생산되었습니다. 일본 유학 지식인들 일부가 유럽의 멜로드라마가 아닌 사실주의극을 이상적인

멜로드라마란?•

멜로드라마(melodrama)는 그리스어 멜로스(melos: 노래)와 드라마(drama: 극)가 결합된 용어로 "노래극"(song drama) 또는 "음악극"(music drama)을 의미합니다. 그 어원은 그리스어이지만 보통 19세기 초에 프랑스에서 유행한 극양식을 의미합니다. 18세기 말 프랑스에서 부르주아 계급이 대두하며 예술의 규칙을 중시하는 문예사조를 부정하고 인물의 개성과 낭만을 무대 위에 표현하려고 한 결과 멜로드라마가 발생하였습니다. 멜로드라마의 진가는 강렬한 감정을 불러일으키는 효과에 있습니다. 또한 멜로드라마의 양식은 분명한 선악 구도와 유형적인 인물들을 특징으로 삼습니다.

근대극의 모델로 상정하고 창작과 연출을 해나가면서 신극의 명맥이 이어졌던 것입니다. 그 명맥 속에서 유치진은 〈토막〉, 〈소〉 등을 통해 식민지 조선인의 고통스러운 삶을 탁월하게 형상화했고, 서른다섯 살이라는 이른 나이에 세상을 떠난 함세덕 또한 〈동승〉, 〈무의도기행〉 등 독창적인 작품을 통해 극작가로서의 명성을 얻었습니다.

▲ 유치진

▲ 함세덕

여기서 비단 식민지 조선만이 아니라 시공을 막론하고 언제나 두 가지 흐름의 연극이 있었음을 기억해 둘 필요가 있습니다. 문학

국민연극 국민연극은 식민지 시기의 '조선인'을 '국민'으로 호명하면서 이루어진 제국 일본의 연극 제도입니다. 즉, 일본 국민에 의한, 일본 국민을 위한, 일본 국민의 연극이라는 뜻입니다. 식민지 시기 말기였던 1940년대 초반, 대부분의 극작가들은 대중적 상업극단에 종사하면서 생계 유지를 위해 국민연극에 참여하였습니다. 이에 따라 국민연극 활동은 상업극단이 주체가 되어 전개되었고, 국민연극 경연대회는 이러한 상업극단들의 지위를 향상시키기 위한 제도적 장치로 적극 이용되었습니다. 많은 극작가들은 국민연극 활동을 본업인 대중극 활동을 위한 전략으로 활용하였으며, 관객들 역시 대중극을 선호하고 즐겼습니다. 따라서 신극 정신을 국민연극에 계승하고자 한 일부 연극 이론가들은 다시금 극단들의 상업주의를 비판하면서 연극의 예술성과 대중성의 조화를 강조하기도 하였습니다.
1942년 10월, 제1회 국민연극 경연대회 참가작으로 공연되어 가장 큰 인기를 얻었던 작품으로 임선규의 「빙화(氷花)」가 있습니다. 「빙화」가 인기를 얻은 것도 대중성 전략이 성공한 덕분입니다. 「빙화」에는 조선적인 정서를 환기하는 조선 음악뿐만 아니라 조선어도 사용됩니다. 지금까지 국민연극 작품은 조선인 극작가의 '친일' 이력의 증거로 많은 비판을 받았습니다. 하지만 공연예술의 특수성에 따라 국민연극 작품은 무대 위에서 조선어로 공연이 계속될 수 있었다는 점에 더 큰 의의를 두어야 할 것입니다. 1940년대 식민지의 공적 공간에서 조선어를 사용하고 조선 음악에 공감하여 조선적 정체성을 확인할 수 있는 곳은 극장밖에 없었을 것입니다.

공중이란?•

공중(公衆, public)은 합리적이고 독립적, 자유적 존재를 의미하며, 주로 신문이나 라디오 등과 같은 매스 미디어를 매개로 직간접적으로 능동적인 소통을 하던 사람들을 이릅니다.

적인 연극이 있는가 하면 신체적인 연극이 있고, 작가의 연극이 있는가 하면 배우의 연극이 있고, 지식인의 연극이 있는가 하면 대중의 연극이 있었습니다. 신극이 전자에 해당한다면, 신파극은 후자에 해당합니다. 신파극과 신극은 한국 근대 극예술의 발전을 추동했던 두 힘입니다.

근대성을 상징하는 극장이 발전하다

극장은 극예술에 꼭 필요한 요소입니다. 한국에 극장이라고 부를 수 있는 건축물은 1900년대 초반에 나타났습니다. 바로 한국 최초의 극장 협률사(1902)입니다. 협률사를 시작으로 해서 광무대(1907), 단성사(1907), 연흥사(1907), 원각사(1908), 장안사(1908) 등의 '상설극장'이 당시 서울, 즉 경성에 연이어 등장하였습니다. 상설극장은 조명 시설을 갖추고 있는 실내 공간을 의미합니다. 실내의 조명 시설로 인해 밤에도, 악천후에도 공연이 가능해졌습니다.

판소리와 탈춤도 마찬가지로 야외의 놀이, 즉 야희(野戲)였습니다. 야희가 공연예술의 기본으로 여겨졌던 한국의 상황에서 상설극장의 탄생은 공연문화에 적지 않은 변화를 가져왔습니다. 정해진 시간에, 정해진 자리에 앉아서, 모르는 사람들과 나란히 같은 무대를 응시해야 한다는 것, 그러면서 이질적인 조건의 사람들이 공감을 통해 동질감을 느낀다는 것. 그것은 근대적 질서를 몸에 익히면서 공중•이 되어감을 의미하였습니다.

근대화와 식민화가 공존하며 급변했던 도시 경성은 조선인과 재조일본인(在朝日本人)의 거주지가 각각 '북촌'과 '남촌'으로 뚜렷하게 구분되어 '이중도시'의 성격을 띠고 있었습니다. 한일병합(1910) 이후 청계천 이남의 남촌지역은 정치적 · 경제적 · 문화적 중심지로 조성되면서 극장이 등장하고 확대되기 시작하였습니다.

국립극장과 국립극단 국립극장의 설립은 1946년부터 공공연한 쟁점으로 떠올랐으나, 1948년 이후 설립을 위한 움직임이 본격화되었습니다. 1949년 10월, 당시 문교부에서 국립극장운영위원회를 조직하고 초대 국립극장장에 유치진을 임명하였으며, 같은 해 말에 식민지 시기의 부민관(府民館) 건물을 국립극장으로 확정하였습니다. 1950년 4월 29일에 국립극장은 개관식을 갖고, 개관공연으로 유치진 작·허석 연출 「원술랑」을 무대에 올렸습니다.

그러나 제3회 공연 준비 중에 한국전쟁이 발발하여 국립극장은 개관 57일만에 문을 닫게 됩니다. 전쟁으로 인한 피난 시절의 열악한 환경에서 1953년 초에 서항석이 제2대 극장장으로 임명되면서 대구의 문화극장(文化劇場)이 국립극장으로 지정되었고, 2월 13일 윤백남 작·서항석 연출의 「야화(夜花)」로 재개관공연을 올렸습니다. 1957년 6월에 서울로 환도한 국립극장은 명동에 있는 대지 505평, 건평 749평, 객석 820석의 3층 건물로 된 시공관(市公館)을 국립극장으로 지정하였습니다. 이들은 '민족예술의 수립과 창조'라는 목표를 세우고 신협을 다시 전속극단으로 영입하였고, 연기인 양성소를 설치하여 신인 배우를 길러냈습니다.

국립극장은 1970년대에 와서 획기적인 변화를 맞이하게 됩니다. 박정희 정부는 1967년부터 민족문화 중흥의 전당으로 장충동 일대에 종합 민족문화 센터로서의 국립극장 건립을 착수하여 1973년 7월에 완공하였습니다. 국립극장은 비로소 최첨단 설비와 1천석 이상의 대극장과 300석 규모의 소극장을 갖추게 되었습니다. 신축 대극장의 무대 크기만 해도 400평이어서 50평이었던 예전 극장에 비해 8배나 컸으며, 무대와 객석의 넓이가 비슷했습니다. 2000년부터 '해오름극장'이라는 이름으로 불리고 있습니다.

▲ 국립극장 ©연합뉴스

목적극이란?*

목적극(目的劇)은 하나의 집단 또는 사회의 이념을 고취하기 위한 목적의식이 뚜렷한 내용의 연극이나 영화를 말합니다.

총체극이란?**

총체연극(total theatre, 總體演劇)이라고도 하며 연기, 마임, 음악, 무용, 미술 등 예술의 여러 장르와 조명, 무대장치, 무대 소도구 등 현대적 기술을 종합적으로 활용한 연극을 말합니다.

해방 이후 정부 수립과 함께 국립극장에 대한 요구가 뚜렷해지고, 마침내 1949년에 국립극장이 그 모습을 드러냅니다. 한국의 국립극장은 한국 공연예술 발전의 중심이 되는 극장입니다. 그러나 이 극장은 종종 시대의 변화에 적극적으로 대응하지 못하고, 목적극*적 경향에서도 자유롭지 못했다는 비판을 받기도 합니다. 하지만 민간극장이 감당할 수 없는 대형극과 전속단체를 활용한 총체극**을 무대에 올려 공연의 다양성을 확보하고, 관객을 찾아가는 순회공연이나 개방공연을 실시하여 문화복지를 구현하는 데 중요한 역할을 담당하고 있다는 사실만큼은 분명합니다.

탈사실주의극과 마당극이 현실에 도전하다

유럽에서는 양차 세계대전 이후 '부조리극'이라는 새로운 극양식이 등장하는데, 이는 기존의 연극에 반하는 '반연극'이라는 이름으로도 알려져 있습니다. 기존의 연극이 뚜렷한 인과관계를 바탕에 둔 재현에 충실했던 것과는 달리, 부조리극은 애매모호한 상황에 내던져진 인물들을 표현합니다. 믿어 의심치 않았던 인간의 이성을 바탕에 둔 역사적 진보와 기술적 발전이 불러온 결과가 다름 아닌 '세계대전'이었기 때문에, 인류는 이성에 대한 신뢰를 거둘 수밖에 없었습니다. 이러한 환경 속에서 인간의 실존에 대한 고민과 함께 '부조리'의 연극적인 표출이 나타나게 됩니다.

양차 세계대전 이후, 제3차 세계대전으로 번질 수도 있었던 전쟁이 1950년 한반도에서 벌어졌습니다. 북한과 남한이 각각 공산주의 진영 및 자유주의 진영과 함께 충돌했던 한국전쟁은 정치와 경제, 사회와 문화의 많은 부분을 바꾸어놓았고, 연극 또한 기존과는 다른 모습을 갖게 되었습니다. 한국전쟁은 개인은 물론, 가족과 사회 등 모든 관계의 파탄을 초래하면서 실존적 불안과 공포를 야기하였습니다.

한국전쟁 이후의 연극은 이러한 불안과 공포를 무대 위에서 다루는 과정에서 뚜렷한 '탈사실주의' 경향을 드러내게 됩니다. 1960년에 공연된 이근삼의 〈원고지〉를 비롯하여, 형식과 내용 양쪽 모두에서 다양한 연극적 실험이 본격화된 것입니다. 〈원고지〉의 무대에서 구체적인 시공간은 뚜렷하게 인지되지 않습니다. 그 속에서 영문과 교수라는 직업을 가진 주인공은 학문을 위한 심오한 사유를 포기한 채 그저 기계적으로 번역 작업에만 몰두하며 돈을 벌어오는 모습으로 그려지면서 자본주의 사회에 포섭된 주체의 모순적 상황을 나타내고 있습니다. 한편, 이현화는 〈카덴자〉와 〈불가불가〉 등의 작품에서 무대와 객석의 경계를 없앰과 동시에 다소 잔혹한 기법들을 구사함으로써 구경꾼으로 앉아있는 관객을 끊임없이 자극하면서 관객과의 새로운 소통을 시도하였습니다. 탈사실주의적인 경향의 연극이 이처럼 관객과 소통하는 이유는 이들에게 현실에 대한 비판적인 성찰을 촉구하기 위함입니다.

현실 비판의 측면에서 함께 주목해볼 수 있는 또 다른 극양식은 '마당극'입니다. 마당극은 1970년대 이후 한국의 전통적인 연희인 탈춤과 판소리 등에서 영향을 받아 형성된 현대적인 야외 연극입니다. 마당극 형식을 시도한 최초의 본격적인 작품은 1973년에 김지하에 의해서 만들어진 〈진오귀굿〉으로서, 농촌 계몽을 위한 선전극의 성격을 지니고 있습니다. '진오귀(鎭惡鬼)굿'이란, 본래 죽은 이의 한(恨)을 씻기고 좋은 곳으로 보내기 위해 망자의 가족이 무당을 불러 벌이는 '씻김굿'을 의미합니다. 한국의 마당극으로는 〈진오귀굿〉을 비롯해 〈소리굿아구〉, 〈미얄〉, 〈씻김 탈굿〉 등의 탈춤을 원용한 창작 탈춤뿐만 아니라, 근대 한국 사회의 문제적인 사건을 다룬 극으로서 〈진동아굿〉, 〈덕산골 이야기〉, 〈함평 고구마〉 등의 현실 비판적인 작품이 있습니다. 뿐만 아니라, 기존의 희곡을 마당극 형식으로 바꾼 〈유랑극단〉, 〈돼지꿈〉, 〈노비문서〉 등이 대학생들에 의

허생전 『허생전(許生傳)』은 조선 후기에 연암(燕巖) 박지원이 지은 한문단편입니다. 풍자적이면서 현실 개혁적인 내용을 담고 있는 이 소설에서 박지원은 허생과 실존 인물인 이완(李浣)과의 대화를 통해 허례허식에 물들어 있는 보수적인 지배계급으로서의 양반을 신랄하게 비판했으며, 실용적인 사고를 촉구했습니다. 『허생전』의 줄거리는 다음과 같습니다.

남산 아래 묵적골의 오막살이집에 독서를 좋아하지만 몹시 가난한 허생이 살고 있었습니다. 굶주리다 못한 허생의 아내는 푸념을 하면서 과거시험도 보지 않을 거면서 책은 무엇 때문에 읽으며, 장사 밑천이 없으면 도둑질이라도 못하느냐고 허생에게 핀잔을 줍니다. 허생은 한양에서 제일 부자라는 변씨를 찾아가 돈 만 냥을 꾸어서 안성에 내려가 과일 장사를 하여 폭리를 얻습니다. 그리고 제주도에 들어가 말총 장사를 하여 많은 돈을 벌게 됩니다. 그 뒤에 어느 사공의 안내를 받아 무인도 하나를 얻습니다. 허생은 변산에 있는 도둑들을 설득하여 각기 소 한 필, 여자 한 사람씩을 데려오게 하고 그들과 무인도에 들어가 농사를 짓습니다. 3년 동안 거두어들인 농산물을 흉년이 든 나가사키(長崎)에 팔아 백만금을 얻게 됩니다. 그는 외부로 통행할 배를 불태우고 50만금은 바다에 던져버린 뒤에 글을 아는 사람을 가려 함께 본토로 돌아와 가난한 자들을 구제하고 남은 돈 십만 금을 변씨에게 갚습니다. 그러자 변씨로부터 허생의 이야기를 들은 이완 대장이 변씨를 데리고 허생을 찾아옵니다. 이완이 나라에서 인재를 구하는 뜻을 이야기하자 허생은 "내가 와룡선생을 천거할 테니 임금께 아뢰어 삼고초려를 하게 할 수 있겠느냐?", "종실의 딸들을 명나라 후손에게 시집보내고 훈척(勳戚) 귀가의 세력을 빼앗겠느냐?", "우수한 자제들을 선발해 머리를 깎고 호복(胡服)을 입혀, 선비들은 유학하게 하고 소인들은 강남에 장사하게 하여 그들의 허실을 정탐하고 그곳의 호걸들과 결탁하여 천하를 뒤엎고 국치를 설욕할 계책을 꾸미겠느냐?"고 묻습니다. 이완은 이 세 가지 물음에 모두 어렵다고 답할 수밖에 없었습니다. 허생은 "나라의 신신(信臣)이라는 게 고작 이 꼴이냐!"고 분을 참지 못하여 칼을 찾아 찌르려 하니 이완은 달아납니다. 이튿날에 이완이 다시 그를 찾아갔으나 이미 자취를 감추고 집은 비어 있었습니다.

「허생전」은 기이한 사건을 다룬 지난날의 전기소설(傳奇小說)과는 달리 사회의 병리를 통찰하고 그 개혁안을 제시하였습니다. 바로 이러한 정신이 마당놀이로 계승된 것이라 하겠습니다.

◀ MBC 창사기념 공연 마당놀이 〈허생전〉의 한 장면
©경향신문

해 공연되었습니다. 마당극은 근대 한국 사회의 폭압적 통치 체제에 대해 비판했고, 한국의 전통문화와 서양문화라는 이질적인 요소들을 융합했으며, 공연의 생산자와 수용자가 엄격하게 구분되지 않고, 수용자의 참여를 통해 극의 주제를 온몸으로 공유하고자 하였습니다.

독재정권이 이와 같은 마당극의 정치적이고 저항적인 기능을 좋게 보았을리 없습니다. 정부의 탄압으로 마당극이 거의 사라질 위기에 처하자 MBC는 마당놀이 양식을 만들어내고 키워나갔습니다. 1981년 〈허생전〉에서 출발한 마당놀이는 방송국의 후원 아래서 대중성을 바탕으로 꾸준히 이어졌습니다. 1981년 〈허생전〉을 시작으로 〈심청전〉, 〈춘향전〉, 〈흥부전〉, 〈놀부전〉, 〈홍길동전〉, 〈이춘풍전〉, 〈토선생전〉, 〈변강쇠전〉을 비롯한 숱한 마당놀이가 전국은 물론, 해외에서도 공연되었습니다. 해마다 설 명절이 되면 TV에서도 마당놀이를 방송하였습니다.

마당놀이를 주도했던 연출가 손진책은 마당놀이에 대해 '마당'이란 '지금, 여기'에 두 발을 딛고 있다는 의미이며, '놀이'란 즐겁게 인간다운 삶을 산다는 것, 인간다운 가치를 찾아낸다는 의미라고 풀이합니다. 그렇기 때문에 마당놀이에는 사회문제가 함축돼 있을 수밖에 없습니다. 말하자면 형식에서는 전통, 내용에서는 현재를 표현하는 것이 마당놀이입니다. 물론 마당놀이의 원천으로서 마당극 또한 마찬가지입니다.

정부의 지원과 통제 속에서 '대학로'가 공연의 중심지가 되다

마당극을 탄압했던 국가는 무대극에 대한 검열과 지원을 동시에 펴나가면서 공연예술에 대한 통제와 관리를 시도하였습니다. 당시 연극계는 정부의 정책에 재빠르게 대응하여 경제적 지원을 얻어내고

▲ 대학로의 구 문예회관, 현 아르코예술극장

자 했는데, 이 과정에서 1980년대부터는 한국 연극의 중심지가 대학로로 이동합니다. 오늘날 한국에서 연극 공연을 볼 수 있는 곳은 다양하지만, 연극의 거리, 극장의 거리로 제일 먼저 떠오르는 공간은 역시 대학로입니다. 동숭동의 서울대학교 문리과대학이 자리를 옮긴 이후, 원래 상업 단지와 아파트 단지가 들어서기로 예정되어 있던 대학로에는 문화 콤플렉스 도시 조성을 위한 갑작스러운 계획이 추진되면서 '문예회관' 같은 공공극장 공간을 비롯하여 정부가 주도하는 문화정책을 상징하는 건물들이 자리를 잡았습니다. 이후 1986년의 서울 아시안게임과 1988년의 서울 올림픽을 준비하는 서울시와 정부의 문화정책으로 말미암아 대학로는 문화정책과 사업의 수혜를 받을 수 있는 공간이 되었고 '문화의 거리'로 조성되었습니다.

1981년에 개관한 문예회관은 2005년부터 아르코예술극장이라는 새로운 이름을 얻었습니다. 대학로는 아르코예술극장과 같은 제도적인 공공극장이 존재하고 제도권 밖의 소극장과 연결되면서 연극문화 공간으로서 그 모습을 드러내고 있습니다. 연극문화 공간은 자본에 민감한 상업 공간과 연결되어 있었고, 소극장은 상업성을 가진 연극을 공연함으로써 나름대로 운영되고 있었습니다. 그러나 이러한 상업적 소극장 연극들은 1997년 IMF 구제 금융에 따른 외환 위기를 기점으로 급격한 퇴조를 보이고, 연극계 주류를 이루었던 전통적인 극단들도 해체되는 어려움을 겪었습니다.

그 대신에 젊은 극단들을 중심으로 세대교체가 이루어졌고, 젊은 극단들은 창작극과 공동창작 작품들을 중심으로 연극적 실험을 이어나가고 있습니다. 그리고 이들의 공동창작의 실험 과정에서 광범위한 드라마투르기* 활동들을 확인할 수 있습니다. 공연의 작업

드라마투르기란?*

'극작술 연구'를 의미하는 '드라마투르기'라는 용어가 한국 연극에 공식적으로 도입된 것은 1991년 국립극단 공연 〈소〉에서입니다. 이 공연에서 김창화가 '극작술 연구가'라는 번역어로 한국 최초의 공식적 '드라마투르그'로 활동하였습니다. 1990년대 드라마투르기의 도입은 당시 국립극단의 위기, 저질 번역극과 상업극을 양산하는 연극계에 대한 비판과 반성의 흐름에서 적극적으로 모색되었다고 평가됩니다.

과정을 기록하고 극단의 역사를 지켜보는 자로서 작가와 연출, 그리고 관객을 잇는 드라마투르그*는 연극이 개별적인 예술(가)들의 집합체가 아니라 다양한 영역의 교직과 접속을 통해 만들어지는 시스템임을 환기합니다.

드라마투르그란?*

극작술 연구가로서 '드라마투르그'는 공연 텍스트를 기획 및 개발하고, 내부 비평가로서 공연의 동시대적 의미를 짚어주며, 연극 제작의 전반에 관여합니다.

그러나 이러한 연극계의 자율성을 침해하는 사건도 있었습니다. 연극에 대한 국가의 지원은 연극에 대한 보이지 않는 통제와 함께 이루어진 것입니다. 2010년대 중반에 이르러 연극계 '블랙리스트'가 쟁점에 오르고, 그것이 마침내 사실로 밝혀져 공연 담당자들은 물론 많은 관객들에게 충격을 안겼습니다. 블랙리스트는 연극계뿐만 아니라 문화예술계 전반에 걸쳐 작성된 것이었습니다. 여기서 블랙리스트란 정부에서 정권에 우호적이지 않은 문화예술인을 탄압하고 규제하기 위해 비밀리에 작성한 리스트로서 각 개인의 표현의 자유를 국가 차원에서 불이익을 줌으로써 억누르기 위한 것입니다. 문화예술계 블랙리스트 사건은 청와대, 국정원, 문체부 등이 긴밀하게 협조하는 가운데 이루어진 대규모 위헌적 국가 범죄였습니다.

이머시브 공연과 배리어프리, 한국 공연예술이 다양한 '경계'를 넘다

한국의 공연문화는 제도를 통해 변화해왔지만, 제도에 의해 일방적으로 결정되지는 않았습니다. 한국의 극장과 공연은 시대의 변화에 발맞추어 끊임없는 변화를 모색하고 실천해왔습니다. 최근의 사례로서 이른바 이머시브 공연은 전통적인 극장 공간에서 전제하는 '무대와 객석', '배우와 관객'의 경계를 허물고 관객이 그들의 선택을 통해 직접 이동하거나 배우와의 상호작용을 통한 창의적 내러티브를 구성해가는 관객 참여형 공연을 의미합니다. 대표적으로, 〈극장을 팝니다-10년 사용감 있음〉과 같은 공연에서 관객은 객석에 앉

포스트-드라마란?

유럽에서 전통적 연극은 드라마를 무대 위에서 배우의 말과 행동을 통해 현재하는 것이었습니다. 이러한 서양 연극의 전통적 특징을 나타내는 명칭이 바로 희곡적 연극, 혹은 드라마 연극(dramatic theatre)입니다. 포스트-드라마 연극(postdramatisches Theater)은 독일의 연극학자 한스-티스 레만(Hans-Thies Lehman)이 사용한 용어로, '희곡 이후의 연극'이라는 뜻을 넘어, '탈희곡적 연극'을 의미합니다. 포스트-드라마 연극은 과거 공연문화의 틀을 벗어나는 시도로 구성됩니다. 그래도 퍼포먼스와 미디어가 중시되기도 합니다.

배리어프리란?

장애물(Barrier)을 벗어난다(Free)는 의미의 배리어프리(Barrier-free)란, 장애인 및 고령자 등 사회적 약자들의 생활에 지장이 되는 물리적인 장애물이나 심리적인 장벽을 없애기 위해 실시하는 운동과 정책 등을 가리킵니다. 일반적으로는 장애가 되는 장벽을 없애자는 의미로도 사용됩니다.

아 미리 짜여진 극을 관람하는 것이 아니라 극장 이곳저곳을 돌아다니면서 공연에 참여하게 됩니다.

'팬데믹'으로 문을 닫은 극장에 관객이 도착하면 모니터 앞에서 코로나19 바이러스의 유행으로 인해 어쩔 수 없이 극장을 팔게 된 이유를 접하게 됩니다. 관객은 다섯 가지의 이야기 중 한 가지를 선택하여 태블릿PC 속에 있는 담당자를 따라 매물을 둘러보게 됩니다. 각 이야기는 조명, 배우, 관객, 시설, 행정 편으로 나뉘어 있으며, 각각 다른 이야기를 담고 있기 때문에 관객의 체험은 하나로 수렴되지 않고 각자의 상황에 따라 다양하게 펼쳐집니다. 이머시브 공연은 공연 제도와 언어 텍스트 중심의 공연 관습에서 탈피하기 위한 포스트-드라마의 시도들과 맥락을 같이 하면서도, 지난 10여 년 동안 디지털 기술을 중심으로 급변한 미디어 환경을 고스란히 투영해내고 있습니다.

뿐만 아니라, 오늘날의 공연은 배리어프리에 대한 인식의 확산과 함께 시청각장애인을 위해 자막 또는 수어 통역을 제공하는 등 근본적인 변화를 꾀하고 있습니다. 이러한 공연이 일부 극장에 한정되고 특정 회차에만 제공된다는 한계가 있지만, 그럼에도 불구하고 100여 년 전의 모습과는 상당히 다른 풍경이 아닐 수 없습니다. 한국 최초의 희곡이었던 「병자삼인」이 '병자'라 일컬어지는 존재에 대한 혐오와 차별을 희극적 웃음으로 덮어버리고 있었던 데 비해, 최근의 공연은 바로 그 혐오와 차별에 대응하려는 움직임을 드러내고 있는 셈입니다. 이것이야말로 공연예술의 정치성이라 할 수 있겠습니다.

감상해 봅시다

한국의 공연예술은 극장, 제도, 기술, 그리고 관객과 함께 성장하였습니다. 한국의 대표적인 희곡 또는 연극을 감상해 보고 한국의 공연예술과 공연문화에 관해 함께 토론해 봅시다.

- 연극 〈극장을 팝니다〉(2020)
- 희곡 〈불가불가〉(1987)
- 희곡 〈원고지〉(1961)
- 희곡 〈동승〉(1939)
- 희곡 〈토막〉(1931)
- 희곡 〈병자삼인〉(1912)
- 소설 〈장한몽〉(1913)

A+

한국 현대문학의 발전과 세계화

이런 것들을 배워 봅시다

한국 현대문학은 해방 후 한국어 글쓰기로 새로운 양식이 확립되었습니다. 해방 이전까지 한국문학이 중국 전통문화와 일제강점기 언어 정책으로부터 큰 영향을 받은 데 반해서, 한국 현대문학은 기독교 사상, 모더니즘, 리얼리즘, 아나키즘, 계몽주의, 사회주의, 민주주의, 자유주의, 초현실주의 등의 폭넓은 사조를 적극적으로 수용하게 됩니다.
한국 현대문학은 해방, 분단, 한국전쟁, 이산가족, 노동문제, 사회 부조리, 인권, 민주화, 이주, 환경 등 포괄적인 주제를 다루며 한국 현실을 생생하게 재현해 왔습니다. 한국 현대문학은 세계문학의 맥락 속에서 점차 그 위상이 높아지고 있습니다. 특히, 2000년 이후 해외에서 한국 현대문학의 약진은 괄목할 만합니다. 한류의 흐름이 문학 분야에서도 이어지고 있는 것입니다.

- **세계문학의 좌표 속에서 'K-문학'의 현재와 미래를 함께 생각해 봅시다.**

찾아가 봅시다

▼ 다음과 같은 작품을 직접 찾아서 읽으며 작품의 배경이 된 장소들을 찾아가 봅시다.

- 이태준 〈해방전후〉
- 채만식 〈민족의 죄인〉
- 손창섭 〈잉여인간〉
- 최인훈 〈광장〉
- 이문구 〈관촌수필〉
- 조세희 〈난장이가 쏘아올린 작은 공〉
- 임철우 〈봄날〉
- 최윤 〈저기 소리 없이 한 점 꽃잎이 지고〉
- 윤대녕 〈은어낚시통신〉
- 신경숙 〈엄마를 부탁해〉
- 김영하 〈살인자의 기억법〉
- 한강 〈채식주의자〉
- 조남주 〈82년생 김지영〉
- 손원평 〈서른의 반격〉
- 정보라 〈저주 토끼〉

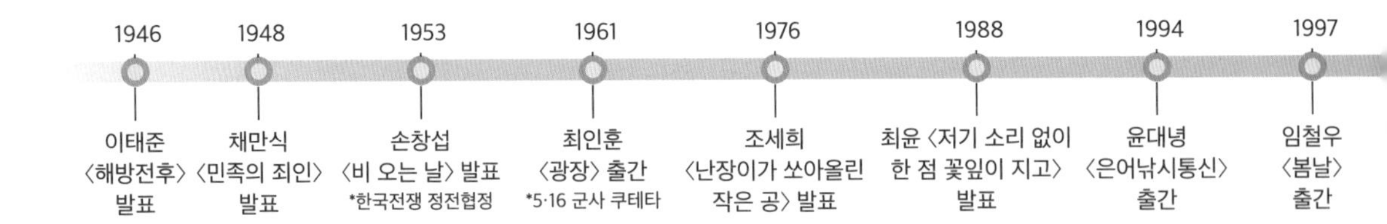

친일파란?•

친일파(親日派)는 일본제국의 대한제국 침략에 협조하여 국권을 상실케 하였거나, 동족들에게 위해를 가하거나, 독립운동을 방해한 사람들을 총칭하는 말입니다.

전후세대란?••

한국에서는 주로 한국전쟁 이후에 태어난 세대를 이르러 전후세대(Post-War Generation, 戰後世代)라고 부릅니다.

▼ 이태준의 소설집 〈해방전후〉 표지
ⓒ한국현대문학대사전

해방과 함께 새로운 세대의 문학이 등장하다

해방기 문학은 1945년 8월 15일부터 시작되었습니다. 해방기 문학을 이해하기 위해서는 당시의 정치 상황을 고려하지 않을 수 없습니다. 3 · 8선을 기준으로 미국과 소련이 국내에 주둔하면서 남과 북은 이념적으로 분단된 상태로 갈등 관계를 유지하였습니다. 1948년에 남북한에는 서로 다른 정부가 수립됩니다. 이와 같은 변화 속에서 해방기 문학은 크게 두 가지 문제를 작품에서 다루었습니다. 첫째, 어떤 국가를 만들 것인가? 둘째, 친일파•를 어떻게 청산할 것인가? 이와 같은 주제를 집중적으로 다룬 작품으로 이태준의 〈해방전후〉(1946)와 채만식의 〈민족의 죄인〉(1948)을 꼽을 수 있습니다. 두 작품 모두 작가의 개인적인 체험에 기반하고 있습니다. 시시각각 변하는 해방기의 현실이 작가들의 문학적 상상력을 압도하고 있었음을 해방기에 발표된 소설들을 통해 확인하게 됩니다.

해방 이후 계속된 좌우 이념 대립은 1950년 6 · 25전쟁으로 이어졌습니다. 사망자, 부상자, 실종자가 속출하는 비극 속에서 허무주의가 만연하였습니다. 1953년 정전 협정 후, 한국 사회는 절망에 빠진 채 출구를 찾지 못하였습니다. 전쟁을 겪으면서 공통의 경험과 감각을 형성하게 된 전후세대••들은 전쟁을 자신의 생존을 위해 타인을 죽이는 인간성 상실의 문제로 인식하게 됩니다. 극한 상황 속에서 공포를 체험한 전후세대들은 전통 및 인간 자체에 대한 믿음에 회의를 가질 수밖에 없었습니다. 따라서 전후세대 작가들은

이전과는 전혀 다른 현실 감각을 나타내기 시작합니다. 1950년대 중반부터 한국 사회에 환멸을 느끼면서 인간 자체의 모순을 직시하는 작품들이 본격적으로 발표되며 전후 문학의 시대가 열리게 됩니다. 희망이 없는 세상에서 무의미하게 살아가는 '잉여인간'들의 삶을 조명한 손창섭의 작품들은 전후문학의 대표작으로 평가받고 있습니다.

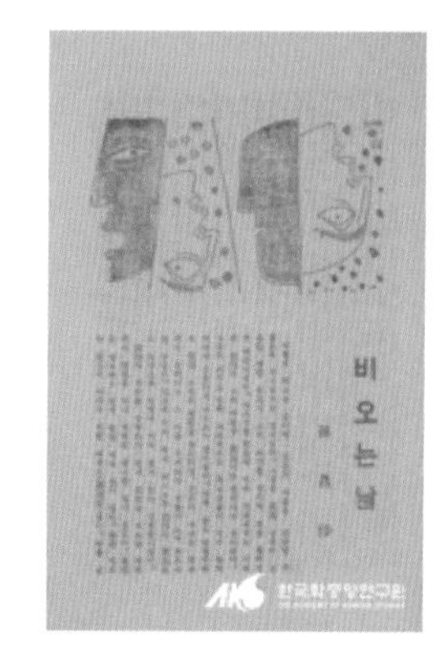

▲ 손창섭, 비오는 날(1953년 11월호 《문예》) ©한국학중앙연구원

1960년, 득표율 95%에 달하는 3 · 15 부정선거가 벌어졌습니다. 부정선거에 항거하는 시위에 참여하였던 고등학생 김주열이 눈에 최루탄이 박힌 채 시신으로 발견되면서 시위는 전국적으로 확산되었고, 당시 대통령이었던 이승만은 하야하게 됩니다. 1960년의 4 · 19혁명은 독재정권에 맞서 싸운 시민혁명이었습니다. 이러한 시대적 상황이 문학 작품에도 반영됩니다. 고뇌를 거듭하는 지

◀ 4·19 당시 시민의 모습 ©한국민족문화대백과사전

식인의 내면을 다룬 소설인 최인훈의 〈광장〉(1961)은 한국 현대문학을 한 단계 발전시킨 작품으로 평가받고 있습니다. 1960년 연재를 시작해 1961년 끝맺은 최인훈의 〈광장〉은 한국전쟁 포로인 명준을 주인공으로 등장시켜 남북한 사회의 문제점을 모두 비판합니다. 4 · 19혁명과 함께 시작된 최인훈의 〈광장〉은 개인과 자유의 가치를 다각도로 분석하며 1960년대 문학의 새로운 지평을 열었습니다.

▲ 1961년 최인훈 〈광장〉 초판

한국 현대문학, 시대정신을 담다

한국문학은 1970년대 산업화 과정 속에서 드러나게 된 빈부의 격차, 계층의 갈등, 농촌의 궁핍화를 비롯해 유신체제 이후의 정치적 폭압 등의 사회적 문제들을 사실적으로 재현하였습니다. 이문구, 조세희 등의 작가들은 농촌을 비롯한 전통 사회의 붕괴와 도시 빈민의 소외 문제를 부각시켰습니다. 1970년대 초반부터 박정희 대통령은 1인 장기 독재 체제를 확립하기 위한 작업에 본격적으로 착수하였습니다. 1972년부터 유신체제가 시작되고, 통치 권력의 강화가 사회 통제로 확대되었습니다. 도시 노동 계층의 성장과 불합리한 삶의 조건에 대한 반발, 농촌의 소외와 지역 간의 격차에 따른 갈등 등이 심각한 사회문제로 자리잡았습니다. 그러나 박정희 정권은 독재 권력을 유지하는 데 주력하며 사회문제를 가시화하지 못하도록 억압하였습니다. 편중된 지역개발, 농촌의 문화적 소외 등은 지역감정을 일으켰고, 계층 간의 격차는 더욱 심각해졌습니다. 조세희의 〈난장이가 쏘아올린 작은 공〉(1976)은 독재정권이 추진하는 산업화 과정에서 초래된 문제점을 집요하게 추적하면서 소설이 현실 변혁의 출발점이 될 수 있음을 암시하고 있습니다.

리얼리즘 문학이란?*

소설, 시, 평론 등 문학 전반에 걸쳐 모더니즘에 반대하며 사회현실을 문학 속에 담으려 했던 문예사조입니다. 1970년대 이후 문학의 중심적인 흐름으로 정착하였습니다.

1980년대 한국문학은 사회변혁 운동과 함께 성장하였습니다. 리얼리즘 문학*의 사회적 역할이 강조되면서 민족문학과 민중문학의 개념 또한 부각되었습니다. 또한 광주민주화운동을 소재로 한 소설들이 연달아 발표되었습니다. 임철우의 〈봄날〉(1997), 최윤의 〈저기 소리 없이 한 점 꽃잎이 지고〉(1988) 등은 군사 쿠데타 세력의 폭력을 고발한 작품들입니다. 군사정권의 비도덕성과 폭력성과 맞서지 않을 수 없었던 1980년대의 한국문학은 저항적 글쓰기의 특징을 뚜렷하게 나타냈습니다. 민주화 운동과 함께 문학의 대중화 현상도 가속화되었습니다. 1987년 6 · 10 항쟁 이후 한국문학은 더욱 다채롭게 변화하며 큰 성장을 이룹니다.

▲ 1976년 〈난장이가 쏘아올린 작은 공〉 초판본 표지
©문학과지성사

1990년대 한국 사회는 제도적인 민주화를 정착시켰고, 산업화의 과정에서 겪어야 하였던 혼란과 갈등에도 관심을 가졌습니다. 또한 한국문학의 예술적 가치를 고양하고자 하는 작가들의 노력이 더욱 치열해졌습니다. 1990년대부터 여성 작가들의 작품 활동이 활발해졌습니다. 포스트모더니즘이 문학 작품에 적극적으로 수용되면서 작가들은 진리와 이성 등 인류가 추구해 온 보편적인 가치들에 대한 회의를 감추지 않았습니다. 개인의 일상과 내면의 발견 등 사소한 문제로 치부되었던 소재들이 주목받았습니다. 1994년 출간된 윤대녕의 〈은어낚시통신〉(1994)은 낭만적이고 자연 친화적인 세계에 대한 그리움과 정보화 사회로 막 진입해 들어가는 새로운 사회적 징후에 대한 예감을 다룬 작품으로 큰 주목을 받았습니다.

1990년대의 한국문학은 한 개인이 세계와 어떻게 의미 있는 관계를 맺을 수 있을 것인지 새로운 질문을 던지고 있었습니다. 1990년대부터 2000년대로 접어들면서 한국문학은 한국적 특수성에 머무르지 않고 세계화의 변화에 큰 관심을 기울이기 시작합니다.

한스 크리스티안 안데르센상이란?*

한스 크리스티안 안데르센상(Hans Christian Andersen Award)은 〈인어공주〉, 〈미운오리새끼〉 등을 지은 덴마크 동화작가 한스 크리스티안 안데르센(1805-1875)의 이름을 딴 아동문학상입니다. 2년마다 아동문학에 지속적으로 기여한 글 작가와 그림 작가에게 수여합니다.

한국문학, 세계로 진출하다

2016년부터 2020년까지 한국문학번역원의 지원으로 37개 언어권에서 총 658종의 작품이 번역되었습니다. 당시 해외에서의 한국문학 판매 현황에 대한 한국문학번역원의 조사 결과에 따르면 〈82년생 김지영〉(2016)은 10개 언어권에서 30만 부 이상의 판매를 기록하였습니다. 〈82년생 김지영〉 외에 부커상 수상 작가 한강의 〈채식주의자〉(2007)가 13개 언어권에서 16만 부 이상 판매됐고, 손원평 작가의 〈아몬드〉(2016)는 일본에서 9만 부 넘게 팔렸습니다. 정유정 작가의 〈종의 기원〉(2016) 포르투갈어 판은 브라질에서 2만 부 이상의 판매를 기록하며 해외 독자들의 사랑을 받고 있습니다.

2021년 해외에 출간된 한국문학 작품 수는 186건으로 10년 전인 2011년의 54건에 비해 3배 이상 늘었습니다. 특히 2022년에는 해외에서 받은 문학상 수상 작품만도 한스 크리스티안 안데르센상* 수상(이수지), 영국 부커상 인터내셔널 부문 최종 후보(정보라 · 안톤허), 일본서점대상 번역 소설 부문 수상(손원평) 등으로 한국의 문학 작품이 세계에서 주목을 받았습니다.

이 가운데 일본서점대상은 인터넷 서점을 포함한 일본 전국의 주요 서점 직원들이 직접 투표해 선정하기 때문에 그 의미가 매우 크다고 평가할 수 있습니다. 2004년에 제정된 일본서점대상에서 번역 소설 부문은 2012년에 신설되었는데, 손원평 작가는 2020년 〈아몬드〉(2017)에 이어 2022년 〈서른의 반격〉(2017)까지 두 차례에 걸쳐 수상하였습니다. 〈서른의 반격〉은 제목 그대로 한국 젊은이들의 이야기입니다. 1988년에 태어나 2017년 서른 살이 된 주인공을 중심으로 권위의식과 위선,

▲ 손원평 장편소설 〈서른의 반격〉 ©출판사 은행나무

▲ 2022년 일본서점대상 번역 소설 부문을 수상한 손원평 장편소설 〈서른의 반격〉 일본어판 ©祥傳社

부당함과 착취 구조의 모순 속에서 현재를 견디며 살아가는 이들의 일상을 담은 작품입니다. 절망적인 한국 젊은이들의 현실을 다룬 〈서른의 반격〉이 일본에서도 폭넓은 공감대를 얻고 있다는 점이 의미심장합니다.

한국문학 판권 수출 상황도 매우 낙관적입니다. 2014년 전체 34권에서 2019년 70%를 차지하는 등 매해 성장을 거듭하고 있습니다. 한국 현대문학이 페미니즘 · 한류 · SF · 환경 등 동시대 주요 현안들을 적극적으로 다루고 있다는 점 또한 긍정적인 효과로 이어지고 있습니다. 2011년 신경숙의 〈엄마를 부탁해〉(2008)가 39개국에

부커상 1969년 영국의 부커사(Booker)가 제정한 문학상으로 영어로 창작되어 영국에서 출간된 책 중에서 수상작을 선정하는 부커상과 영어로 번역된 영국 출간 작품에 상을 수여하는 부커상 인터내셔널 부문으로 나뉩니다. 출판과 독서 증진을 위한 독립기금인 북 트러스트(Book Trust)의 후원을 받아 부커사의 주관으로 운영되던 것이 2002년부터는 맨 그룹(Man group)이 스폰서로 나서면서 명칭이 부커-맥코넬상에서 맨부커상(The Man Booker Prize)으로 바뀌었고, 수상자에게는 주어지는 상금도 2만 1000파운드에서 5만 파운드로 상향되었습니다. 그러다 맨 그룹이 2019년 초 후원을 중단하고 후원사가 미국 실리콘밸리의 자선단체 크랭크스타트로 바뀌면서 다시 부커상으로 명칭이 변경되었습니다. 부커상은 초기에는 영연방 국가 출신 작가들이 영어로 쓴 소설로 후보 대상을 한정하였지만, 2014년부터는 작가의 국적과 상관없이 영국에서 출간된 영문 소설은 모두 후보가 될 수 있습니다. 부커상 인터내셔널 부문은 2005년 신설돼 격년제로 운영되다가 2016년부터 매년 시상하며 작가와 번역자에게 상을 수여하고 있습니다. 이 상은 영어권 출판업자들의 추천을 받은 소설 작품을 후보작으로 하여 평론가와 소설가, 학자들로 구성된 심사위원회에서 최종 후보작과 수상작을 선정합니다. 부커상 후보에 오른 작가들에게는 그들 작품의 특별판을 제작해 주고, 최종 수상자는 상금과 함께 국제적인 명성을 얻게 됩니다.

▲ 2021년 해외 한국 책(K-북) 홍보행사 포스터와 사진 ©문화체육관광부 제공

수출되고, 2016년 한강의 〈채식주의자〉(2007)가 세계 3대 문학상인 맨부커 국제상을 수상한 이래로 한국문학에 대한 인지도는 꾸준히 높아지고 있습니다.

그래픽 노블이란?

그래픽 노블(Graphic Novel)은 직역하면 '그림 소설'로 미국 만화계에서 사용되다가 대중화된 말입니다. 한국에서는 미국 만화를 비롯해 서구 만화 전반을 일컫는 용어로 확대해서 사용하기도 합니다.

한국 현대문학, 다채로운 장르로 확장되다

소설과 만화의 중간 형식, 소설과 결합한 형태의 만화를 뜻하는 그래픽 노블 역시 빠른 속도로 성장 중입니다. 한국의 역사 만화를 세계 독자들에게 지속해서 알리고 있는 김금숙 작가는 박완서 원작 〈나목〉(2019), 발달장애 뮤지션 이야기 〈준이 오빠〉(2018), 제주 4 · 3항쟁을 그린 〈지슬〉(2014), 일본군 위안부 피해자 이옥선 할머니의 증언을 바탕으로 위안부 피해자들의 삶을 그린 〈풀〉(2017), 러시아에서 활동한 볼셰비키 혁명가이자 페미니스트 김알렉산드라의 생애를 다룬 〈시베리아의 딸, 김알렉산드라〉(2020), 한국전쟁으로 인한 이산가족의 고통을 여성의 관점으로 다룬 〈기다림〉(2020)을 출간한 바 있습니다.

이 가운데 김금숙의 그래픽 노블 〈풀〉은 2019년 프랑스 일간지 휴머니티가 선정하는 휴머니티 만화상을 수상하고, 2020년 미국 아이스너상 최우수 작가상, 최우수 리얼리티 작품상, 최우수 아시아 작품상 등 총 3개 부문에서 최우수상 후보에 올랐으며, 2020년에 미국 하비상 최우수 국제도서 부문을, 22년 2월에는 체코만화협회가 주관하는 뮤리엘 만화상 최우수 번역 부문을 수상하였습니다. 억압받는 여성들의 목소리를 대변하고 인간이 트라우마를 가지고 어떻게 살아가는지에 대한 이야기인 〈풀〉은 2019년 캐나다에서 출간 직후부터, 뉴욕타임즈를 비롯한 저명한 해외 저널에서 아트 슈피겔만의 〈쥐〉, 마르잔 사트라피의 〈페르세폴리스〉에 버금가는 최고의 그래픽 노블이라는 극찬을 받았습니다.

2022년 부커상 최종 후보 지명작인 정보라의 〈저주토끼〉(2022)는 호러 SF/판타지 소설입니다. 부커상 심사위원회는 〈저주토끼〉에 대해 "마법적 사실주의, 호러, SF의 경계를 초월하였다."고 높이 평가하였습니다. 이 작품은 대를 이어 저주 용품을 만드는 집안에서 태어난 손자와 그 할아버지의 이야기입니다. 정보라 작가는 세상의 악한 이들은 도무지 뉘우칠 줄 모르고 그들에게 복수를 가하더라도 인간은 여전히 외롭다는 이야기를 하고 싶었다고 밝힌 바 있습니다. 그로테스크한 초현실로 현실을 재현하는 정보라 작가는 동아시아의 민담, 설화, 우화에서 많은 영감을 얻었다고 합니다. 정보라 작가뿐만이 아니라 김초엽, 정세랑 등 SF 소설을 쓰는 작가들의 활약이 두드러지고 있습니다.

▲ 김금숙 〈풀〉 한국어판 표지

©김금숙

김초엽 작가는 〈우리가 빛의 속도로 갈 수 없다면〉(2019)을 출간하며 한국 SF 문학의 새로운 가능성을 입증하였습니다. 이 작품은 "우리가 살고 있는 세계가 이렇게 작고, 저 위에 있는 세계가 저렇게 넓은데, 하필이면 이 지구에서만 지성 생명체가 생겨났고, 왜 저 바깥에서 오는 신호들을 받을 수 없을까?"라는 의문을 가지고 미지의 생명체를 찾아 우주로 떠난 여성 과학자가 조난을 당해 어느 낯선 행성에 불시착하고, 그곳에서 외계 생명체를 만나게 되면서 벌어지는 이야기를 담고 있습니다. 인간의 언어로 소통할 수 없지만, 정성껏 지구인들을 돌보는 외계인들이 등장하는 SF소설이 독자들에게 사랑을 받고 비평가들에게 호평을 받으면서 한국 SF문학의 전망은 더욱 밝아지고 있습니다.

나목(裸木) 박완서(1931-2011)가 1970년에 발표한 장편 소설이자, 그녀의 등단작이기도 합니다. 이 소설의 모델이 된 박수근은 1965년 5월 작고하였는데, 같은 해 10월 유작전이 열렸습니다. 신문기사를 접하고 이 전시회에 갔다가 박수근 작품 앞에서 큰 감동을 받은 박완서는 박수근을 소재로 소설을 썼습니다.

한국전쟁이 터진 이듬해 겨울, 서울 명동의 미군 PX 초상부에 근무하는 주인공 이경은 미군에게 초상화를 그려 주는 화가들 속에서 옥희도를 만나게 됩니다. 자기 때문에 두 오빠가 폭격으로 죽었다는 죄의식을 가지고 있으면서, 동시에 두 아들을 잃고 망연자실한 상태로 살고 있는 어머니와 암울한 집안 분위기로부터 벗어나고 싶은 이경은 옥희도에게 끌립니다.

두 사람은 명동 성당과 장난감 침팬지가 술을 따라 마시는 완구점 사이를 거닐며 가까워지지만 이들의 관계는 오래 지속되지 못합니다.

이경은 어느 날 PX에 나오지 않는 옥희도를 찾아 그 집에 갔다가 캔버스에 고목(枯木)이 그려져 있는 것을 보게 됩니다. 어머니가 돌아가시고 난 뒤 이경은 역시 미군 PX에서 일하는 황태수라는 청년과 결혼하고 평범한 중산층 가정의 전업주부로 살아가게 됩니다. 세월이 흐른 뒤 이경은 옥희도의 유작전에 가서 지난날 옥희도가 그리고 있었던 어두운 그림 속 나무들이 고목이 아니라 나목(裸木)이었음을 알게 됩니다.

디아스포라란?*

디아스포라(Diaspora)는 원래 팔레스타인을 떠나 세계 각지에 흩어져 사는 유대인을 지칭하는 말입니다. 지금은 그 의미가 확장되어 본토를 떠나 타지에서 자신들의 규범과 관습 등을 유지하며 살아가는 민족 집단 또는 그 거주지를 가리키는 용어로 사용됩니다.

이민자 문학, 대중문화와 결합하다

넷플릭스의 〈킹덤〉, 〈오징어 게임〉, 영화 〈미나리〉를 좋아하는 외국 관객들이 한국문학 그중에서도 이민자 문학(이산문학, 디아스포라 문학)에 크게 관심을 갖고 있는 것을 볼 수 있습니다. 한국인 출신 이주자의 삶과 정체성을 다룬 디아스포라* 문학 작품이 온라인 동영상 서비스의 연작 시리즈 드라마로 제작되면서 한국문학과 역사에 대한 관심은 더욱 뜨거워지고 있습니다.

2022년 3월 25일, 애플TV 플러스는 한국계 미국인 작가 이민진의 〈파친코〉를 원작으로 한 드라마를 공개하였습니다. 이 작품의 주인공은 식민지 시기 부산 영도에서 하숙집을 운영하며 살아가는 하층민 계급의 여성으로 그녀는 언제나 당당한 태도를 지키며 주체성과 자존감을 드러냅니다. 그럼에도 불구하고 조선을 떠날 수밖에 없었던 주인공을 비롯해 일본과 미국으로 향하였던 이민자 가족의 이야기가 4대에 걸쳐 펼쳐지는 〈파친코〉는 약 1천억 원의 제작비가 투입되어 전 세계의 이목을 집중시킨 바 있습니다.

이민진 작가는 4년간 일본에서 재일조선인들을 직접 인터뷰하며 〈파친코〉를 완성하였습니다. 드라마 방영 이전인 2017년에 이미 미국에서 베스트셀러가 되었던 파친코는 2019년에 버락 오바마 전 미국 대통령이 SNS에서 "첫 문장부터 독자를 끌어당기는 매혹적인 책!"이라고 적극 추천하면서 다시 한 번 인기를 얻었고, 이후 애플

이민자 문학 이민자 문학이란 민족국가의 영토를 벗어나 이주국에 거주하는 이주자의 문학을 뜻합니다. 디아스포라 문학, 이주문학, 이산문학 등의 용어로도 사용됩니다. 역사적으로 식민주의로 인한 강제적 이동뿐만 아니라 세계화는 자본과 노동의 이동과 유연화를 가져왔고, 결혼 및 노동, 생계, 망명을 위해 국경을 넘는 이주자들이 출현하고 있으며, 이와 같은 추세 속에서 이민자 문학에 대한 관심이 높아지고 있습니다. 국경을 넘는다는 것은 타문화, 타언어, 타민족과 대면하게 되는 것이며, 고국을 떠나 타국에 정착한다는 것은 단일정체성이 아니라 다원성의 이민자로서 여러 가지 형태의 차별과 배제를 인식하는 과정이기도 합니다. 한 국가에서 국민의 지위 획득 유무에 따라 법적 우열이 갈라지게 되기 때문입니다.

한국 이민자 문학은 일반적으로 재외한인문학 혹은 해외동포문학을 일컫고 있지만 이는 작가의 정체성에 초점을 맞춘 정의입니다. 따라서 재일, 재미, 재중, 재러작가의 작품과 해외입양인 문학 그리고 국내에 유입된 외국인노동자, 결혼이주여성, 한민족 디아스포라를 주인공으로 그들의 디아스포라적 의식이나 디아스포라 현상을 다룬 국내작가들의 작품들도 넓은 의미에서 이산문학 혹은 이민자 문학으로 볼 수 있습니다.

이민자는 고국과 이주국 사이에서 민족적·언어적·문화적 갈등과 정체성의 혼란스러움을 겪으며, 경계인, 이방인, 소수자, 디아스포라로서 타자적 위치에 놓입니다. 이처럼 경계에 놓인 여행자, 이주자, 난민 등의 출현과 더불어 이들이 등장하는 문학을 '이민자 문학'이라고 일컫습니다.

이민자 문학의 경우, 한국어가 아닌 타국의 언어로 작품이 쓰여질 때 이를 한국문학으로 규정할 것인가 외국문학으로 규정할 것인가에 대한 문제가 발생합니다. 이민자 문학은 다문화사회를 배경으로 하는 문학적 상상력으로 한국문학의 영역을 확장하는 데 그 의의가 있다고 평가됩니다.

은 이민진 작가에게 판권 계약을 제안하였습니다. 〈파친코〉의 첫 문장 "역사가 우리를 망쳐 놨지만 그래도 상관없다.(History has failed us, but no matter.)"는 2019년 제58회 베니스비엔날레 국제미술전 한국관의 전시 주제가 되기도 하였습니다. 이처럼 이민자 문학은 대중문화와 결합되면서 전 세계 관객들과 독자들의 관심을 모으고 있습니다. 한국인 문학과 한국어 문학을 함께 담아내면서 한국문학은 세계문학의 새로운 좌표를 상상할 수 있게 되었습니다.

감상해 봅시다

전 세계 독자들의 사랑을 받고 있는 한국문학 작품 가운데 가족과 여성 키워드가 공통적으로 발견되는 현상을 어떻게 분석할 수 있을까요? 이와 관련된 영상을 감상해 보고 한국문학의 세계화의 미래에 관해 함께 토론해 봅시다.

- 드라마 〈파친코〉(2022)
- 드라마 〈보건교사 안은영〉(2020)
- 영화 〈82년생 김지영〉(2019)
- 영화 〈살인자의 기억법〉(2017)
- 영화 〈지슬〉(2013)

한국 애니메이션의 역사와 도전

이런 것들을 배워 봅시다

한국 애니메이션의 역사는 1950년대 이후 시작되었습니다. 그러나 당시는 사회 혼란과 열악한 인프라로 인해 그 발달이 쉽지 않았고, 1967년에 이르러서야 최초의 장편 애니메이션이 제작, 개봉되었습니다. TV라는 새로운 미디어가 유행하게 되면서 해외에서 수입한 애니메이션이 주로 인기를 끌게 되었습니다. 이후 1970년대 후반부터는 차츰 한국적 색채를 넣은 작품이 등장하며 애니메이션 산업의 도약기를 맞이하게 되었고, 1980년대에 들어서는 최초로 국내 TV 애니메이션이 제작되기 시작하면서 애니메이션 제작이 약진하게 됩니다. 정부정책에 따라 반공 애니메이션이나 스포츠를 소재로 하는 작품이 제작되기도 하였지만, 이 시기에 등장한 작품들은 원 소스 멀티 유즈의 토대를 마련하였을 뿐만 아니라 캐릭터 시장에서도 큰 성공을 거두었습니다. 이러한 상품 시장의 활성화는 문화예술산업 분야의 발전에도 영향을 주게 됩니다. 1990년대 중후반을 기점으로 각종 애니메이션 페스티벌이 개최되었고, 2000년대 초반에는 세계 대회에서 대상을 수상하는 성과를 얻기도 합니다. 디지털화라는 기술 발전에 힘입어 점차 안정화되기 시작한 한국 애니메이션계는 2000년대 이후 3D 애니메이션이 크게 성공하면서 해외 시장에서도 호평을 받았고, 특히 어린이용 애니메이션 시장을 개척하며 '문화 한류'의 한 축을 담당하고 있습니다.

- **한국의 애니메이션 발전 역사를 알 수 있는 박물관이나 자료실 등을 직접 방문해 보고 역동적인 한국의 대중문화사를 실감해 봅시다.**

찾아가 봅시다

▼ 한국 애니메이션 자료관

- 한국영화데이터베이스 (https://www.kmdb.or.kr/main)
- SBA 서울애니메이션센터 (서울시 중구)
- 극장 서울애니시네마(서울시 중구)
- 춘천애니메이션박물관 (강원도 춘천시 서면)
- 춘천 스톱모션 스튜디오 (강원도 춘천시 서면)

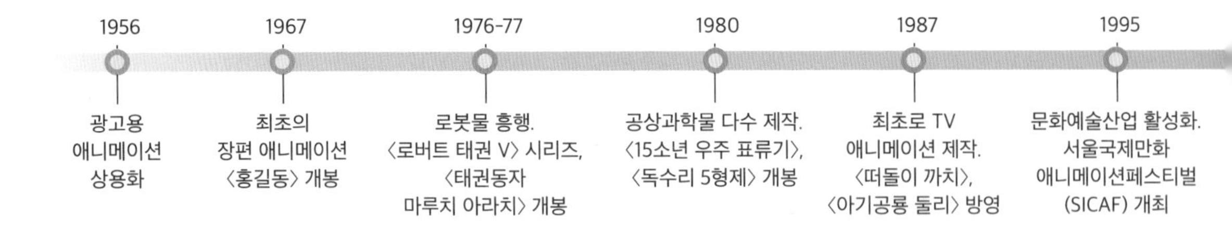

열악한 환경에서 애니메이션이 등장하다

한국 애니메이션의 역사는 1950년대 이후에 시작되었습니다. 그러나 당시에는 한국전쟁과 사회 혼란으로 애니메이션 산업이나 문화가 정착하기 쉽지 않았습니다. 더구나 애니메이션•이라는 장르는 다른 장르에 비해 제작공정이 복잡하고 섬세한 기술이 요구되며 재료의 구입 역시 어려워서 그 발달이 쉽지 않았습니다.

초창기 애니메이션의 예로는 1956년에 TV 전파를 타고 방송된 〈럭키 치약 CF〉이 있습니다. 이후 1960년에 부산의 경남극장에서 〈진로 소주 CF〉가 스크린에 투사되었고 〈활명수 CF〉가 제작되었습니다. 이 CF는 당시 소화제 시장을 완전히 장악할 만큼 파급력이 컸습니다.

애니메이션이라는 장르는 TV 혹은 영화관에서 상영하는 광고용으로 자리를 잡기 시작하였습니다. 그 후 1967년에야 최초로 장편 애니메이션 영화가 개봉되었습니다. 바로 〈홍길동〉이라는 작품으로, 흥행에도 성공을 거두었습니다. 〈홍길동〉에 이어서 〈호피와 차돌바위〉(1967), 〈선화공주와 손오공〉(1968), 〈황금철인〉(1968), 〈홍길동 장군〉(1969) 등이 개봉되었습니다. 그러나 제작비용이 많이 들었고, 제작진에 대한 처우도 좋지 못하였습니다. 또 1960년대에 들어 새로운 미디어로 보급된 TV에서는 미국과 일본에서 수입된 애니메이션이 방영되었고 한국의 작품보다 인기를 끌었습니다. 1970년 초까지 주요 방송국에서 해외에서 수입한 애니메이션을 매일 방송하

애니메이션이란?•

애니메이션(Animation)은 만화 같은 그림에 목소리, 배경음, 움직임 등 역동성을 불어넣는 예술 분야입니다. '애니메이션산업 진흥에 관한 법률'에 따르면 애니메이션은 실물의 세계 또는 상상의 세계에 존재하는 스스로 움직이지 않는 피사체를 2D, 3D, CG, 스톱모션 등 다양한 기법과 매체를 이용해 가공함으로써 움직이는, '이미지로 창출하는 영상'입니다. 현재 세계적으로 애니메이션의 기술은 그 역사가 1900년대 초로 추정될 정도로 오래되었고, 한국에서는 만화로 된 영화라는 의미에서 '만화 영화'라는 말이 과거에 더 많이 사용되기도 했습니다.

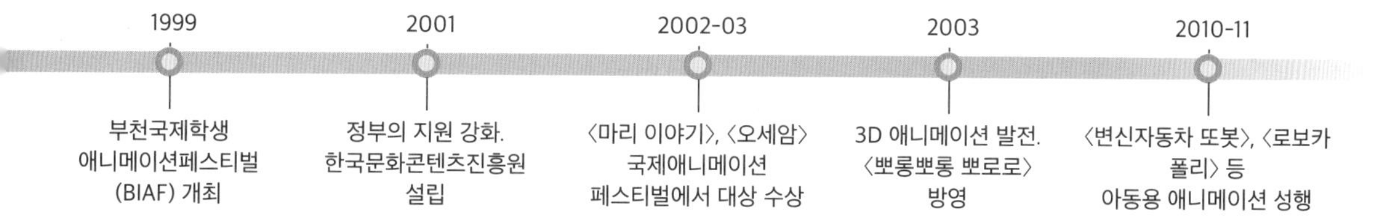

한국 애니메이션계의 포문을 연 신동헌 감독과 세기상사 신동헌(申東憲, 1927-2017) 감독은 한국 애니메이션계의 포문을 열었다고 해도 과언이 아닙니다. 그는 해방 이후 최초의 창작 공상과학소설 『잃어버린 소년』(한낙원, 1959)의 삽화를 그리기도 한 만화가로, 1967년에 발표된 〈홍길동〉을 감독하였습니다. 〈홍길동〉은 동생 신동우(申東雨, 1936-1994) 만화가의 작품을 원작으로 해서 영화로 제작한 작품으로 한국 최초의 장편 애니메이션입니다.

개봉 당시 파격적인 흥행을 거둔 〈홍길동〉은 "미군들이 쓰다 남은 정찰용 필름의 젤라틴을 양잿물로 벗긴 셀룰로이드 위에 포스터물감을 칠해" 만들었다고 전해지고 있습니다. 그 외에도 "개봉일이 되어도 완성을 하지 못해 보름 동안 개봉을 연기해 가며 밤을 새워 작품에 매달렸다."는 등의 수많은 일화를 낳기도 하였습니다. 〈홍길동〉은 장편 애니메이션을 제작할 기술과 인력이 부족했던 시절에 온갖 역경을 극복하고 국내 애니메이션 영화를 개척한 신동헌 감독의 열정과 만화가 최초로 '화백'이라 불리었던 그의 동생 신동우 화백의 '천재성'이 빛나는 애니메이션 영화로 평가됩니다. 한때 유실되었다고 여겨졌던 이 작품은 2008년에 복원되어 다시 빛을 보게 되었습니다.

〈홍길동〉을 제작한 제작사 세기상사(世紀商事)는 1957년부터 미국 디즈니사의 작품들을 수입해 공개했고, 관객들로 초만원을 이루었습니다. 해외 애니메이션의 흥행으로 성공을 거둔 세기상사는 거액을 투자해 국내 애니메이션 제작을 기획하며 선도적 역할을 하였습니다. 그러나 세기상사 외의 다른 제작사들은 한 편 정도 제작하면 문을 닫아야 했습니다. 거액의 제작비 때문이기도 하지만, 당시 애니메이션에 대한 정부의 무관심과 사회의 인식 부족도 큰 영향을 미쳤습니다. 애니메이션을 어린이들이 방학 때나 보는 저급한 오락영화로 취급했던 것입니다.

였습니다. 한국의 애니메이션 제작이 본격화되기에는 열악한 환경이었습니다.

1971년에 〈왕자 호동과 낙랑공주〉가 상영된 이후 1976년 말까지는 제작이 뜸해지다 12월 연말에 〈로보트 태권 V 우주 작전〉

과 〈철인 007〉이 상영되었습니다. 1970년 중반부터는 일본 애니메이션의 영향을 받은 작품이 다수 등장했는데, 로봇물이 그것입니다. 〈로보트 태권 V〉 시리즈(1976-90)는 일본 애니메이션 〈마징가 Z〉와 유사한데, 한국의 태권도를 작품에 가미하여 많은 인기를 얻으며 흥행하였습니다. 이어서 인기 어린이 라디오 드라마 〈마루치 아라치〉를 극장 애니메이션으로 제작한 〈태권동자 마루치 아라치〉(1977)가 개봉했고, 〈똘이장군〉 시리즈(1978-79), 〈도깨비 감투〉(1979) 등 한국적 색채를 넣은 작품이 등장하며 한국 애니메이션계는 나름의 도약기를 맞이하였습니다.

TV 애니메이션이 약진하다

원 소스 멀티 유즈란?●

원 소스 멀티 유즈(One source multi-use, OSMU)는 하나의 매체를 여러 매체의 유형으로 가공하여 사용하는 것을 의미합니다. 2000년대부터 문화콘텐츠 산업 분야에서 사용하게 된 용어로, 하나의 콘텐츠를 영화, 게임, 음반, 애니메이션, 캐릭터 상품, 장난감, 출판 등의 다양한 방식으로 다시 제작하고 판매하여 부가가치 극대화를 추구하는 방식입니다.

1980년대는 한국 애니메이션 역사에서 중요한 시기였습니다. 〈떠돌이 까치〉(1987), 〈아기공룡 둘리〉(1987) 등 국내 TV 애니메이션이 최초로 제작되어 방영되었기 때문입니다. 그동안 제작비 문제로 인해 해외 애니메이션만을 수입해 방영하던 방송사들이 서울올림픽을 앞두고 외국인들의 비판적 시각을 의식해 비로소 자체 제작을 기획하기 시작한 것입니다. 서울올림픽 마스코트 호돌이를 캐릭터로 한 올림픽 홍보용 애니메이션 〈달려라 호돌이〉는 국내 방송사에서 직접 제작한 첫 TV 애니메이션입니다. 시청자들의 반응은 뜨거웠고 캐릭터는 연예인 못지않은 인기를 누리며 광고 모델로 등장하였습니다.

이와 함께 이미 출판된 만화 중에 인기가 있었던 작품을 원작으로 한 애니메이션도 제작되기 시작하였습니다. 이는 최근 인기 있는 웹툰을 영화나 드라마, 애니메이션, 게임 등으로 확장해 제작하는 원 소스 멀티 유즈●의 전초를 마련한 사례라고 할 수 있습니다. 대표적으로 〈떠돌이 까치〉(이현세 원작, 1987), 〈아기공룡 둘리〉(김

◀ 서울올림픽 공식 마스코트 '호돌이' 디지털 복원
©연합뉴스

수정 원작, 1987) 외에 〈독고탁의 비둘기 합창〉(이상무 원작, 1987), 〈달려라 하니〉와 〈천방지축 하니〉(이진주 원작, 1988-89), 〈머털도사〉(이두호 원작, 1989), 〈영심이〉(배금택 원작, 1990) 등은 지금까지도 한국을 대표하는 TV 애니메이션 작품으로 기억되고 있습니다.

만화를 원작으로 한 애니메이션 제작은 특히 TV 애니메이션 분야에서 효과를 보았고 캐릭터 상품 시장의 활성화에도 큰 도움이 되었습니다. 또한 한국의 전래 동화를 소재로 한 〈옛날 옛적에〉 시리즈(1990)와 중국 서유기를 극화한 〈날아라 슈퍼보드〉 시리즈(1990-92)는 방송사에서도 놀랄 정도의 시청률을 기록하였습니다.

반면 극장 애니메이션은 해외 애니메이션이나 미국 헐리우드 영화의 영향과 컬러 TV와 비디오의 보급으로 그 제작 역시 주춤해진 상태였습니다. 그런 가운데서도 1980년대에는 〈삼국지〉(1980)나 〈소년 007, 은하 특공대〉(1980)처럼 신문이나 잡지에 연재되었던 인기 작품이 극장용 애니메이션으로 제작되는 한편, 〈15소년 우주 표류기〉(1980), 〈독수리 5형제〉(1980), 〈황금 연필과 개구쟁이 외계 소년〉(1983) 등 공상과학물이 많이 등장했습니다. 그 외 남북 분단의 현실을 다룬 반공 애니메이션 〈각시탈〉(1986)이나 캐릭터 '독고탁'을 내세워 제작된 스포츠 애니메이션 시리즈 등 다양한 시도가 나타났습니다.

1980년대와 1990년대에 걸쳐 극장 애니메이션은 다양한 시도에도 불구하고 대부분 흥행에 실패하였습니다. 그러나 이러한 암담

▲ 〈아기공룡 둘리: 얼음별 대모험〉 포스터

한 분위기 속에서도 1996년에 개봉한 〈아기공룡 둘리: 얼음별 대모험〉이 원작의 두터운 독자층과 인기 캐릭터 상품을 확보한 덕분에 흥행에 성공을 거두는 성과를 보였습니다. 이 작품은 이후 〈마당을 나온 암탉〉(2011)의 사례처럼, 두터운 독자층을 확보한 인기도서나 웹툰을 영화로 제작해 흥행에 성공하는 본보기로 높이 평가됩니다.

더 알아봅시다

반공 애니메이션과 '3S' 정책 1980년대 한국 사회는 유신 정권과 신군부의 주도로 '반공' 이데올로기가 강조되었던 시절입니다. 어린이를 대상으로 하는 애니메이션에도 이러한 이념이 반영되어 반공 애니메이션이 제작되었습니다. 〈똘이장군: 제3땅굴편〉(1978), 〈간첩 잡는 똘이장군〉(1979)이 최초로 제작된 작품들입니다.

평화로운 숲속에서 동물들과 어울려 살던 소년 똘이가 악당(북한)을 무찌르고 또 북한에서 파견한 간첩을 잡는다는 내용으로, 당시 학교에서 반공물은 단체관람을 장려했던 탓에 개봉과 함께 상당한 성공을 거두었다고 합니다. 그러나 민주화 이후에는 북한에 대한 편견을 불러일으킨다는 이유로 비판을 받기도 하였습니다.

1986년에 제작된 〈각시탈〉도 반공 애니메이션으로 만화가 허영만의 인기 작품을 원작으로 했습니다. 그러나 원작은 일제강점기의 항일 독립투사에 관한 이야기였지만, 애니메이션에서는 배경이 북한으로 바뀌며 설정이 변합니다.

아울러 1980년대에 신군부는 국민의 정치적 관심을 다른 곳으로 돌리고자 스크린(Screen), 스포츠(Sports), 섹스(Sex)를 활용하는 이른바 '3S' 정책을 펼쳤습니다. 이로 인해 1982년부터 프로야구가 출범해 큰 관심을 끌었고, 스포츠를 소재로 한 애니메이션도 다수 제작되었습니다. 그 중에서도 만화가 이상무의 작품을 원작으로 한 '독고탁 시리즈'가 주목을 받았는데, 〈독고탁, 태양을 향해 던져라〉(1983), 〈내 이름은 독고탁〉(1984), 〈독고탁: 다시 찾은 마운드〉(1985)로 이어지며 큰 인기를 끌었습니다.

한국적 색깔 찾기에 노력하다

2000년대에 들어 한국 애니메이션은 꾸준히 발전합니다. 정부가 '한 집 한 대의 컴퓨터'를 목표로 디지털 문화 산업에 집중한 결과 아날로그 문화의 시대는 가고 디지털 문화예술의 시대가 시작되었습니다. 영화관의 디지털화와 게임 등 온라인 콘텐츠의 발전, 디지털 애니메이션 기법의 도입 등 새로운 디지털 패러다임이 21세기를 열었습니다.

디지털 기기의 발전과 더불어 디지털 콘텐츠의 제작과 보급이 동시다발적으로 발전하면서 과거 하위문화(서브컬처)로 인식되어 오던 만화계에 새로운 활력이 생겨나고, 애니메이션도 전통적인 셀애니메이션*에서 디지털 2D와 3D, CG 방식의 애니메이션으로 탈바꿈하였습니다.

문화예술산업 분야도 활성화되어 서울국제만화애니메이션페스티벌(Seoul International Cartoon & Animation Festival, SICAF, 1995년), 부천국제학생애니메이션페스티벌(Bucheon International Animation Festival, BIAF, 1999) 등이 개최되었고, 한국문화콘텐츠진흥원**이 설립되는 등 정부 지원산업이 강화되었습니다. 이러한 분위기를 반영하듯이 2000년에서 2005년 사이 전국에 만화애니메이션 관련 학과가 30여 개 이상 신설되었습니다. 그러나 지금은 학과의 구조 개편이나 통폐합으로 학과 변경이 이루어지고, 또 2010년을 전후하여 지방의 문화콘텐츠 사업지원의 오류와 한계 등이 지적되기도 하면서 당시의 애니메이션 산업 발전이 '거품경기'였다고 평가하기도 합니다.

극장 애니메이션의 경우 한국적 색깔 찾기에 성공한 작품들이 나오기 시작했습니다. 그 중 대표작인 〈마리 이야기〉(2002)와 〈오세암〉(2003)은 세계 4대 애니메이션 페스티벌*** 중의 하나인 프랑스 안시 국제애니메이션 페스티벌에서 대상을 수상하였습니다. 이 외에도 〈마당을 나온 암탉〉과 같이 명작이라 평가받는 개성 있고 작품

셀애니메이션이란?*

셀애니메이션(Cel Animation)은 투명한 판 위에 그린 여러 장의 그림을 카메라로 촬영하여 움직임을 만드는 제작 방법입니다.

한국문화콘텐츠진흥원이란?**

한국문화콘텐츠진흥원(Korea Culture & Content Agency, 韓國文化振興院)은 문화콘텐츠를 수출산업으로 육성하는 것을 목표로 2001년에 설립되었습니다. 이에 문화콘텐츠산업 진흥을 위한 정책 개발과 관련 지원사업을 수행했고, 2009년에 한국콘텐츠진흥원으로 통합되었습니다.

세계 4대 애니메이션 페스티벌이란?***

세계 4대 애니메이션 페스티벌은 유네스코 산하 국제 애니메이션 필름협회(ASIFA)에서 공인한 페스티벌로 프랑스 안시(Annecy) 국제애니메이션 페스티벌, 캐나다 오타와(Ottawa) 국제애니메이션 페스티벌, 일본 히로시마(Hiroshima) 국제애니메이션 페스티벌, 크로아티아 자그레브(Zagreb) 국제애

니메이션 페스티벌을 말합니다.
그중 안시 페스티벌은 세계 최초로 설립된 애니메이션 페스티벌로 애니메이션계의 '칸'이라고 불립니다. 1956년부터 〈칸국제영화제〉 중의 일부인 '애니메이션 부문'으로 진행되다가 1960년 이후 독립된 애니메이션 축제로 발전되었습니다. 매년 6월 첫째 주에서 둘째 주 사이에 개최됩니다.

성이 뛰어난 극장 애니메이션들이 디지털 시대에 부응하듯이 대량 제작되었습니다.

작품성에 대한 고민을 많이 반영한 극장 애니메이션과 다르게 TV 애니메이션은 시청률이 낮은 방송 시간대에 편성되거나 경제효율 논리로 인해 낮은 제작비와 노동력 절감을 위한 플래시애니메이션이나 3D 애니메이션으로 전환되는 등의 변화를 보였습니다. 〈장금이의 꿈〉(2005), 〈짜장소녀 뿌까〉(2007)와 같은 작품은 플래시 기법을 활용한 2D 애니메이션으로 제작되었습니다. 그리고 〈뽀롱뽀롱 뽀로로〉(2003), 〈꼬마버스 타요〉(2010), 〈구름빵〉(2010) 등 많은 작품은 크게 발전한 3D 애니메이션 기법을 활용하여 제작되어 방영되면서 국내는 물론 해외 시장에서도 호평을 받았고 콘텐츠 산업 분야의 성공적인 결과를 낳았습니다.

해외 진출로 '문화 한류'의 한 축을 이루다

드라마, 영화, K-POP, 게임 등 다양한 콘텐츠가 한류의 바람을 일으킨 가운데 전 세계 어린이들의 대통령이라 불리는 '뽀로로'에 힘입어 한국 애니메이션이 해외 진출에 탄력을 받기 시작하였습니다. 특히 한국 애니메이션으로는 처음으로 북미 전역에 개봉되어 6천 425만 달러의 매출을 기록한 〈넛잡: 땅콩 도둑들〉(2014)이 남미 최대 영화 배급사와 계약을 체결하는 등 한국 애니메이션 제작사들이 해외 시장 진출에 성공하였습니다. 중국에 뽀로로 테마파크가 개장되고 〈마당을 나온 암탉〉은 중국 전역의 35%에 해당하는 극장에서 상영되었습니다. 한국 EBS에서 처음 방영된 〈로보카 폴리〉(2011)는 '뽀통령'도 울고 갈 만큼 어린이들 사이에서 대단한 인기를 누렸습니다. 4~6세용 애니메이션 시장을 개척하기도 한 경찰차 폴리 캐릭터는 중국판 작품으로 공동 기획되어서 교통안전 이야기에 등장하

◀ 로보카 폴리 "우표로 만나요" ©연합뉴스

기도 했고, 해외에서 벤치마킹하는 사례도 이어졌습니다.

2013년에는 뽀로로 탄생 10주년을 기념해 〈뽀로로 슈퍼썰매 대모험〉이 제작되어 극장에서 개봉되었습니다. 〈뽀롱뽀롱 뽀로로〉는 130여 개국에 수출되었으며 출판, 교육용 콘텐츠, 완구, DVD 시장 등 다양한 영역에서 큰 수익을 거두었습니다. 〈변신자동차 또봇〉(2010), 〈로보카 폴리〉(2011), 〈라바〉(2011) 등도 잇달아 성공을 거두며 한국은 아동용 애니메이션 강국이라는 평가를 얻고 있기도 합니다.

반면 성인 애니메이션 부문에서도 획기적인 성과가 나타나기 시작했습니

▼ 국내 애니메이션 산업 성장 추이

다. 사실 성인 애니메이션의 부재와 부진은 한국 애니메이션을 논할 때 늘 거론되던 문제점이었습니다. 이러한 한계를 극복한 본격 성인 애니메이션은 잔혹 스릴러 〈돼지의 왕〉(2011)으로 이미 수많은 영화 마니아들에게 그 작품성을 검증받았습니다.

이처럼 미국이나 일본 애니메이션의 그늘에서 빛을 발하지 못하던 한국 애니메이션이 그간 심각하게 지적되었던 콘텐츠의 빈곤을 극복하고 애니메이션 시장에 활기를 더하며 '문화 한류'를 이끌어 가는 하나의 분야로 인정을 받기 시작했습니다. 그러나 열악한 투자 환경, 다양하지 않은 타겟층으로 인해 상영 시간대를 고르지 못한 상황, 또한 다양한 지원책에도 불구하고 애니메이션을 산업 자원으로만 생각하고 육성하는 정책 등 여전히 해결해야 할 문제가 많다는 우려도 큽니다.

더 알아봅시다

연상호 감독과 〈돼지의 왕〉 연상호 감독은 첫 장편 애니메이션 〈돼지의 왕〉을 시작으로 〈사이비〉(2013), 〈서울역〉(2016)을 거쳐 실사 영화 〈부산행〉(2016)과 〈반도〉(2020)를 연출한 감독입니다. 애니메이션과 실사 영화를 넘나드는 작품을 구사하는 연상호 감독은 칸 영화제에서 감독 주간(비경쟁 부문)으로 초청을 받기도 해서 독립영화 감독 혹은 예술영화 감독의 이미지가 강했지만, 〈부산행〉 이후 호평과 함께 천만 관객 돌파를 달성하며 상업영화 진출에도 성공하고, 또 드라마 작가로도 활발하게 활동하고 있습니다.
애니메이션 연출에 있어 주로 사회비판의 성격이 강하고 희망이 없는 현실을 음울하게 전개하는 등 사회적으로 민감한 소재를 다루는 것이 특징입니다. 첫 장편이었던 〈돼지의 왕〉은 학교폭력을 다루고 있는데, OTT(Over The Top) 드라마로도 제작된 이 작품은 한국산 성인 애니메이션의 대표로 평가받습니다. 작품의 배경은 1980년대 말에서 1990년대 초반이나 여전히 변하지 않고 오히려 더욱 심각해진 학교 내의 폭력적 계급화와 같은 현상과 부조리한 사회를 조명하고 있습니다. 또한 폭력의 피해자가 자신을 괴롭혔던 가해자에게 사적 복수를 하는 것이 과연 합리화될 수 있는가와 같은 도덕적 고민을 다루고 있어 보다 근원적인 문제를 우리에게 생각하게 합니다.

감상해 봅시다

한국 애니메이션 중에서 어떤 작품을 가장 인상 깊게 보았나요? 또 가장 추천하고 싶은 작품은 무엇인가요? 친구들과 서로 리스트를 교환하며 관련 영상을 감상해 봅시다. 그리고 한국 문화에서 애니메이션이 차지하는 위상에 관해 함께 토론해 봅시다.

- 디지털복원작 〈홍길동〉(2022)
- 애니메이션 〈서울역〉(2016)
- 스페셜다큐멘터리 〈인간과 애니메이션〉, EBS(2014)
- 다큐멘터리 〈애니메이션의 모든 것〉, YTN(2014)
- 3D 애니메이션 〈구름빵〉(2010)
- 애니메이션 〈아기공룡 둘리: 얼음별 대모험(1996)

A+

한국의 게임문화와 인프라

이런 것들을 배워 봅시다

한국 게임의 역사는 1970년대 말부터 외국 게임의 보급으로 시작되었습니다. 짧은 역사에도 불구하고 한국 게임산업은 급속하게 발전해가며 의미 있는 성장을 이룩하였습니다. 특히 1990년대 말 한국의 경제 위기는 게임산업의 방향성을 크게 전환하는 계기가 되었습니다. 최근 한국 게임산업의 중심을 이루는 온라인 게임의 성장은 세계 최고 수준의 초고속망 인프라와 게임 개발사의 노력, 정보통신 산업 육성이라는 정책적 뒷받침을 바탕으로 이루어질 수 있었습니다.

PC방 문화의 태동과 스타크래프트 신드롬은 한국 e스포츠 발전의 기반을 만들었고, 지금도 세계적인 e스포츠 대회에서 한국인 선수들은 뛰어난 기량을 바탕으로 큰 활약을 하고 있습니다. 현재 게임산업은 모바일 게임 활성화를 바탕으로 지속적인 성장세를 유지하고 있으며, 사회문화적 관점에서 유행을 이끌고 있습니다.

- **한국 온라인 게임 콘텐츠의 특징을 생각해 봅시다.**
- **한국에서 e스포츠가 성장하게 된 배경과 의미를 생각해 봅시다.**

찾아가 봅시다

- e스포츠 명예의 전당 (서울시 마포구)
- 넥슨컴퓨터박물관 (제주특별자치도 제주시)
- 아스카게임박물관 (경기도 파주시)
- 넷마블문화재단 (서울시 구로구)

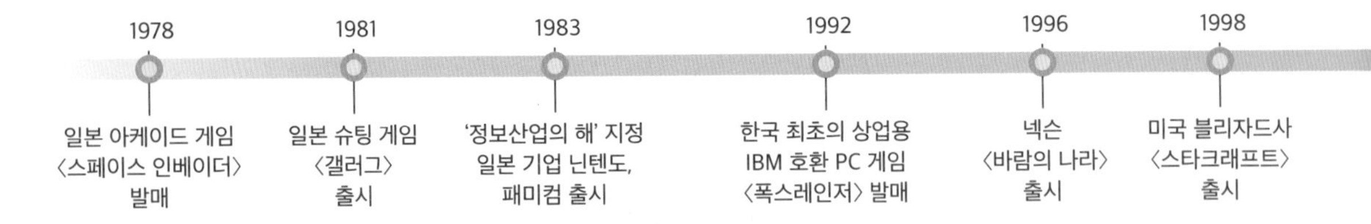

갤러그란?

한국에서는 일반적으로 갤러그로 알려졌으나, 갤러가(Galaga, ギャラガ)가 정식 명칭입니다. 갤러가가 한국에 들어오는 과정에서 갤러그(Gallag)로 적힌 복제 기판이 대량으로 유통되면서 정식 명칭보다는 갤러그로 알려지게 되었습니다. 1980년대 전자오락실에서 갤러그의 인기는 독보적이었습니다.

해외 게임이 한국에 상륙하다

1970년대 상업적 목적으로 상품화된 게임이 본격적으로 등장하였습니다. 1978년 일본 기업 타이토(Taito)에서 발매한 아케이드 게임 〈스페이스 인베이더(Space Invaders)〉는 세계적으로 대 히트를 기록하며 기존 미국 중심의 게임산업이 일본으로 확장되는 계기가 되었습니다. 특히 1981년 일본 기업 남코(Namco)에서 출시한 〈갤러그〉•는 슈팅 게임 초기에 큰 영향을 미친 기념비적인 게임이었습니다.

한국에서는 1970년대 말부터 본격적으로 등장한 전자오락실을 통해 게임 문화가 형성되었다고 할 수 있습니다. 당시 전자오락실은 세운상가를 중심으로 일본 개발사의 아케이드 게임을 대량으로 복제하여 공급하면서 급증하였습니다. 그러나 경쟁적인 게임 수입 과정에서 폭력 조직이 결부되기도 했고, 급격하게 증가한 전자오락실을 관리할 수 있는 법의 부재로 무허가 불법 영업이 이루어지는 경우가 많았습니다. 이 때문에 전자오락실을 이용하는 주 이용객이었던 청소년들을 불량 청소년으로 간주하는 등 전자오락실에 대한

▲ 스페이스 인베이더

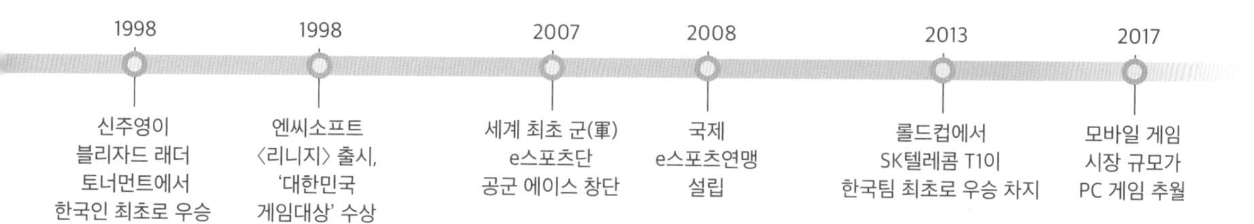

세운상가(世運商街) 세운상가는 서울시 종로구 종로3가와 퇴계로3가 사이를 잇는 상가 단지를 통틀어서 부르는 이름으로 국내 최초의 주상복합건물입니다. 건축가 김수근의 설계로 1966년 9월 착공하여 1967년 7월 26일 현대상가가 최초로 준공되었으며, 1968년 상가 건물 8개동이 완공되었습니다. '세상의 모든 기운이 다 이곳으로 모여라' 라는 의미로 세운(世運)이라는 상가명을 붙였습니다.

세운상가는 1970-80년대 각종 전기, 전자제품과 컴퓨터 및 컴퓨터 부품 등을 취급하면서 전성기를 누렸고, 동시에 1987년 저작권법이 시행되기 전까지 불법 복제의 온상으로 여겨지기도 하였습니다. 1987년 용산 전자상가가 형성되면서 상권이 쇠락하고 건물은 슬럼화되었습니다.

▲ 서울 세운상가 1967년 신축 공사 모습 ©연합뉴스

패미컴이란?●

패미컴(Famicom)은 패밀리 컴퓨터(Family Computer)의 약칭으로 아시아권 이외의 북미와 유럽에서는 닌텐도 엔터테인먼트 시스템(Nintendo Entertainment System, NES)이라는 이름으로 발매된 가정용 게임기를 말합니다.

서드 파티 개발사란?●●

서드 파티 개발사(Third-party developer)는 하드웨어(플랫폼) 생산자인 기업과 직접적인 관계없이 중소규모의 개발 업체들이 주어진 규격에 맞추어 소프트웨어를 생산하는 것을 말합니다.

부정적인 인식이 오랜 기간 이어졌습니다.

한편 개인용 컴퓨터의 보급은 게임산업 전반에 큰 영향을 미쳤습니다. 1976년 등장한 애플과 1981년 개인용 컴퓨터 시장에 진출한 IBM은 전 세계적인 퍼스널 컴퓨터(Personal Computer) 대중화를 선도하게 됩니다. 개인용 컴퓨터의 증가는 소프트웨어 개발에 대한 관심과 함께 활발한 PC 게임 개발로도 이어졌고, 롤 플레잉 게임(Role Playing Game, RPG)과 같은 새로운 아이디어의 게임이 등장하게 됩니다. 이처럼 개인용 컴퓨터의 등장은 기존의 전자오락실 중심의 아케이드 게임에서 집에서 편하게 즐길 수 있는 PC 게임과 비디오 게임으로 게임 문화의 중심을 이동시켰습니다.

1983년 일본 닌텐도사의 패미컴● 출시는 비디오 게임 시장의 새로운 시대를 열었습니다. 특히 1985년 닌텐도에서 독자적으로 개발한 〈슈퍼 마리오 브라더스〉의 출시는 사회현상이 될 정도로 패미컴의 인기에 불을 붙였습니다. 1986년 〈젤다의 전설〉, 1987년 서드 파티 개발사●●가 패미컴용으로 발매한 〈파이널 판타지〉, 〈록맨〉 등의 게임이 연달아 나오면서 명실상부한 가정용 게임기의 대표로 성장하였습니다.

1989년 한국의 대기업들은 해외에서 급성장 중이었던 가정용 게임기의 국내 판권을 획득해 '삼성 겜보이', '현대 컴보이' 등의 이름으로 국내 시판을 추진하게 됩니다. 당시는 일본 대중문화에 대한 규제가 강력했던 시기로, 일본어 표기가 있는 게임이나 문화 상품이 정식으로 수입될 수 없었기 때문에 국내 기업의 브랜드를 붙인 형태로 출시될 수밖에 없었던 사정도 있었습니다. 그러나 이러한 게임기들의 국내 보급을 계기로 외국 게임의 한글화, 더 나아가 국산 게임 개발 및 투자의 토대가 형성될 수 있었습니다. 1990년대 들어 삼성전자는 서드 파티 그룹을 발족하고 국산 게임 개발에 많은 노력을 기울였으나, 인터넷의 빠른 확산과 불법 복제의 성행, 해외 차세대 게임기의 범람 등에 효과적으로 대응하지 못한 채

1997년 게임기 사업에서 철수하였습니다. 이후 2002년 플레이스테이션2의 국내 정식 발매까지 국내 비디오 게임 시장은 용산 전자상가를 중심으로 소규모로 유지되었습니다.

게임 시장이 성장하다

1980년대 말 본격적으로 게임 소프트웨어 개발이 시작된 이래 PC 통신* 등을 통해서 교류하던 아마추어 개발자들은 팀을 결성해 PC 게임을 개발하고 판매하기 시작합니다. 한국의 1세대 PC 게임 개발자들은 대학 PC 동아리를 비롯해 KETEL**과 PC-Serve*** 등 PC 통신의 게임 개발 동호회 등을 기반으로 성장하였고, 이들이 만든 습작들이 PC 통신을 통해 공개되면서 국산 게임의 가능성을 확인하는 단초가 되었습니다. 특히 1990년 동서게임채널, 1991년 SKC 소프트랜드라는 게임 유통사의 등장은 기존에 정품 게임 소프트웨어 시장이 존재하지 않던 상황 속에서 국산 게임 시장이 성립되는 데 중요한 역할을 하였습니다.

1992년 발매된 〈폭스레인저〉는 한국 최초의 상업용 IBM 호환 PC 게임으로서 본격적인 국산 PC 게임 시대를 여는 신호탄이었습니다. 완성도 높은 국산 게임의 등장은 게이머들의 큰 반향을 일으켰고 상업적 성공으로 이어졌습니다. 이처럼 정품 게임 유통사의 정착과 국산 PC 게임의 등장으로 한국의 PC 게임 시장은 불법 복제 소프트웨어 관행에서 서서히 탈피하였고, 1993년 2월에는 지적재산권

▲ 〈폭스레인저〉 타이틀 화면

PC 통신이란?*

개인용 컴퓨터(PC)를 이용해 통신을 한다는 의미로, 주로 전화선을 사용해 다른 컴퓨터와 연결하여 다양한 정보를 주고받는 네트워크 서비스를 말합니다.

KETEL이란?**

한국경제신문 뉴미디어국에서 1989년 11월 시작한 PC 통신 서비스로 1992년 7월에 하이텔(HiTEL)로 변경하였고, 1999년 이후 인터넷의 급속한 발달로 서서히 몰락하였습니다.

PC-Serve란?***

1990년 1월 데이콤에서 개통한 PC 통신 서비스로 1992년 12월 천리안II와 통합하여 천리안이 되었습니다. 초고속 인터넷의 보급으로 이용자가 감소하였고, 2007년 이후 모든 서비스는 인터넷을 통해 제공하게 되었습니다.

침해 합동수사반을 발족하여 활발한 단속 활동을 벌이게 됩니다.

〈폭스레인저〉의 성공을 시작으로 국산 PC 게임은 대도약을 맞이하게 됩니다. 더욱이 386급 PC로 대표되는 컴퓨터 성능의 향상과 컬러 모니터, 고급 사운드 카드의 확대 보급을 바탕으로 한 게임 환경의 개선은 다수의 국산 게임들의 출시를 촉진하였습니다. 또한 게임 유통사를 통해 양질의 해외 게임이 공식적으로 국내에 소개되면서, 국내 PC 게임의 개발 수준을 끌어올리는 계기가 되기도 하였습니다. 1994년 출시된 〈어스토니시아 스토리〉는 본격적인 국산 상업용 RPG로 그 이전 게임들에 비해 완성도를 높여 큰 인기를 얻었습니다.

같은 해 11월 정부가 국내 게임산업 육성을 위해 발표한 '전자게임산업 종합발전방안'은 이러한 국산 PC 게임의 급성장을 배경으로 이루어진 정책입니다. 실제로 1995년 출시된 총 290여 개의 PC 게임 중에 국산 게임은 39개로, 단기간 동안 활발한 게임 개발이 이루어졌음을 짐작할 수 있습니다. 하지만 미국, 일본, 대만 등 해외의 게임들이 여전히 다수를 차지하는 가운데, 이제 막 등장한 국내 게임 개발업체들은 질적으로나 양적으로 고전할 수밖에 없었던 것도 사실입니다.

1990년대 후반 한국의 PC 게임 시장은 황금기와 쇠퇴기를 동시에 맞이하게 됩니다. 〈어스토니시아 스토리〉, 〈창세기전〉 등의 성공 이후 RPG는 한국 PC 게임의 주류를 이루며 발전을 거듭하였습니다. 여기에 미국의 웨스트우드 스튜디오에서 실시간 전략 시뮬레이션 게임(Real-Time Strategy Simulation Game, RTS)으로 〈듄2〉를 출시하고, 이후 〈워크래프트〉, 〈커맨드 앤 컨커〉 등의 게임이 잇따라 큰 성공을 거두면서 국산 RTS 게임 개발에도 영향을 미치게 됩니다.

▼〈듄2〉

그러나 1997년 말 시작된 한국의 IMF 외환위기는 게임산업의 방향을 전환하는 계기가 되었습니다. 많은 유통사들과 게임 회사들이 도산하였고, 불법 복제까지

PC방 PC방은 1990년대 말 한국 사회에 본격적으로 등장한 독특한 문화 공간으로, 영어 사전에 PC Bang(PC Room)이 고유 명사로 등재되어 있을 정도로 세계적으로 유명합니다. 한국의 PC방 문화의 융성은 1998년 〈스타크래프트〉의 등장과 궤를 같이 합니다. 당초 PC방은 PC 통신 및 사무 업무를 위한 공간으로 이용되었으나, 최대 8명의 유저가 함께 할 수 있는 다중 접속 온라인 게임인 〈스타크래프트〉가 인기를 얻으며 PC방의 수요를 폭증시켰습니다. 더욱이 외환위기 속에서 직장을 잃은 많은 이들이 비교적 적은 자본으로 시작할 수 있는 PC방 창업에 뛰어들었고, 정부의 IT 산업 육성 정책과 더불어 PC방의 수는 빠른 속도로 증가하였습니다.
2000년대 이후로도 온라인 게임 열풍과 고사양 PC(게이밍 PC)를 저렴하게 이용할 수 있는 PC방의 인기는 계속되었습니다. 세계 최고 수준의 초고속 인터넷 환경을 집에서 이용할 수 있음에도 불구하고, PC방은 사회적 만남의 장을 제공하는 문화 공간이자 놀이 공간으로서 여전히 큰 인기를 유지하고 있습니다.

▲ PC방 ©연합뉴스

기승을 부리면서 살아남은 게임 개발 업체들은 온라인 게임 개발로 사업 분야를 전환하는 등 PC 게임 시장은 급격하게 쇠퇴하였습니다. 이런 가운데 1998년 블리자드사의 〈스타크래프트〉의 출시는 한국의 게임 시장은 물론 사회 전반에까지 엄청난 반향을 일으켰습니다. 지금은 세계적으로 유명한 한국의 PC방 문화가 태동하고, 프로게이머와 e스포츠 산업이 〈스타크래프트〉의 영향으로 시작되었다고 해도 과언이 아닙니다.

머드 게임이란?*

머드(MUD)는 Multiple User Dialogue 혹은 Multiple User Dungeon의 약자로 온라인상에서 다수의 유저들이 서로 대화를 나누면서 즐기는 게임을 말합니다.

온라인 게임, 새로운 중심이 되다

한국의 온라인 게임은 네트워크 인프라가 대중적으로 보급되기 이전 해외에서 유입된 머드 게임*들이 대학 연구실, 컴퓨터실 등에 설치된 PC 네트워크망을 중심으로 확산되면서 시작되었습니다. 따라서 초기 머드 게임들은 대학 동아리 위주의 취미 또는 놀이 차원에 머물렀으나, 1994년 〈쥬라기 공원〉, 〈단군의 땅〉과 같은 게임이 개발되면서 점점 더 많은 수준 높은 상업적 머드 게임의 개발로 이어졌습니다. 머드 게임에 그래픽을 더해 진행되는 게임을 머그(MUG, Multiple User Graphic) 게임이라고 부르는데, 기존 텍스트 기반의 머드 게임에 비해 머그 게임은 게이머들에게 큰 호응과 관심을 이끌었습니다.

1996년 넥슨은 머그 게임 〈바람의 나라〉를 출시해 기존 머드 게임 유저들을 빠르게 흡수하기 시작하였습니다. 〈바람의 나라〉는 인기 만화가 김진의 동명 작품을 소재로 제작한 게임으로, 한국 온라인 게임 중 처음으로 해외 서비스를 시작하였습니다. 현재 전 세계에서 가장 오랫동안 상용화 서비스 중인 대규모 다중 사용자(Massive Multiplayer Online, MMO) RPG 게임이라고 할 수 있습니다.

1998년 엔씨소프트에서 출시한 〈리니지〉는 국내 MMORPG 장르의 한 획을 그은 게임으로, 온라인 게임의 대중화라는 측면에서 〈바람의 나라〉를 뛰어넘는 큰 인기를 얻었습니다. 〈리니지〉는 대규모 공성전(攻城戰), 활발한 커뮤니티 운영이라는 온라인의 특성을 살린 요소로 인해 한국에서 인기를 독점했고, 출시한 해 '대한민국 게임대상'을 수상하는 등 단기간에 온라인 게임 시장을 팽창시켰습니다. 〈리니지〉의 성공 이후 기술력을 바탕으로 한 MMORPG의 등장은 온라인 게임 시장에 새로운 활력을 불어넣었습니다. 2001년 웹젠에서 출시한 국내 최초의 3D MMORPG 〈뮤 온라인〉은 상업적으로 큰 성공을 거두었고, 개발자(김남주, 조기용, 송길섭)의 성공스토리는 드라마 제작으로까지 이어지며 큰 화제를 모았습니다.

온라인 게임산업의 성장에는 정보통신산업의 육성이라는 정책적 뒷받침도 있었습니다. 1999년부터 국가 차원에서 초고속 통신망 사업에 본격적으로 투자하였고, 2000년 전국 주요 지역을 광케이블 초고속 정보통신망으로 연결하였습니다. 이러한 전국적인 초고속 인터넷 보급은 가정에서도 편리하게 온라인 게임을 즐길 수 있게 하였고, 당시 빠르게 증가한 PC방을 통해 좀 더 쾌적한 게임 환경이 제공되면서 온라인 게임의 성장을 크게 견인하였습니다. 온라인 게임 초기에 일반적이었던 월정액 요금제에서, 아이템 과금제와 같은 부분 유료화 모델*로 점차 전환하면서 게임에 대한 진입 장벽을 대폭 낮추었고, 이로 인해 더 많은 유저들을 확보할 수 있었습니다. 부분 유료화 모델의 도입은 2000년대 초 온라인 게임의 폭발적인 성장을 이끌면서 한국 게임산업이 온라인 게임 중심으로 재편하는 계기가 되었습니다.

또한 온라인 게임산업의 발전에 있어 퍼블리싱** 사업의 성공은 한국 게임 시장의 판도를 아시아로 넓히고 다양한 장르의 온라인 게임 서비스를 이끌어내는 원동력이 되었습니다. 2000년 설립된 넷마블은 거대한 자금을 바탕으로 퍼블리싱 사업을 크게 성공시키며 온라인 게임포탈의 선도적 위치를 차지하게 됩니다.

부분 유료화 모델이란?*

게임을 이용하기 위해 게임을 구입하는 기존의 방식이 아니라, 게임 자체는 무료로 플레이하면서 유저들이 자유롭게 아이템이나 캐릭터 등을 유료로 구매하는 방식을 말합니다.

퍼블리싱이란?**

개발 비용이 필요한 게임 회사에 자금을 지원하고 개발된 게임을 퍼블리셔 측, 곧 자금을 지원한 회사의 포털을 통해 서비스하면서 수익을 배분하는 방식을 말합니다.

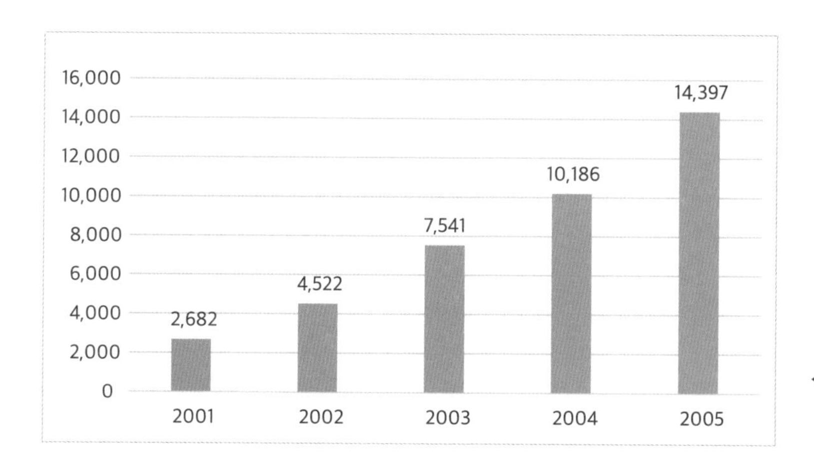

◀ 2001-2005 온라인게임 매출액 추이 ©2002-2006 『대한민국 게임백서』 (단위 억원)

온라인 게임 시대(2000s) 2000년대는 1990년대 중·후반 온라인 게임의 태동기를 거쳐 온라인 게임산업이 비약적으로 성장, 발전한 시대입니다. 〈바람의 나라〉와 〈리니지〉의 성공적 운영은 본격적인 MMORPG 발전을 이끄는 원동력이 되었습니다. 특히 2003년 블록버스터 온라인 게임의 본격적인 등장을 알린 〈리니지2〉의 출시는 이후 대작 MMORPG 제작의 발판을 마련하였습니다. 당시 제작비만 100억이 투입되었던 〈리니지2〉는 전작에 이어 큰 성공을 거두었고, 또 2004년 출시된 〈마비노기〉는 생활형 MMORPG를 표방하며 기존 전투 위주의 게임 방식과 차별을 두고 많은 마니아층, 특히 여성 게이머들을 확보하였습니다.

한편 2000년대 온라인 게임 시대는 외적 성장과 더불어 장르의 다양성을 바탕으로 한국 게임산업의 내적 성장을 이룬 시기이기도 하였습니다. 특히 레이싱 게임 〈카트라이더〉로부터 시작된 캐주얼 게임 열풍은 스포츠 게임 장르의 가능성을 보여준 〈프리스타일〉, 음악 게임인 〈오디션〉, FPS(First Person Shooter) 게임(1인칭 슈팅 게임) 〈스페셜포스〉 등 다양한 장르의 온라인 게임의 출시로 이어졌습니다. 국내는 물론 해외에서도 큰 성공을 거둔 〈메이플스토리〉는 캐주얼 RPG 장르라는 새로운 흐름을 만들었고, 애니메이션, 만화책, 카드 게임 등 다양한 사업으로 콘텐츠를 확장하여 성공적인 사례를 남겼습니다. 이와 같이 한국의 게임산업은 온라인 게임의 등장을 바탕으로 전성기를 맞이하게 됩니다.

한국의 온라인 게임은 〈리니지〉의 흥행과 다양한 장르의 온라인 게임의 등장을 바탕으로 해외 진출로도 이어졌습니다. 2000년 대만에 진출한 〈리니지〉, 2001년 중국에서 정식 서비스를 시작한 〈미르의 전설2〉는 동시접속자 수 세계 신기록을 달성할 정도로 큰 성공을 거두었습니다. 2002년 일본, 대만, 홍콩에 진출하여 큰 성공을 거둔 〈라그나로크〉는 이후로도 지속적으로 해외 진출을 모색하여 국내보다 해외에서 더 큰 성과를 거두는 등 게임 시장의 양적 확대를 이끌었습니다.

e스포츠 분야에서 세계적인 스타가 출현하다

한국의 e스포츠는 1990년대 말 PC방 문화의 태동과 〈스타크래프트〉 출시라는 사회적 배경을 바탕으로 시작되었습니다. 당시 정부는 1997년 IMF 금융 위기 극복을 위한 방안의 하나로서 정보통신 산업을 적극적으로 장려하였고, 초고속 통신망 보급에 성공하면서 PC방은 유망 업종으로 급속도로 증가하였습니다. 이러한 전국적인 PC방 인프라는 e스포츠가 성장할 수 있는 사회적 · 문화적 기반을 만들었습니다. 특히 〈스타크래프트〉의 흥행은 한국 e스포츠의 발전과 밀접한 관계를 가집니다.

1998년 블리자드 래더 토너먼트에서 한국인 최초로 우승한 신주영(본명 박창준)은 세계 챔피언으로 명성을 날렸고, 1997년 세계 최초의 프로게임리그인 PGL(Professional Gamers League)에 등록되면서 국내 최초의 프로게이머로 인정받았습니다. 신주영에 이어 1999년 블리자드 래더 토너먼트에서 우승한 이기석 역시 전설적인 1세대 〈스타크래프트〉 프로게이머로 e스포츠와 프로게이머에 대한 폭넓은 관심을 이끌었습니다. 국내 게이머들이 좋은 성적을 거두면서 한국 최초의 프로게임리그 KPGL(Korea Professional Gamer's League)을 비롯한 여러 오프라인 리그가 탄생하게 되었고, 프로게임 리그의 TV 중계는 우호적인 사회 분위기 속에서 e스포츠 산업이 폭발적으로 성장하고 제도화되는데 중요한 계기를 마련하였습니다.

1999년 투니버스는 프로게이머 코리아 오픈(Progamer Korea Open) 대회를 중계하였는데, TV를 통한 해설과 중계는 많은 관심을 불러일으켰고 e스포츠 대회와 프로게이머가 인기를 얻는 계기가 되었습니다. 2000년 e스포츠 전문 채널로서 온게임넷이 출범하였고, 2001년에는 MBC 게임 채널이 개국하여 양대 게임 방송사 체제를 구축합니다. 매체의 활성화는 e스포츠 발전의 기폭제가 되었습니다. 2002년 이후 프로게이머 중에 연봉 2억이 넘는 선수가 최초로 등

한국e스포츠협회란?*

1999년 협회 설립을 위한 모임을 가진 후 2000년 21세기프로게임협회라는 명칭으로 설립 허가를 받았습니다. 2001년에 한국프로게임협회로, 2003년에 한국e스포츠협회로 변경한 후 지금에 이릅니다.

장하였고, 이 시기 기업들의 광고와 후원사 체결을 통한 프로게임단 중심의 팀 체제가 완성됩니다. 이를 바탕으로 임요환, 홍진호, 김동수, 박정석, 이윤열 등 스타 프로게이머가 등장하였고 e스포츠의 인기는 황금기를 맞이하였습니다. 2004년 부산 광안리에서 열렸던 SKY 프로 리그 결승전은 10만 관중이 운집해 한국 e스포츠의 상징적인 이벤트로 기억됩니다. '광안리 대첩'으로도 불리는 이 행사를 계기로 SK텔레콤, 팬텍앤큐리텔 등 대기업들이 적극적으로 게임단을 창단하고, 정부의 e스포츠 지원 사업이 실시되었습니다. e스포츠의 인기는 2007년 세계 최초 군(軍) e스포츠단 공군 에이스(ACE, Airforce Challenges E-Sports)의 창단으로까지 이어졌습니다.

한국 e스포츠의 성장과 발전에 한국e스포츠협회*의 활동도 주목됩니다. 협회는 출범 이후 프로게이머 선수의 관리, 경기 규칙과 대회 방식 등을 체계화하는 한편 문화관광부로부터 프로게이머 등록 제도를 승인받아 게임 대회를 공인하는 활동을 진행하는 등 e스포츠의 저변을 넓히기 위해 다양한 노력을 기울였습니다. 이를 통해 프로게임단이 점차 안정적인 운영이 가능해졌고, 〈스타크래프트〉 외의 다양한 게임이 e스포츠 종목으로 추가되어 수백여 개의 대회가 개최되는 등 e스포츠의 외연도 크게 성장하였습니다. 2008년에는 한국이 중심이 되어 독일, 오스트리아, 덴마크, 네덜란드, 벨기에, 스위스, 대만, 베트남 등 8개국과 함께 세계 최초의 e스포츠 국제기구로서 국제e스포츠연맹을 부산에서 설립하였고, e스포츠를 국제적으로 표준화하기 위해 노력하고 있습니다. 2022년 기준 총 123개국이 회원으로 가입하였습니다.

한편 2009년 라이엇 게임즈의 〈리그 오브 레전드(LoL)〉의 출시는 한국 e스포츠의 재도약에 있어 중요한 계기가 되었습니다. 2011년 한국에서 정식 서비스를 시작한 〈리그 오브 레전드〉는 불과 3개월 만에 PC방 점유율 1위에 올랐고, '2012 대한민국 e스포츠 대상' 최우수 종목상을 수상하는 등 지금까지도 한국 e스포츠 시장

스타크래프트 신드롬 〈스타크래프트〉는 26세기 초반 미래 우주를 배경으로 테란(Terran)과 저그(Zerg), 프로토스(Protoss) 라는 세 종족 사이의 전쟁을 다루며 전략 시뮬레이션 게임의 새 장을 열었습니다. 현재까지도 전 세계 전체 판매량의 절반이 한국에서 팔렸을 정도로 남녀노소, 세대 간 장벽을 허문 국민적·대중적 게임으로 평가됩니다.

당시 "스타 한 판!"이라는 말이 유행할 정도로 〈스타크래프트〉는 많은 사람들을 PC방으로 결집시켰고, 한국의 10-30대의 취미 생활의 양상을 완전히 바꾸었다고 해도 과언이 아닐 만큼 사회 전반에 걸쳐 열풍을 일으켰습니다. '〈스타크래프트〉 신드롬'은 스타크노믹스(Starcnomics, 스타크래프트 경제학)라는 신조어를 등장시킬 정도로 한국의 게임산업을 넘어 경제에도 큰 영향을 끼쳤습니다. PC방의 급증은 PC 관련 산업의 활성화와 외환위기로 퇴직한 사람들의 창업 열풍으로 이어져, IMF 위기 극복의 견인차 역할은 물론 한국의 정보통신산업 발전의 촉매제 역할을 한 것으로 평가됩니다. 또 게임을 일종의 스포츠로 격상시켜 e스포츠의 탄생과 성공을 이끌었습니다. 〈스타크래프트〉의 두터운 이용자층을 바탕으로 대기업의 스폰서십 창출, 프로게이머의 탄생, 게임 전문 방송 채널의 등장 등 한국 게임산업 성장의 결정적인 동력으로서 국내 온라인 게임 시장의 확대에 큰 기여를 하였습니다.

▲ 2017년 부산 광안리 해수욕장에서 열린 〈스타크래프트〉 리마스터 런칭 행사에 모인 관람객들 ©연합뉴스

에서 최고의 인기 게임의 자리를 차지하고 있습니다. 세계적인 e스포츠 대회로 자리잡은 리그 오브 레전드 월드 챔피언십(롤드컵)에서의 한국인 선수들의 활약은 주목할 만합니다. 2013년 SK텔레콤 T1이 한국팀 최초로 우승을 차지한 이후, 2022년까지 총 7회나 우승을 거둬 최다 우승국에 이름을 올렸습니다. 그중에서

▼ 페이커 이상혁 ©연합뉴스

페이커 이상혁은 2013년 프로 데뷔 이후 뛰어난 기량을 바탕으로 최정상급 플레이를 보여주고 있는 롤드컵이 낳은 세계 최고의 인기 선수입니다.

게임이 사회문화 현상이 되다

한국의 게임산업은 지속적인 성장세를 유지하고 있습니다. 2000년대 온라인 게임의 등장으로 전성기를 맞이한 게임산업은 2010년대에는 스마트폰과 태블릿 등 스마트 기기 보급을 바탕으로 모바일 게임의 활성화로 이어졌습니다. 2009년 2,608억원으로 전체 게임 산업의 4%에 불과했던 모바일 게임 매출액은 2019년 7조 7399억원(전체 대비 49.7%), 2020년 10조 8310억원(전체 대비 57.4%)으로 폭발적인 성장을 이룩하였습니다. 한국의 게임산업이 연평균 9%대의 높은 성장률을 유지할 수 있었던 이유는 모바일 게임의 비약적 성장 때문이라고 할 수 있습니다.

모바일 게임 초기에는 퍼즐 게임을 비롯한 캐주얼 게임이 주류였습니다. 2011년 출시된 〈앵그리버드〉 시리즈는 전 세계에서 공전의 히트를 기록했고, 모바일 게임 시장 형성에 큰 영향을 주었습니다. 2012년 스마트폰 버전으로 출시된 〈애니팡〉도 엄청난 인기를 얻었는데, 카카오 메신저 기반의 최초의 게임이자 최대의 성공 사례로 여겨지며 게임에 무관심한 중장년층에까지 캐주얼 게임의 저변을 넓혔습니다. 이외에도 〈쿠키런〉, 〈모두의 마블〉 등도 큰 인기를 끌며 초기 모바일 게임산업을 이끌었습니다. 이후 스마트폰 사양이 점차 높아지면서 기존에 PC에서만 가능했던 고사양 MMORPG를 스마트폰에서 플레이할 수 있게 되었고, 2016년 〈뮤오리진〉, 〈메이플스토리M〉, 〈리니지2 레볼루션〉 등이 차례로 출시되었습니다. 특히 〈리니지2 레볼루션〉은 모바일 게임의 상업적 기록을 새롭게 경신하며 MMORPG 붐을 리드하였고, 국내를 넘어 해외시장에서도 흥행에 성공하며 MMORPG 게임이 수익성 높은 주요 비즈니스 모델로 자리잡게 되었습니다. 2017년 모바일 게임 시장 규모가 PC 게임을 추월하는 등 모바일 게임은 한국 게임산업의 주요 영역이 되었고, 온라인 게임과 더불어 세계 게임 시장에서 높은 점유율을 기록하고 있습니다.

K-콘텐츠가 세계적으로 인기를 얻고 있는 가운데 K-게임의 위상은 더욱 커져가고 있습니다. 2020년 기준 한국 콘텐츠 산업 전체 수출액 규모는 119억 2,428만 달러로, 이 중에서 게임산업의 수출액은 81억 9,356만 달러로 전체의 68.7%를 차지하며 음악, 방송, 영화, 출판 등의 수출액을 합한 것보다 압도적으로 높습니다.

코로나19의 영향으로 게임 소비는 더욱 증가하였고, 전 세계적으로 게임 시장의 성장세는 더욱 가속화되고 있습니다. 최근 한국의 게임산업은 4차 산업혁명을 준비하며 첨단기술과 엔터테인먼트적 요소가 부가된 복합적인 산업으로 발전하고 있습니다. 메타버스, NFT*, 가상현실(VR, Virtual Reality)과 스마트폰 연동 등을 접목한 게임산업을 통해 새로운 게임 경쟁력을 갖추기 위해 개발을 지속하고 있습니다. 또한 〈BTS 월드〉, 〈IZ*ONE Remember Z〉 등과 같이

NFT란?*

NFT(Non-Fungible Token)는 대체 불가능한 토큰이라는 뜻으로, 디지털 자산의 저작권과 소유권을 블록체인 기반의 분산 네트워크에 기록하는 가상 자산을 의미합니다.

▼ 콘텐츠 산업 수출 및 수입액 현황
©(보고서) 2020년 기준 콘텐츠산업조사_승인통계용

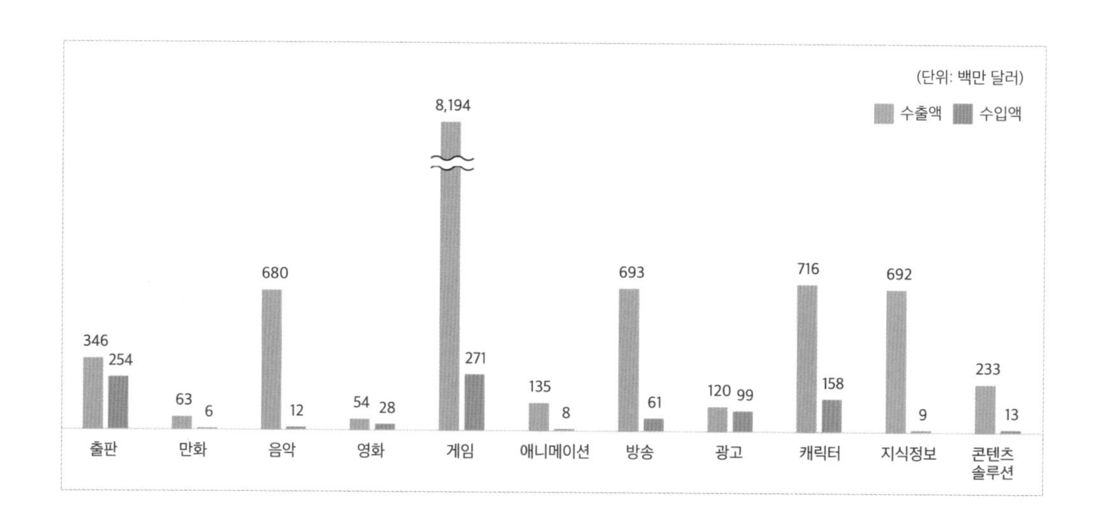

게임과 K-POP 아이돌 간의 협업 시도를 통해 시너지 효과를 창출하고 있는 것도 주목할 만합니다. 한국의 게임산업은 단시간에 눈부신 발전을 거듭하며, 사회문화적 관점에서 트렌드를 이끌고 있습니다.

시청해 봅시다

한국의 게임산업은 세계 최고의 인터넷 인프라와 기술력을 바탕으로 게임 개발을 선도하고, e스포츠의 흥행을 주도하고 있습니다. 다음의 영상을 시청하고 한국의 게이머들이 세계적으로 부상한 이유를 생각해 봅시다.

- 특집 다큐멘터리 〈더 게이머〉, KBS(2019)
- 다큐세상 〈게임하는 인류〉, KBS(2018)

한국의 예능 프로그램

이런 것들을 배워 봅시다

한국의 예능 프로그램은 주로 연예와 오락, 음악 등으로 내용을 구성하여 재미를 주는 쇼나 영상을 뜻하는 방송으로 정착되어 있습니다. 1990년대까지 예능 프로그램은 세트장에서 사전 녹화된 콩트 코미디가 대부분이었고, 2000년대 중반 리얼 버라이어티라는 새로운 형태가 대세로 등극하였습니다. 이후 관찰 예능의 시대가 도래합니다. 관찰 예능은 리얼 버라이어티가 표방했던 현장감을 극대화하고, 작위성은 최소화한 형태로 대중에게 더욱 자연스럽고 현실감 있는 프로그램으로 호응을 얻고 있습니다. 현재 유튜브나 OTT를 통해 기존의 TV 예능이 제공하던 엔터테인먼트 기능이 대체되며 한국 예능 프로그램은 또 한 번의 전환기를 맞이하고 있습니다.

이렇게 예능 프로그램은 TV 방송이 시작된 시기부터 지금까지 내용과 형태 모두 끊임없이 변화해왔습니다. 하지만 늘 재미를 추구한다는 점만큼은 동일합니다. 본 강에서는 한국 예능 프로그램의 역사를 개괄하고 주요 프로그램을 통해 한국 대중문화의 흐름을 짚어보고자 합니다.

- **예능 프로그램과 대중문화의 관계가 왜 밀접할 수밖에 없는지 이해해 봅시다.**
- **예능 프로그램의 변천 과정과 현재의 트렌드에 대해 알아봅시다.**

찾아가 봅시다

- KBS공개홀(서울시 영등포구 여의도동)
- 웃다리문화촌(경기도 평택시 서탄면, 무한도전, 런닝맨 촬영지)
- 벌교(전라남도 보성군 벌교읍, 1박 2일 촬영지)

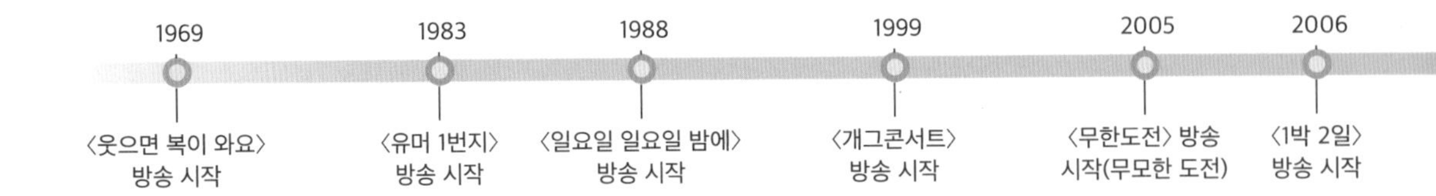

콩트란?

프랑스어 콩트(Conte)에서 유래한 용어로, 본래는 짧은 소설을 의미하나, 간결한 내용으로 웃음을 유발하는 코미디 단막극을 지칭하기도 합니다.

웃음을 담는 프로그램, 변신을 거듭하다

예능(藝能)의 엄밀한 개념은 예술 장르 중에서도 음악, 무용, 연극, 연예 등 인간의 신체로 표현하는 기술과 능력에 가깝습니다. 다만 현재 예능 프로그램의 정의는 주로 연예와 오락, 음악 등으로 내용을 구성하여 재미를 주는 쇼나 영상을 뜻하는 방송으로 정착되었습니다. 이 용어가 정착되기 이전부터 TV 방송에는 코미디나 연예, 오락 등의 용어를 내세운 프로그램들이 다수 존재하였습니다. 용어 자체는 후에 정립되었지만, 이러한 초창기의 프로그램 역시 예능의 범주에서 함께 다룰 수 있을 것입니다.

'재미'를 추구하기 때문에 예능 프로그램은 일정한 틀에 얽매이지 않습니다. 오히려 당대의 시청자들이 선호하는 코드를 따르거나 때로는 유행을 선도하며 변신을 거듭해왔습니다. 따라서 예능에도 역사성이 존재합니다. 한편 예능은 TV 프로그램으로 자리잡았지만, 현재는 영상 미디어의 발달로 인해 유튜브, 틱톡, OTT 등 새로운 플랫폼을 위한 전용 프로그램 역시 활발하게 제작되고 있습니다. 재미에 편중된 만큼 이러한 예능 프로그램은 여러 문화콘텐츠 중에서도 가장 대중 친화적이며, 시대를 막론하고 변함없이 대중문화의 한 축을 형성해왔다고 해도 과언이 아닙니다.

1990년대까지의 한국 예능 프로그램은 세트장에서 사전 녹화된 콩트 코미디가 대부분이었습니다. 주로 1970년대를 전성기로 하는 MBC의 〈웃으면 복이 와요〉나 1980년대에서 1990년대에 걸

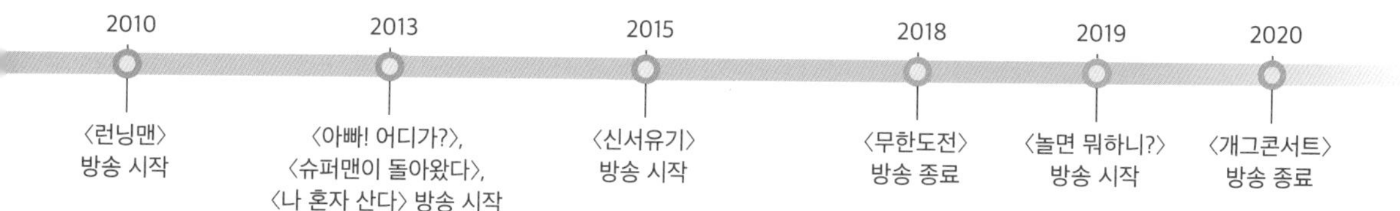

쳐 방송된 KBS의 〈유머 1번지〉, 〈쇼 비디오 쟈키〉, 〈한바탕 웃음으로〉 등이 대표적인 프로그램이었습니다. 사전 녹화 코미디 쇼는 1999년 KBS 〈개그콘서트〉의 출현과 더불어 패러다임의 전환을 맞이합니다. 〈개그콘서트〉는 방청객 앞의 무대에서 실제 콘서트 형식의 코너들을 선보이는 형태로 예능 프로그램의 새로운 황금시대를 열었습니다. SBS 〈웃음을 찾는 사람들〉, tvN 〈SNL 코리아〉, 〈코미디 빅리그〉 같은 인기 프로그램들 역시 기본적으로는 〈개그콘서트〉의 포맷에서 파생되었습니다.

리얼 버라이어티란?*

리얼 버라이어티(real variety)는 토크, 코미디, 음악, 게임 등 여러 장르가 복합된 버라이어티 쇼(variety show)를 변형한 예능 오락 프로그램으로, 도전, 연애, 결혼생활, 여행, 생존 등의 주어진 미션을 수행하는 연예인들의 실제 상황을 주로 담고 있습니다.

리얼 버라이어티, 예능의 간판이 되다

공개 코미디가 큰 인기를 구가하던 2000년대 중반, 새로운 형태의 예능 프로그램이 대세로 등극하게 됩니다. 바로 리얼 버라이어티* 프로그램입니다. 한국의 대표적인 리얼 버라이어티 프로그램에는 MBC 〈무한도전〉, KBS 〈1박 2일〉, SBS 〈패밀리가 떴다〉, 〈런닝맨〉 등이 있습니다.

특히 〈무한도전〉은 한국 예능 프로그램의 역사를 다룰 때 언급하지 않을 수 없는 프로그램입니다. 2005년 〈무모한 도전〉이라는 이름으로 시작된 이 프로그램은 2006년부터 〈무한도전〉으로 이름을 바꾼 후 2018년까지 총 563회가 방송되었습니다. 유재석, 박명수, 정준하, 정형돈, 하하, 노홍철 등 6명의 캐릭터화가 성공적으로 이루어진 데다 매회 새로운 영역에 도전하는 특집 형태의 포맷이 시너지를 일으키며, 예능 프로그램으로서는 전례 없는 인기와 화제성을 얻었습니다. 무엇보다 〈무한도전〉은 리얼 버라이어티가 한국 예능 프로그램의 확고한 중심이 되는 데 결정적인 역할을 하였습니다. 물론 리얼 버라이어티에 해당하는 콘텐츠는 이전에도 있었습니다. MBC의 〈일요일 일요일 밤에〉에 포함된 코너인 '이경규가 간다'나 '대단한 도전' 등이 그것입니다. 하지만 〈무한도전〉 이후로 리얼 버라이어티는 그야말로 모든 방송 예능의 표준이 되다시피 하였습니다. 게다가 후발 주자인 〈1박 2일〉이나 〈런닝맨〉 등의 탄생 과정에 〈무한도전〉의 '무인도 특집'이나 '꼬리잡기 특집' 등이 직접적인 영감을 제시한 면도 있어, 〈무한도전〉의 존재감은 거듭 빛날 수밖에 없습니다. 현재 MBC에서는 〈무한도전〉의 후속 예능이라 할 수 있는 〈놀면 뭐하니?〉가 여전히 큰 화제를 모으며 방송되고 있습니다.

KBS의 간판 예능 〈1박 2일〉은 같은 리얼 버라이어티 계열이면서도 〈무한도전〉과 차별화된 요소로 인해 자주 비교되어온 장수 프로그램입니다. 2007년도 8월에 시작된 이 프로그램 역시 강호동, 이수근, 김C, 은지원, MC몽, 이승기 등 남성 6인이 주축이 된다는 점은 〈무한도전〉과 같지만, '식사 복불복' 내지 '잠자리 복불복' 같은 단순한 게임을 매회 반복한다는 점에서 차이가 큽니다. 〈1박 2일〉의 개성은 제목 그대로 팀원들이 국내 여러 지역을 여행하며 1박 2일을 보내는 과정을 담아내는 데에 있습니다. 요컨대 게임은 반복되지만 여행지가 달라지기 때문에 늘 새로운 요소를 방송에 담아낼 수 있었습니다. 아울러 이러한 단순함으로 인해 폭넓은 연령대가 친숙함을 느끼는 데 크게 기여하게 됩니다. 〈1박 2일〉이 전성기였을 때 시청률에서만큼은 〈무한도전〉보다 훨씬 우위에 있었던 이유이기도 합니다. 〈1박 2일〉은 멤버 교체 후 현재 4기까지 이어지고 있습니다.

관찰 예능, 동질감과 신선함을 더하다

관찰 예능이란?

말 그대로 다큐멘터리와 비슷하게 제작진의 개입을 최소화하고 실제 현실과 비슷한 관찰 카메라 형태를 취하는 예능 프로그램입니다. 실제 출연진이 계획에 따라 행동하는 것이 아니라 큰 테마나 소재, 미션 등만 주어진 상태에서 실제 벌어지는 상황을 시청자들에게 보여주는 것이 특징입니다.

리얼 버라이어티의 유행이 정점을 지났을 무렵, 예능 프로그램에 새로운 흐름이 형성되었습니다. 이른바 관찰 예능의 시대가 도래한 것입니다. 2013년에는 MBC의 〈아빠! 어디가?〉, 〈나 혼자 산다〉, KBS의 〈슈퍼맨이 돌아왔다〉가 차례로 제작되었고, 2016년에는 SBS의 〈미운 우리 새끼〉가 등장하였습니다. 가족이나 일인 가구를 코드로 한 이들 프로그램은 하나같이 각 방송사의 연예대상을 수상하는 등 큰 인기를 얻었습니다. 나아가 대부분 현재까지도 방송되는 장수 프로그램이기도 합니다.

관찰 예능의 소재는 꾸준히 확대되어왔습니다. 이를테면 SBS의 〈백종원의 골목식당〉 같은 요리 예능, 〈꽃보다 할배〉 시리즈, 〈짠내투어〉, 〈지구오락실〉 같은 여행 예능, 〈삼시세끼〉 시리즈 같은 자연 예능, 〈강식당〉, 〈어쩌다 사장〉(이상 tvN) 같은 영업 예능 등 각종 체험의 영역을 두루 소재로 삼고 있습니다. 최근 인기리에 방송되고 있는 SBS의 〈골 때리는 그녀들〉이나 JTBC의 〈뭉쳐야 찬다〉, 〈최강야구〉 등의 스포츠 예능 역시 큰 범주에서는 관찰 예능이라 할

한국 토크쇼의 흐름 한국의 토크쇼는 1990년대에 들어 유행하기 시작하였습니다. 미국 토크쇼의 형식을 모방한 KBS 〈자니윤쇼〉(1989-1990)를 기점으로 MBC 〈주병진 나이트쇼〉 (1995), KBS 〈서세원쇼〉(1996), SBS 〈이홍렬쇼〉(1996), SBS 〈이승연의 세이 세이 세이〉(1998) 등, 초기에는 호스트의 이름을 내세운 정통 토크쇼가 인기를 얻었습니다.
이후의 토크쇼는 예능 프로그램의 오락 기능이 강화된 형태가 일반화되었습니다. KBS 〈해피투게더〉, 〈상상플러스〉, 〈대국민 토크쇼 안녕하세요〉, MBC 〈놀러와〉, 〈세바퀴〉, 〈라디오 스타〉, SBS 〈야심만만〉, 〈강심장〉, 〈힐링캠프〉 등이 이에 해당합니다. 큰 화제성을 낳은 토크쇼로는 강호동이 특유의 박력으로 게스트를 몰아붙이는 콘셉트인 MBC 〈무릎팍도사〉(2007-2013)가 있습니다. 최근에는 길거리에서 시민을 만나 즉석 토크를 진행하는 tvN 〈유 퀴즈 온 더 블록〉(2018-현재)이 좋은 반응을 얻고 있습니다.

서바이벌 오디션 및 음악 예능 프로그램 한국 예능 프로그램의 특징 중에서 빼놓을 수 없는 것이 바로 서바이벌 오디션 프로그램의 비중이 크다는 사실입니다.

포문을 연 것은 2009년도에 처음 방송된 Mnet의 〈슈퍼스타K〉 시리즈입니다. 일반인 누구나 예선에 참가할 수 있으며 각종 미션을 수행하는 음악 경연을 기본 틀로 삼은 이 프로그램은, 뒤이어 생겨난 각종 서바이벌 오디션 프로그램의 표준이 되었습니다. 대중적 인기도 대단하였습니다. 가장 흥행에 성공한 시즌3의 경우 1차 예선 신청자만 200만 명에 육박하는 놀라운 기록을 남겼습니다. 이후 〈서바이벌 오디션 K팝스타〉, 〈보이스 코리아〉, 〈스타 오디션 위대한 탄생〉, 〈프로듀스 101〉 등 유사한 프로그램이 꾸준히 기획되었으며, 오디션 형식에 국한되지 않은 다양한 음악 경연 프로그램도 전성기를 맞게 되었습니다. 대표적으로 〈나는 가수다〉, 〈불후의 명곡〉, 〈히든 싱어〉, 〈너의 목소리가 보여〉, 〈복면가왕〉, 〈팬텀싱어〉 등이 있습니다. 최근 좋은 반응을 얻은 프로그램으로는 〈싱어게인-무명가수전〉과 〈미스트롯〉 등을 꼽을 수 있습니다. 〈미스트롯〉은 한국에 다시금 트롯 열풍을 불러일으킨 주역이기도 합니다.

이러한 프로그램들은 기본적으로 경쟁 구도가 빚어내는 높은 긴장감과 다양한 참가자들에 대한 팬덤 형성 등 여러 매력적인 요소를 갖고 있습니다. 이에 따라 시청률과 화제성 역시 손쉽게 가져오는 경우가 많습니다. 하지만 이러한 경쟁 구도 및 화제성의 심화는 〈슈퍼스타K〉 시절부터 꾸준했던 '악마의 편집' 논란이나 〈프로듀스 101〉의 투표 조작 사건 등 여러 부작용을 낳기도 하였습니다.

수 있습니다. 이렇듯 관찰 예능은 새로운 영역들과 결합하는 데 최적화되어 있습니다.

관찰 예능의 유행은 대중들이 더욱 자연스럽고 현실감 있는 프로그램에 반응하고 있음을 의미합니다. 관찰 예능은 애초에 리얼 버라이어티가 표방했던 현장감을 극대화하고, 작위성은 최소화하였습니다. 이로 인해 기존의 리얼 버라이어티가 비슷한 소재와 겹치는 출연진 등으로 시청자의 외면을 받기 시작한 시점에 관찰 예능은 자연스럽게 그 대안이 될 수 있었습니다. 시청자들은 리얼 버라이어티의 여러 자극적인 설정보다 일상생활 속에서 일어나는 일들을 편안하게 관찰하며 동질감을 느끼는 것에서 새로운 매력을 발견했던 것입니다. 게다가 일상생활을 비롯한 각종 체험의 영역을 아우를 수 있는 관찰 예능의 특성상, 출연진 역시 영화배우, 요리사, 웹툰 작가, 운동선수 등으로 크게 확장될 수 있었습니다. 즉, 뉴페이스가 주는 신선함 역시 관찰 예능의 성공 요인이라 할 수 있습니다.

유튜브, OTT 등 예능 프로그램의 지각변동이 시작되다

현재 한국 예능 프로그램은 또 한 번의 격동기를 맞고 있습니다. 유튜브나 OTT가 기존의 TV 예능이 제공하던 엔터테인먼트 기능을 대체하고 있기 때문입니다. 예능 프로그램은 더 이상 방송국의 전유물이 아닙니다. 개인의 유튜브 채널 하나하나가 방송사에 버금가

〈신서유기〉의 플랫폼 실험 〈1박 2일〉의 전성기를 이끈 나영석 PD가 전성기 〈1박 2일〉의 멤버를 주축으로 한 새로운 예능을 선보였습니다. 바로 2015년도에 처음 나와 시즌 8까지 제작된 〈신서유기〉입니다. 방영 초기부터 화제가 된 〈신서유기〉의 독특함은 기존의 TV 방송용 예능이 아닌 인터넷 방송용 예능이었다는 점입니다. 한국에서 가장 유명한 예능 PD와 예능인들이 뭉쳐서 인터넷 전용 예능 프로그램을 만들다니, 이 구도는 그 자체로 대단히 큰 실험이었습니다. 특수한 분장을 하고 드래곤볼을 찾는다는 설정이 추가되었다곤 해도 〈신서유기〉의 내용은 대체로 〈1박 2일〉 당시의 주재료였던 여행, 음식, 게임을 핵심으로 삼았기에 이 프로그램의 진정한 차별점은 사실 플랫폼의 혁신이었다고 해도 과언이 아닙니다. 이러한 과감한 시도는 당시 이미 성큼 다가온 인터넷 플랫폼 중심의 콘텐츠 시대에 예능 역시 발빠르게 대응해야 한다고 본 제작진의 판단에서 비롯되었다고 볼 수 있습니다. 물론 TV와는 달리 인터넷 플랫폼의 심의 기준이 상대적으로 까다롭지 않은 것도 중요한 이유 중 하나였습니다.
인터넷 플랫폼인 네이버TV로만 공개하였던 시즌 1과는 달리, 〈신서유기〉 시즌 2는 네이버TV와 tvN 채널을 통해 동시에 공개하였습니다. 시즌 3부터는 TV 공개를 기본으로 하되 인터넷에는 TV용에서는 공개하기 어려웠던 내용을 편집해서 제공하거나 하이라이트 영상 등을 올리는 방식으로 이원화하게 되었습니다. 나영석 PD를 비롯한 제작진과 〈신서유기〉 출연진은 〈신서유기〉 외에도 〈강식당〉 등 다양한 외전 콘텐츠를 제작하여 인터넷을 통해 공개하고 있습니다. 2019년도부터 운영하기 시작한 유튜브 채널 '채널십오야'는 꾸준히 화제를 모으며 이제 구독자 500만 명을 향해 달려가고 있습니다.

본방 사수란?

재방송이나 다운로드를 통해 보지 않고, 시간에 맞춰 TV 앞에 자리를 잡고 본방송을 시청한다는 의미입니다. 시청률과 직접적인 연관이 있습니다.

는 영향력을 갖기도 합니다. 이를테면 〈개그콘서트〉의 폐지 이후 활동 무대가 사라진 코미디언들이 만든 유튜브 채널 '숏박스'는 200만 명이 훌쩍 넘는 구독자를 확보한 인기 채널이 되었습니다.

시청률이 인기의 척도가 되던 시대도 저물고 있습니다. 스마트폰, 태블릿PC 등 디지털 기기의 보급에 따라 시청자들은 본인이 좋아하는 예능일지라도 TV를 통해 본방 사수•를 하지 않고 편한 시간대에 자신이 원하는 방식으로 그것을 소비하는 데 익숙해져 있습니다. 시간과 공간의 제약 없이 재미를 찾는 일반 대중들의 니즈는 예능 프로그램에 근본적인 변화를 일으키고 있습니다. 오히려 오랜 시간 예능 프로그램을 제작해온 방송사들이 이러한 새로운 흐름에 적응하기 위해 애쓰는 상황이 되었습니다. 이제 각 방송사는 자체적으로 유튜브 채널들을 운영하며 과거의 인기 예능 클립을 수시로 제공하고, 새로운 예능 프로그램까지 TV 방송과 유튜브 채널을 동시에 활용하여 유통하는 것이 보편화되고 있습니다.

대중이 재미를 추구하는 이상, 콘텐츠 환경의 변화는 있겠지만 예능 프로그램 자체는 사라지지 않을 것입니다. 다만 갈수록 '매운맛 예능'의 비중은 축소되고 자연스러운 공감대 형성을 강조하는 것이 지금의 추세입니다. 이는 현대사회의 민낯을 역으로 드러내는 것일지도 모릅니다. 현실의 각박함을 해소하는 데 자연스러운 웃음과 공감은 큰 역할을 하기 때문입니다.

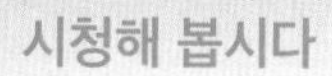

시청해 봅시다

예능 프로그램은 한국 사회의 트렌드를 반영하며 대중문화와 밀접하게 발전해 가고 있습니다. 친구들과 서로 좋아하는 예능 프로그램을 이야기해보고 예능 프로그램이 선사해 주는 재미와 교훈에 관해 토론해 봅시다.

- KBS 〈개그콘서트〉
- MBC 〈무한도전〉
- MBC 〈무릎팍도사〉
- Mnet 〈슈퍼스타K〉
- tvN 〈삼시세끼〉
- SBS 〈미운 우리 새끼〉

A+

웹툰, 만화의 새로운 가능성

이런 것들을 배워 봅시다

웹툰, 즉 만화라는 서사적 표현 양식을 웹 환경에 적합한 형태로 제작한다는 개념은, 오늘날 미디어 환경에서 한국 문화의 주류를 이루고 있습니다. 한국 사회에서 오랫동안 '유치함' 또는 '불량함'이라는 편견 속에서 만화는 비주류 문화였습니다. 하지만 초고속인터넷과 스마트폰의 보급이 증가하는 등 미디어 환경의 변화 속에서 차츰 주류 문화로 부상하게 되었습니다.

연재 방식도 바뀌었습니다. 포털사이트의 방문자 확보 경쟁을 위해 가벼운 오락적 요소를 찾는 이용자를 확보하기 위한 온라인 만화 섹션에서, 온전히 웹 서비스를 위해 창작된 작품을 정기 연재하는 형태로 변해갔습니다. 연재 방식의 변화만이 아니라 절제된 이야기의 호흡, 공감의 호소, 최적화된 작화와 연출 등, 개별 웹툰 작품들 역시 점차 새로운 미디어 환경에 특화되며 적응하기 시작하였습니다. 여기에 문화콘텐츠 진흥을 위한 정부의 지원 방침과 더불어 전담 기구나 규제 기준의 완화는 웹툰의 자유로운 창작으로 이어지는 배경이 되었습니다. 웹툰이 비로소 저비용으로 양질의 오락을 일상에서 즐길 수 있는 주류 문화로 자리잡게 된 것입니다. 이러한 추세 속에서 웹툰은 내부적으로도 다양한 시도를 통해 더욱 성장하였습니다.

- **한국만화박물관 등 한국의 만화와 웹툰의 역사를 살펴볼 수 있는 곳을 방문해 보며 한국을 넘어 글로벌로 도약하고 있는 웹툰의 역동성을 실감해 봅시다.**

찾아가 봅시다

- 한국만화박물관(경기도 부천시)
- 서울애니메이션센터 '만화의 집' (서울시 중구)
- 네이버 그린팩토리 (경기도 성남시 분당구)
- 동구 만화체험관 (부산시 동구)
- 명동 재미로 (서울시 중구)

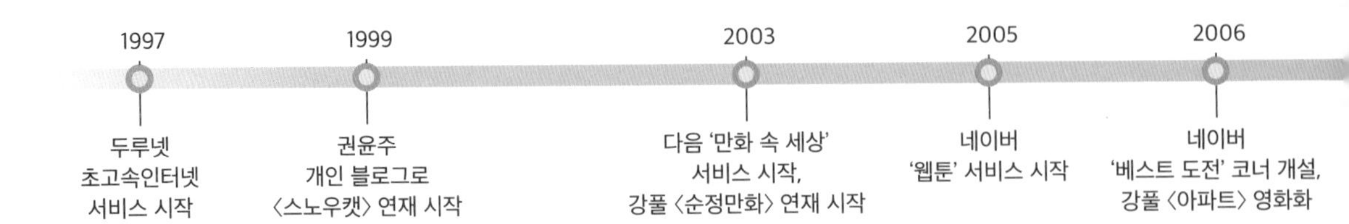

인터랙티브 미디어란?*

인터랙티브 미디어(Interactive Media, 상호작용 매체)는 스마트폰, 터치스크린, 디스플레이 광고판과 같이 사용자의 음성이나 동작에 반응하는 디지털 매체를 말합니다. 사용자의 행동, 음성, 터치 등의 참여로 디지털 매체가 반응하여 효과가 나오고, 그 효과를 받아 정보를 얻거나 즐거움을 얻게 됩니다.

웹툰, 주류 문화가 되다

웹툰(Webtoon)은 인터넷을 뜻하는 'Web'과 만화를 뜻하는 'Cartoon'의 합성어로 "온라인에 게재하기 위해 디지털로 창작되고 향유하는 만화"를 지칭하는 한국에서 만들어진 단어입니다. 이 용어는 해외에서도 한국에서 유래한 디지털 만화 형식을 지칭하는 고유명사로 사용되고 있습니다. 만화는 신문이라는 인쇄미디어에서는 4컷의 이미지로 구현되고, 출판만화의 경우는 제본 형태에 맞춰 양면으로 펼쳐진 복수의 칸이 상호 의존적인 형태로 구성되어 있습니다. 만화를 읽는 방식도 인쇄된 미디어에 따라 읽어 내려갑니다. 이것은 상식이 되어버린 만화를 읽는 방식입니다. 하지만 웹툰은 다릅니다. 웹툰은 PC나 스마트폰, 태블릿과 같은 인터랙티브 미디어*에 최적화된 방식으로 세로 스크롤로 읽어갑니다.

한국 사회에서 만화라는 미디어는 오랫동안 '유치함' 또는 '불량함'이라는 편견에 시달렸습니다. 좌판의 떼기만화가 어린이들의 일상적 오락이 되었던 1950년대든, 성인극화 장르로 무장한 만화대본소가 당대 청년 룸펜 문화의 거처가 되던 1980년대든, 단행본 시장이 번성하는 와중에 청소년보호법이 확립되던 1990년대든, 만화는 유치함과 불량이라는 딱지가 따라다녔습니다. 그랬던 만화가 웹툰이라는 형태를 통해 주류 오락문화로 자리잡게 됩니다.

웹툰, 즉 만화라는 서사적 표현 양식을 웹 환경에 적합한 형태로 제작한다는 개념은, 오늘날 미디어 환경에서 한국 문화의 주류

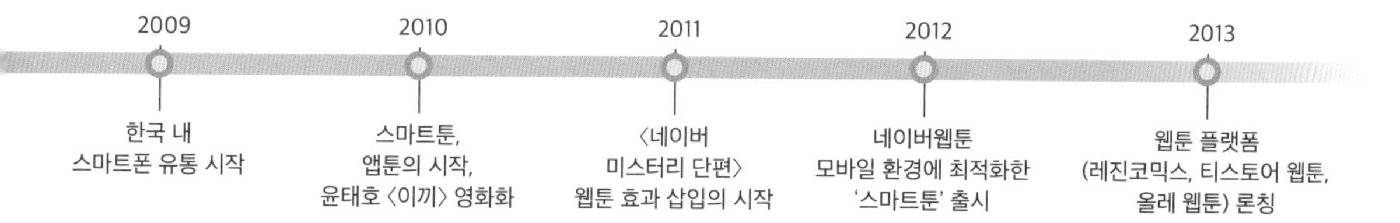

드라마, 영화로 만들어진 웹툰 넷플릭스라는 글로벌 OTT를 통해 글로벌한 인기를 끈 〈킹덤〉 〈스위트홈〉 〈지옥〉 등은 하나의 공통점이 있습니다. 그건 바로 웹툰 원작을 영상화한 작품들이고, 이들 작품이 성공함으로써 원작 웹툰의 인기 또한 동반 상승하는 선순환 구조를 만들었다는 점입니다. 이제는 웹툰이 영화나 드라마, 게임 등의 원천 데이터로 굳건히 자리매김하게 되었지만, 처음부터 그랬던 것은 아닙니다. B급 달궁 작가의 〈다세포 소녀〉나 강풀 작가의 〈아파트〉는 2006년에 드라마나 영화로 제작되었지만 흥행에 실패하였고, 이후로도 몇 차례 웹툰의 영상화가 이어졌지만 별다른 인기를 얻지는 못하였습니다.

웹툰 원작의 영상화는 실패한다는 속설을 깬 것은 2010년 윤태호 작가의 〈이끼〉가 영화적 성공을 거두면서부터였습니다. 이후 역시 윤태호 작가의 〈미생〉이 2014년 드라마로, 〈내부자들〉이 2015년 영화로 제작되어 큰 인기를 얻고, 주호민 작가의 〈신과 함께〉도 2016년 영화로 제작되어 흥행에 크게 성공하자 웹툰 원작의 영상화는 성공이라는 공식이 성립하게 됩니다.

성공한 웹툰 원작을 드라마나 영화화하는 이유는 콘텐츠의 매력이 이미 검증됐다는 점과 영상화하기 쉽다는 장점 때문입니다. 새로운 이야기, 기발한 상상력을 늘 찾아다니는 영화와 드라마 제작자들에게는 오리지널 시나리오를 개발하는 데 들이는 수고에 비해, 이미 잘 만들어놓은 이야기를 찾아 영상화하는 편이 효율적이겠죠. 게다가 기존 작품을 소화한 독자들의 관심을 덤으로 얻을 수 있다는 이점 또한 더해집니다. 최근 웹툰은 한국만이 아니라 해외에서도 큰 인기를 끌고 있어 영화나 드라마로 만들었을 때 해외 마케팅에서도 보다 유리한 위치를 점할 수 있게 되었습니다.

를 이루고 있습니다. 한국콘텐츠진흥원의 통계에 따르면, 2017년의 한국 만화산업 매출액은 총 1조 원으로 1년 전보다 6.3% 증가하였으며, 그중 온라인 만화 제작과 유통이 차지하는 비중이 이미 13.5%에 이릅니다. 여기에는 만화 항유의 주류 방식인 연재형 만화의 고정 발행처가 종이 정기 간행물이 아닌 온라인 서비스로 이동했다는 점이 작용하였습니다. 2017년 기준으로 웹툰을 전문적으로 연재하는 서비스는 40여 개로 그중 상위 4개의 플랫폼인 레진코믹스, 네이버웹툰, 다음웹툰, 케이툰이 총 613개 작품의 정기 연재를 제공하였습니다. 1990년대에 성행하던 만화 잡지 방식이 일반적으로 10~20개 사이의 연재작을 실었던 것을 생각해 보면, 만화의 창작과 유통이 매우 증가했음을 알 수 있습니다. 또한 이용자 측면에서도 2016년 기준으로 양대 포털사이트의 웹툰 담당 자회사 사업 규모는 네이버웹툰주식회사가 국내 기준으로 월간 1,800만 명, 다음웹툰컴퍼니가 월 1,000만 명이나 되었습니다.

그러면 웹툰이 어떻게 주류 문화로 부상하게 되었을까요? 먼저 웹툰이라는 양식의 형성 과정에서부터 살펴보기로 하겠습니다.

포털사이트로 돌파구를 마련하다

웹툰은 2000년대 초입에 발생한 한국 만화 업계의 구조변동 속에서 대두되었습니다. 일본 만화 업계의 단행본 수익성 중심의 제작 시스템을 도입하여 1990년대에 큰 성장을 이룬 한국 만화산업이, 도서 대여점 시장에 편승하여 박리다매식으로 확장하다가 대여점의 감소와 함께 위기가 찾아왔습니다. 이와 함께 가정 및 피시방 등의 초고속인터넷 보급 증가에 힘입어, 온라인 공간을 매개로 한 게임, 게시판 커뮤니티 활동이 젊은 층의 여가 문화의 많은 부분을 차지하게 되었습니다. 이러한 미디어 환경의 변화 속에서 만화계 일각은 적극적으로 인터넷에 적응하는 쪽을 선택하며 종이 만화를 온라인상에서 열람하는 온라인 만화방 전문 서비스가 다수 출범하게 되었습니다. 하지만 이런 시도는 초기 인터넷 결제 시스템의 불편함과 이미 종이로 출판된 작품 목록, 서비스의 인지도 미비 등의 한계를 드러내게 됩니다.

여기에 돌파구가 되어 준 것이 바로 종합 포털사이트•의 만화 섹션의 구축이었습니다. 2000년대 초반, 한국의 인터넷 사용은 포털사이트 중심으로 이루어지면서, 주도권을 확보하려는 여러 포털사이트 사이에서 방문자 확보 경쟁이 심해졌습니다. 이런 경쟁 구도에서 온라인 만화 섹션은 가벼운 오락적 요소를 찾는 이용자들을 확보하는 수단이 되었습니다. 초기에는 온라인 만화방 업체의 콘텐츠에 의존했지만, 2004년 미디어다음에서 연재된 강풀의 〈순정만화〉의 대중적 성공이 변화의 분기점이 되었습니다. 신문이나 잡지 등의 지면 연재를 온라인에도 올리는 것이 아니라, 온전히 웹 서비스를 위해 창작된 작품을 정기 연재하는 방식이 자리잡게 됩니다. 포털사이트가 작가에게 일정한 고료를 안정적으로 지급하고, 포털사이트의 접근성을 통해 대규모 방문자에게 작품에 접근할 기회를 제공하는 방식은 한국에서 웹툰이 대규모 산업이자 주류 오락문화로 급성장하게 된 중요한 요인 중 하나입니다.

포털사이트란?•

포털사이트(Portal Site)는 인터넷 이용자가 원하는 정보를 얻을 수 있도록 다양한 서비스를 종합적으로 모아 놓은 곳을 뜻합니다.

포털사이트를 중심으로 한 웹툰의 성장은 작품 자체의 시장성 검증보다는 웹툰 산업 체계와 대규모 독자층이 먼저 확립되는 현상을 만들어 냈습니다. 이것은 다양한 소재의 시도, 빠르고 넓은 문화적 파급력의 기반으로 작용할 수 있었지만, 개인 창작자 대 대기업

◀ 만화카페 내부 모습
©연합뉴스

의 관계 속에서 발생하는 계약 불공정성 분쟁이나 무리한 작업 부담 등 노동권 문제를 낳기도 하였습니다.

한편 웹툰의 성장에는 인프라의 빠르고 넓은 보급이라는 기술적 맥락도 있습니다. 만화는 그림이 연속되면서 서사를 펼치는 특성 때문에 이미지 파일의 유통이 필요한데, 온라인 초창기에는 느린 송수신 속도와 데이터양에 따른 요금으로 인해 주류화에 실패하였습니다. 이후 대역폭에 따른 요금제인 초고속인터넷 서비스가 빠르게 보급되면서 이미지 정보가 중심을 이루게 됩니다. 하지만 동영상 서비스는 송수신 속도나 개별 하드웨어 성능 등의 문제로 2006년 무렵이 되어서야 본격적으로 대중 사업이 되었습니다. 따라서 정지 이미지의 연속으로 이야기를 펼치는 웹툰이 한동안 오락성을 갖춘 대중 서사 분야를 석권할 수 있었습니다.

이러한 현상은 모바일 기기 중심으로 온라인 접속이 이행되던 시기에도 반복됩니다. 모바일 기기를 통해 만화를 서비스하려는 시도는 2000년대 초에 있었지만, 데이터 비용과 기기의 해상도 문제로 인해 대중적 호응을 얻지 못하였습니다. 그런데 2009년 이후 와이파이를 기본 탑재한 스마트폰이 보편화되면서 비용 부담 없이 소비자가 웹 서비스를 사용할 수 있게 되었습니다. 모바일로도 초고속인터넷에 접속하게 되면서, 독자들은 고용량 이미지와 다양한 작품의 대규모 아카이브로 웹툰 서비스를 즐기게 됩니다. 네이버, 다음 등은 스마트폰 전용 앱을 개발하고, 이동 중에 와이파이가 되지 않을 상황에도 작품을 볼 수 있도록 에피소드를 일시 저장하는 편의까지 제공하였습니다. 이러한 흐름 속에서, 개별 웹툰 작품들 역시 점차 모바일 기기에 특화된 적응을 시도하게 됩니다. 절제된 이야기 호흡, 공감의 호소, 최적화된 작화와 연출 등은 한국 웹툰의 특성이라 할 수 있습니다. 이처럼 웹툰의 화법은 빠른 인프라 보급이라는 기술적 기반을 함께 고려할 필요가 있습니다.

또한 제도적 측면에서 웹툰의 성장에는 산업으로서의 진흥과 비교적 느슨한 규제를 꼽을 수 있습니다. 먼저 산업으로서의 진흥을 보자면, 2000년대부터 문화부와 한국콘텐츠진흥원이 문화콘텐츠의 수출을 확대하려 한 기조가 배경에 있습니다. 만화도 구체적 지원 대상이 되면서 문화부는 지원 예산을 배분하여 각종 창작 지원 사업과 함께 만화진흥법도 입법하게 됩니다(2012년). 이 시기에 웹툰이 만화의 주류가 되면서 진흥기관은 물론, 만화 교육기관에서도 커리큘럼에서 웹툰을 강화하는 방향으로 움직였습니다.

다음으로 규제의 측면에서는 웹툰 규제를 전담하는 기구나 기준이 불명확하면서 오히려 다양한 소재와 표현을 쓸 수 있었습니다. 원래 만화는 출판물이기에 한국간행물윤리위원회* 소관이지만, 웹툰은 인터넷 콘텐츠라서 방송통신심의위원회**의 규제를 받게 됩니다. 그런데 방송통신심의위원회는 주로 방송물을 심의하는 곳이다 보니 표현이나 이용면에서 출판물에 가까운 웹툰에 대한 세부적 기준이 미비한 상태였습니다. 현재까지도 웹툰에 대한 규제 기준은 여전히 개발 과정에 있습니다. 이러한 공백 속에 웹툰은 다양한 소재와 강력한 표현을 구사하며 성장했습니다. 개별 작품에 대한 논란이 벌어진 경우에도 해당 작품의 열람 나이를 성인으로 제한하는 방식으로 해결하는 등 웹툰에 대한 규제는 자율적으로 이루어지고 있습니다.

이렇듯 산업적, 기술적, 제도적 맥락의 복합적 영향으로 한국에서 웹툰은 저비용으로 양질의 오락을 일상적 상황에서 즐기는 양식이 되었습니다. 그렇다면 이러한 성장 배경 속에서 웹툰은 내부적으로 어떻게 성장해 갔는지 살펴볼 차례입니다.

한국간행물윤리위원회란?*

대한민국 문화체육관광부 산하의 특수법인으로 도서, 잡지, 전자출판물 등의 유해성 여부를 심의하며, 양서의 권장과 불량 출판물을 추방하기 위한 홍보활동을 하고 있습니다.

방송통신심의위원회란?**

방송의 공공성 및 공정성을 보장하고 정보통신의 건전한 문화를 창달하며, 올바른 이용환경을 조성하기 위해 설립된 민간독립기구입니다.

에세이툰 (essaytoon)이란?*

에세이 카툰의 줄인말로 일상의 소소한 일에서 작가의 생각을 나타내는 만화입니다. 에세이툰의 특징은 기존 만화에 비해 대화가 적고, 단편적인 에피소드 컷의 연결을 통해 감성을 자극하는 것입니다.

킬러 콘텐츠란?**

킬러 콘텐츠(Killer Content)는 경쟁에서 다른 서비스나 정보를 이길 수 있을 만큼 탁월하거나, 독점적으로 차별화되어 있어 대체가 불가능한 콘텐츠입니다. 빈익빈 부익부 현상처럼 마치 밀집된 상가나 백화점에만 소비자들이 편중해서 몰리는 것과 같은 쏠림 현상이 소셜 네트워크에서도 일어나고 있습니다.

에세이툰에서 스토리웹툰으로 진화하다

웹툰의 초기 모델은 대형 출판사가 오프라인 잡지 등을 인터넷에 서비스하다 2000년경부터 순수 온라인 기반의 웹툰이 등장하게 됩니다. 처음 등장한 웹툰은 인쇄 만화 방식을 재현한 가로 구독 포맷이었습니다. 플래시 기능과 편집 기능 등을 통해 칸의 긴장감과 시간적 흐름을 보여 주려는 시도 후에 우리가 알고 있는 웹툰 방식, 즉 스크롤 방식을 전제로 세로 포맷으로 기획하는 웹툰 형식이 등장하게 됩니다. 이는 2010년부터 대중화되며 만화의 새로운 창구가 된 스마트폰으로도 연장되어 웹툰의 기본적 특성이 되었습니다. 세로 스크롤 방식의 극적 효과 연출은 기존의 출판만화 환경에서는 시도할 수조차 없는 방식이며 웹툰을 규정하는 상징 중의 하나가 됩니다.

세로 스크롤의 웹툰의 형태는 권윤주 〈스노우캣〉(1999)에서 출발합니다. 여성 작가의 내면과 삶의 방식을 소소하게 담아낸 에세이 형식의 만화로, 20대 여성 독자들에게 환영받았습니다. 〈스노우캣〉의 영향으로 다양한 직업을 가진 이들이 개인 블로그에서 간단한 캐릭터와 함께 소소한 일상을 풀어낸 만화를 연재하는 사례가 많이 증가했습니다. 〈마린블루스〉(2001), 〈파페포포〉(2002)도 개인 블로그를 통해 작가의 일상을 배경으로 한 공감형 온라인 만화를 내놓았고 네티즌들의 폭발적인 반응과 공유하기를 통해 향유되기 시작했습니다. 세로 스크롤, 인터넷 업로드, 무료라는 웹툰의 기본적 조건은 에세이툰*에서부터 갖춰지기 시작했습니다. 주로 일상을 배경으로 했으며, 자신들의 감정을 솔직하게 담아낸 공감형 에세이툰은 새로운 웹툰 문화를 만드는 데 일조했지만, 에피소드별 단편 게재에 머물렀습니다.

웹툰에 대한 상업적 효용성이 대두되면서 다음과 네이버와 같은 포털사이트들은 본격적인 만화 코너를 만들게 됩니다. 다음은

2003년에 '만화 속 세상'이라는 웹툰 코너를 개설합니다. 여기에 강풀의 〈순정만화〉를 서비스하게 되는데, 이전의 에세이툰처럼 에피소드별로 끊어지는 분절된 내용이 아니라 장편 연재의 내러티브가 있는 스토리 웹툰의 가능성을 보여 주게 됩니다. 〈순정만화〉는 연재를 시작한 지 6개월 만에 3,200만 명이 구독하는 등 '강풀 신드롬'을 일으키며 연일 기록을 경신하였습니다. 이러한 성공은 웹툰의 포털 사이트의 킬러 콘텐츠** 로서의 가능성을 보여 주었으며, 기존의 출판 · 잡지만화 작가들이 대거 웹툰 영역으로 이동하는 계기가 되었

정치, 사회 현안을 다룬 웹툰 5.18 광주민주화항쟁을 소재로 한 강풀 작가의 〈26년〉, 일상적 직장생활을 묘사하면서도 비정규직들의 공감을 불러일으킨 윤태호 작가의 〈미생〉, 노동문제를 전면적으로 다룬 최규석 작가의 〈송곳〉과 같이 꾸준히 사회적 소재를 다룬 웹툰이 등장하고 인기를 얻고 있습니다. 바로 사회적 메시지가 담긴 만화를 원하는 독자들이 있기 때문입니다. 웹툰은 드라마나 예능 등 쉴 틈 없이 연속적으로 진행되는 다른 콘텐츠와는 달리, 감상할 때 차분히 생각을 정리하며 자신을 되돌아볼 수 있기에 정서적 위안과 위로를 원하는 젊은이들에게 큰 호응을 얻고 있습니다.

정치나 사회 현안을 다룬 웹툰을 크게 분류하자면 직접적으로 정치나 역사, 사회를 다룬 웹툰과 일상적이면서도 그 안에 사회적 메시지를 포함한 웹툰으로 나눌 수 있습니다. 뚜렷하게 '정치·사회 만화'로 분류할 수 있는 작품으로는 〈송곳〉이나 대기업의 비리를 밝히려다 노숙자로 전락한 검사가 이후 형편이 어려운 이들의 변호사가 되는 〈동네 변호사 조들호〉(작가 해츨링), 위안부 피해자를 소재한 〈곱게 자란 자식〉(작가 이무기), 안기부 요원이 간첩을 조작하는 사건을 다룬 〈조국과 민족〉(작가 강태진) 등이 있습니다.

뚜렷하게 정치·사회 만화로 분류되진 않지만, 소수자의 일상을 다룬 웹툰도 묵직한 메시지를 전달합니다. 여성의 성형을 두고 벌어지는 여성혐오 문제를 다룬 〈내 ID는 강남미인〉(작가 기맹기), 젊은 여성이 가정에서 겪은 학대와 폭력을 고발한 〈단지〉(작가 단지), 청각장애인이 주인공인 로맨스 웹툰 〈HO!〉(작가 억수씨), 성 소수자의 일상을 보여주면서 자연스럽게 사회적 편견이나 주인공이 겪는 고민을 보여준 〈모두에게 완자가〉(작가 완자) 등이 이러한 작품들에 해당합니다.

또한 이들 정치나 사회 현안을 다루는 웹툰은 영화나 드라마 등으로 자주 영상화되어 많은 인기를 얻고 있습니다. 이것은 한국의 문화 소비자들이 답답한 현실에 대한 사회적 고발을 다룬 콘텐츠를 계속해서 원한다는 증거이며 웹툰이 이러한 소재에 주목하는 이유이기도 합니다.

습니다. 다음에 이어 네이버도 웹툰 사업에 뛰어들면서 웹툰 비즈니스 사업이 본격화됩니다.

강풀의 〈순정만화〉 이후, 강도하 〈위대한 캣츠비〉, 양영순 〈1001〉이 연재하며 세로 스크롤 방식은 체계화, 정교화하게 됩니다. 웹툰의 세로 스크롤은 세로 공간의 확장을 통해 출판만화에서는 경험할 수 없었던 시간이나 동작, 감정의 흐름을 작가나 독자에게 펼친 새로운 실험이었습니다. 2007년부터 연재를 시작했던 윤태호 〈이끼〉도 세로 화면을 충분히 활용하는 연출을 보여 주었고, 하일권 역시 시각적으로 화려한 특성을 살린 작품들을 어필하였습니다.

웹툰, 스마트 미디어의 확장과 함께 변화하다

PC 모니터와 스마트폰 등 모바일 기기에 최적화한 웹툰은 기술과 융합하여 다양한 형태로 실험되고 있습니다. 그림 이미지로만 즐기던 웹툰에 음성과 영상 등 멀티미디어 효과가 더해지면서 독자의 호응도 높아지고 있습니다. 이는 모바일 디바이스의 발전과 함께 스마트폰 화면 크기가 커지고, 기기 성능도 좋아지면서 다양한 기능을 구현할 수 있게 되었기 때문입니다.

웹툰 플랫폼에서는 음향과 플래시 애니메이션, 동영상 등 멀티미디어가 결합된 새로운 연출 방식이 시도되고 있습니다. 2011년 네이버의 〈미스터리 단편〉 중 호랑 작가는 단편 작품에 동영상 등 특수효과를 처음 적용해 선보였습니다. 네이버는 조석 〈조의 영역〉(2012)에서 스토리 전개에 맞게 줌인-줌아웃(Zoom-In, Zoom-Out) 기능과 상하좌우 이동 효과를 낼 수 있고, 장면이 전환될 때 애니메이션 효과를 선택할 수 있는 '스마트툰'을 선보였습니다.

한편 2014년 다음의 모바일용 플랫폼 '공뷰'는 만물상 〈양말도깨비〉, 꿀때징 〈하푸하푸〉 등의 작품을 통해 글과 삽화로 구성된 기존 웹툰에 대화를 읽어주는 성우의 음성, 영상, 채팅 UI 등 다양한 멀티미디어를 결합시킨 서비스를 제공하였습니다.

증강현실(AR, Augmented Reality) 기술과 웹툰을 결합한 방식은 공포 단편 시리즈 〈폰령〉(2016)이 대표적입니다. 작품 내 귀신 캐릭터가 독자의 바로 앞에 나타나는 것 같은 효과를 연출하기도 하고, 독자의 스마트폰 움직임에 따라 귀신 캐릭터의 모습이나 얼굴이 변하기도 합니다. 당시 〈포켓몬고(Pokemon Go)〉의 AR게임* 열풍에 가세해 〈폰령〉의 인기 또한 대단했습니다. 자신이 머무르는 영역에서 콘텐츠의 돌발적 결합은 새로운 흥미와 관심을 끌 만했습니다.

하일권의 〈마주쳤다〉(2017)는 독자를 콘텐츠가 구축한 가상의 세계로 들어가게 해 작품의 캐릭터로 움직이는 경험을 제공했습니다. 즉, 독자 자신이 웹툰 속의 주인공이 되는 것입니다. 다양한 멀티미디어 기술에 얼굴 인식 기술과 머신러닝기술, 360도 파노라마 기술, AR기술 등 다양한 첨단기술을 웹툰에 결합하여 독자와의 상

AR게임이란?*

현실 이미지에 3차원의 가상물체를 겹쳐 보여주는 기술을 증강현실(Augmented Reality)이라고 하며, 이러한 기술을 이용한 게임이 AR게임입니다. 이용자가 실제 세계와 유사한 느낌을 갖도록 3차원 컴퓨터그래픽스, 3차원 오디오, 촉감(Haptic) 등의 기술을 이용해 가상현실 시스템을 기획하고 세계관, 캐릭터 디자인, 스토리텔링, 메타버스 등의 연구를 통하여 콘텐츠를 개발합니다.

▲ 웹툰과 디지털 환경의 변화

놀이하는 인간이란?•

이 말은 네덜란드 역사학자 요한 하위징아(Johan Huizinga, 1872~1945)가 『호모 루덴스(Homo Ludens)』라는 책에서 처음으로 사용하였습니다. 고대 그리스어로 '유희하는 인간' 또는 '즐기는 인간'을 뜻합니다. 산업혁명 이후 인류가 일터를 전전긍긍하며 '노동하는 인간'으로 살아오면서 놀이문화는 일시적으로 가끔씩 즐기게 되었습니다. 취미생활 역시 일터에서 퇴근하고 즐기는 것이었습니다. 그러나 디지털의 발전으로 놀이문화가 변하기 시작하였습니다. 인터넷(디지털) 공간에서 노동에서 벗어나 휴식과 취미 등을 즐기기 시작한 것입니다. 이는 놀이가 문화의 한 요소가 아니라 문화 그 자체가 놀이의 성격을 가지고 있음을 나타내기도 합니다.

호작용을 극대화함으로써 몰입감을 높이는 효과를 주었습니다. 독자와 작품이 상호작용(인터랙션)하는 특징 때문에 '인터랙션툰'이라고도 불립니다.

웹툰의 발전은 스마트폰의 기술 발전과 함께 가속화되고 있으며, 모바일 환경에 최적화된 웹툰의 등장은 기존과는 다른 방식으로 웹툰 산업의 확장을 이끌고 있습니다. 스마트 기기의 등장과 더불어 웹툰 시장은 더욱 확장되었으며 다양한 주제와 장르의 웹툰들이 등장하고 있습니다. 거리와 지하철에서 스마트폰으로 웹툰 및 디지털 콘텐츠를 즐기는 것은 청년세대뿐만 아니라 넓은 세대에 걸쳐 많은 사람에게 일상이 되고 있습니다.

웹툰, 새로운 향유방식을 만들다

출판만화는 작가와 독자 사이에 출판사가 매개된 일방향적 관계였지만, 웹툰은 플랫폼(포털사이트)을 사이에 두고 쌍방향적 소통이 가능합니다. 또한 작가와 독자 이외의 다른 사업자들도 웹 플랫폼에서 활발한 소통이 가능합니다. 독자들은 출판만화를 읽을 때 혼자서 묵독의 시간을 보내게 됩니다. 이것은 만화의 유통상의 특성으로 인해 만화를 '보는' 독자로 머물게 합니다. 웹툰 역시 만화와 마찬가지로 독서 형태는 묵독을 유지합니다. 다만, 웹툰은 만화와 달리 단순히 '보는' 독자로만 머물지 않는 방향으로 향유를 이끕니다. 여기에는 인터넷이라는 공간에서 '놀이하는 인간'으로서의 속성이 접목됩니다.

'놀이하는 인간•'은 근대의 공간에서는 사라졌다가 디지털 공간에서 새로운 형태로 등장하게 되었습니다. 이들은 웹에서 공감하고, 자율적으로 놀고, 그 사이에 공동체 의식을 발현하며 새로운 문화공간으로서의 웹툰을 재창작합니다. 웹툰에서 이러한 놀이적 속성이 가장 잘 드러나는 곳은 바로 댓글입니다. 웹툰은 서비스 초기 단계에서부터 댓글창을 마련해 독자들의 소통창구 역할을 담당하면서 이제는 확고히 정착되었습니다.

이를 통해 웹툰은 독자와 작가 사이의 쌍방향적 소통은 물론, 독자와 독자 사이에서도 새로운 놀이를 형성하기도 합니다. 댓글은 여러 양태로 존재하는데, 가장 흔하게 볼 수 있는 형식은 독자와 작가와의 소통입니다. 작품과 상관없는 댓글이 어느새 독자들의 놀이터가 되기도 하고, 여기에 작가가 연재 작품의 다음 회차에서 작가의 말을 통해 끼어들기도 합니다. 독자들은 작가의 그 말을 받아 계속 댓글 주고받기가 이어집니다. 이를 통해 독자들 사이에서 작가에 대한 공감대가 형성될 수 있었습니다. 혹은 이해하기 힘든 작품의 경우, 댓글에는 작품을 해석해주는 독자들이 어김없이 등장합니다. 독자 사이의 정보교환을 통해 작품의 충성도를 높이는 경우라 하겠습니다.

이처럼 웹툰에서 댓글은 상당히 중요한 요소 중의 하나입니다.

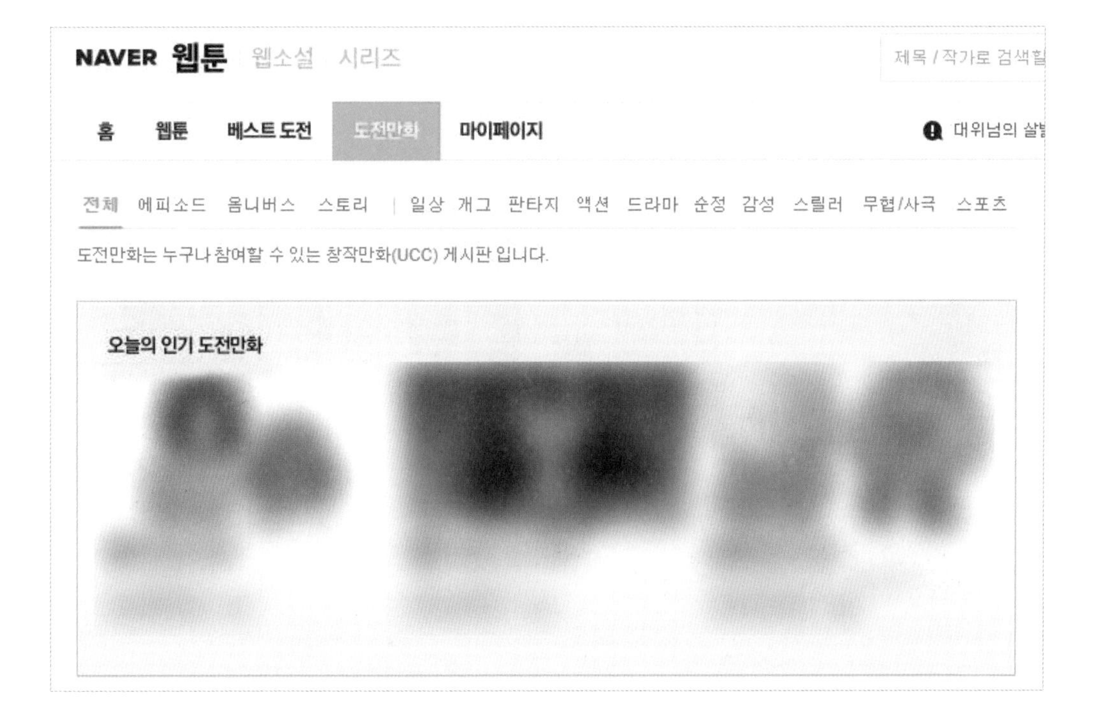

▼ 네이버웹툰의 '도전만화', 이곳에서 독자 반응이 좋으면 '베스트 도전' 콘텐츠로, 그 다음에는 정식 연재작으로 승격될 수 있습니다

해외로 나아가는 웹툰 대표적인 스낵 컬처(Snack Culture)인 웹툰은 스마트폰의 등장, 5G 도입 등으로 변두리 문화에서 대중문화로 자리를 잡고서, 이제는 해외 진출까지 나서고 있습니다. 대표적인 국내 웹툰 플랫폼인 네이버와 카카오는 글로벌 웹툰 시장에서 '현지화'와 'K-콘텐츠'라는 각기 다른 전략으로 미국, 동남아, 유럽, 일본 등 글로벌 웹툰 시장에 진출하고 있습니다.

해외에서 웹툰이 낯설던 2014년 7월 네이버웹툰은 영어로 서비스하는 '라인웹툰'을 론칭하였습니다. 네이버웹툰은 현지 작가 발굴 등 웹툰의 현지 생태계 조성에 힘써왔습니다. 각국의 이용자 문화 차이를 현지 웹툰 작가 양성으로 해소할 수 있다고 판단하고서 아마추어 작가가 독자에게 작품을 선보이는 '도전만화' 시스템을 해외에서도 제공하고 있습니다. '도전만화'로 데뷔한 현지 작가들은 네이버웹툰 작가로 이름을 올리고서 각국의 맞춤형 웹툰을 제작하고 있습니다. 이를 통해 네이버웹툰은 전 세계에서 가장 많은 웹툰 독자뿐만 아니라 가장 많은 작가까지 보유한 플랫폼이 되었습니다. 결과 네이버웹툰은 2022년 현재 전 세계에서 8,200만 명이 이용하는 글로벌 웹툰 1위 플랫폼으로 거듭나게 되었습니다.

한편 카카오는 '비욘드코리아'라는 대전제하에 일본을 거점으로 해서 카카오 영토를 세계로 확대하는 데 집중하고 있습니다. 그간 개별 전략 아래 해외 시장을 공략해 온 카카오는 일본 카카오픽코마를 필두로 시너지 효과를 극대화하고자 합니다. 북미와 아세안 국가, 유럽에서도 기업 인수를 통해 사업 확장해 가고 있습니다.

한국에서 구축한 웹툰 생태계는 일본을 넘어 미국, 동남아시아, 유럽 등으로 뻗어나가고 있습니다. 세계 각지에서 웹툰을 원작으로 하는 2차 창작물이 인기를 얻고 있으며, 그 기세 또한 무섭습니다. 웹툰은 더 이상 소수만 즐기는 문화가 아닙니다. 삶의 유흥거리를 찾기 위해 출퇴근 시간을 이용해 웹툰을 보는 직장인이나 학교에서 웹툰을 가지고 이야기를 나누는 학생들도 전 세계적인 공통의 모습이 되고 있습니다.

▲ 글로벌 웹툰 쇼 ©연합뉴스

웹툰과 댓글의 연계성은 더욱 공고해져 최근에는 웹툰을 읽은 후 반드시 댓글도 읽는다는 독자가 늘어나고 있습니다. 즉 웹툰의 읽기방식은 웹툰과 댓글을 모두 읽는 것으로 확장하고 있습니다. 이것은 독자와 독자 사이에서만 일어나는 행위가 아닙니다. 이것은 작가의 창작에도 영향을 미치게 됩니다. 한국의 웹툰은 작품의 내러티브나 이미지들이 수시로 변경 가능성이 열려 있는, 작가와 독자가 공동의 창작을 하는 개방형 창작 형태를 띠고 있기도 합니다.

감상해 봅시다

웹툰 중에서 어떤 작품을 가장 인상 깊게 보았나요? 또 가장 추천하고 싶은 작품은 무엇인가요? 웹툰 원작의 드라마나 영화를 감상해 보신 적은 있나요? 친구들과 서로 리스트를 교환하며 감상해 봅시다. 그리고 한국 문화에서 웹툰이 가지는 위상에 대해 토론해 봅시다.

- 강풀 〈순정만화〉, 다음 만화속 세상. (2003.10-2004.04 연재)
- 윤태호 〈이끼〉, 다음 만화속 세상. (2008.08-2009.07 연재)
- 조석 〈마음의 소리〉, 네이버 웹툰. (2006.09-2020.07 연재)
- 주호민 〈신과함께〉, 네이버 웹툰. (2010.01-2012.08 연재)
- 시니(스토리), 혀노(작화) 〈죽음에 관하여〉, 네이버 웹툰. (2012.08-2013.02)

A+

뉴미디어가 연결하는 K콘텐츠와 세계

이런 것들을 배워 봅시다

뉴미디어는 기존의 매스 미디어와 구별되는 새로운 미디어입니다. 특히 IT기술을 활용한 쌍방향적 소통이 중요한 특징입니다. 스마트폰의 보급과 함께 뉴미디어는 빠른 속도로 한국사회에 침투해 들어왔습니다. 기존의 한류가 텔레비전 드라마와 같은 매스 미디어에 의존했다면, 2010년대 이후 K-pop은 유튜브, 트위터와 같은 뉴미디어를 통해 세계적으로 더욱 빠르게 퍼져나갔습니다. 누구나 발신할 수 있는 뉴미디어의 특징은 매스 미디어에서 주목받지 못했던 존재들이 두각을 나타내는 계기가 되었습니다.

싸이의 〈강남스타일〉은 유튜브를 통해 세계적으로 선풍적인 인기를 끌었습니다. 방탄소년단(BTS)의 트위터를 활용한 소통은 그들이 빌보드 톱 소셜 아티스트에 오르는 길을 인도하였습니다. K-pop 아티스트들의 뛰어난 패션과 군무, 화려한 무대와 같은 시각적 요소들은 인스타그램, 틱톡과 같은 뉴미디어에서 큰 인기를 끌었습니다. K-pop은 뉴미디어 시대의 총아가 되었습니다.

한편 뉴미디어는 순기능뿐 아니라 역기능도 가지고 있습니다. 소통 가능성의 극대화가 순기능이라면, 정제되지 않은 가짜정보들의 범람은 역기능이라고 할 수 있습니다. 뉴미디어의 순기능과 역기능이 가장 잘 나타났던 것이 '방탄백서 사건'입니다.

- **뉴미디어 시대에 대중문화를 즐기는 한편, 어떻게 해야 가짜뉴스와 같은 역기능을 극복할 수 있을지에 대해 생각해 봅시다.**

찾아가 봅시다

- K-pop 복합공간 팔레트 (서울 중구 명동)
- 저스트 케이팝(서울 송파구)
- 방탄백서 사이트(https://whitepaperproject.com)
- 트위터와 함께 한 K-pop 10년 역사와 성장(https://blog.twitter.com/ko_kr/topics/events/2020/celebrating-10-years-of-kpoptwitter-ko)

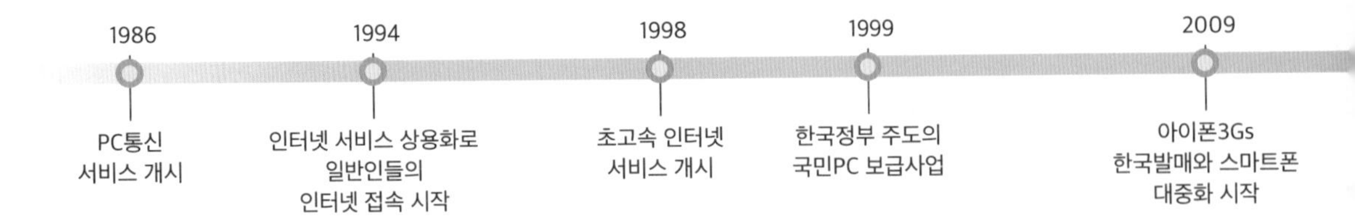

매스 미디어란?*

미디어는 매체(媒體)·수단(手段)이라는 의미를 가집니다. 특히 사람과 사람 사이의 정보를 전달하는 기능이 주로 이야기됩니다. 매스 미디어는 불특정 다수에게 대량으로 정보를 전달하는 수단입니다. 주요한 매스 미디어로는 TV, 신문, 라디오, 잡지, 영화, 광고 등이 있습니다. 한 사회는 매스 미디어를 통해 정보를 공유하게 됩니다. 이 과정에서 공통의 사상, 감정, 문화 구조가 만들어지며, 매스 미디어는 매우 중요한 역할을 담당합니다.

21세기, 정보화 사회가 도래하고 뉴미디어가 발달하다

뉴미디어(New media)는 글자 그대로는 새로운 미디어라는 뜻입니다. 예전의 미디어와는 다른 특징을 지닌다는 의미를 강조하기 위해 사용됩니다. 뉴미디어는 1950년대 캐나다의 문화비평가 마셜 매클루언(Herbert Marshall McLuhan)에 의해 처음으로 학술 용어로 사용되었습니다. 그는 당시 텔레비전을 뉴미디어로 지칭하며 정보의 전자적인 기록과 지구 전체에의 즉각적인 도달을 가장 큰 특징으로 꼽았습니다.

그러나 오늘날 뉴미디어는 기존의 신문, 텔레비전 등의 매스 미디어*와 비교하여 새로운 것이라는 의미로 쓰입니다. 미디어와 인터넷, 정보기술(IT)이 접목된 것이 특징입니다. 전 세계적으로 널리 사용되고 있는 유튜브(Youtube), 넷플릭스(Netflix), 인스타그램(Instagram), 페이스북(Facebook), 트위터(Twitter), 틱톡(TikTok) 등의 서비스를 예로 들 수 있습니다. 소셜 네트워크 서비스(SNS)의 비중이 크다는 특징이 있습니다.

뉴미디어가 기존의 매스 미디어와 다른 특징은 크게 세 가지 정도로 요약될 수 있습니다. 첫째, IT기술과 결합된 특징이 있습니다. 유튜브나 넷플릭스와 같은 영상서비스는 예전의 영화나 텔레비전과 유사하지만, 인터넷과의 결합을 통해 시간과 공간의 제약을 뛰어넘게 되었습니다. 둘째, 생산자와 소비자, 그리고 소비자와 소비자간의 쌍방향 커뮤니케이션이 가능해졌습니다. 대표적인 매스

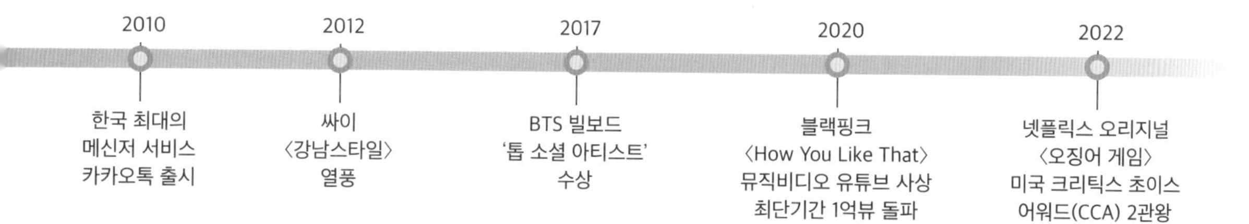

◀ 다양한 뉴미디어의 종류

미디어인 TV 뉴스나 신문 같은 경우 독자들은 내용을 받아들이기만 하고, 자신의 의견을 전달하기 어려웠습니다. 인스타그램, 페이스북, 트위터와 같은 소셜 네트워크 서비스는 사용자 상호간의 활발한 소통을 통해 새로운 커뮤니케이션 형태를 만들어가고 있습니다. 셋째, 생산자로부터의 탈중심성이 나타납니다. 매스 미디어 시기 방송국, 언론사가 발언권을 가지고 있었다면, 뉴미디어 시대는 각 개인이 자신의 의견을 자유롭게 발산할 수 있게 되었습니다. 따라서 기존 언론이 갖고 있던 권위는 약해질 수밖에 없습니다.

한국의 뉴미디어 발달은 1990년대로 거슬러 올라갑니다. 1990년대 한국에는 PC통신이 등장하여 IT기술을 이용한 커뮤니케이션이 시작되었습니다. 90년대의 IT기술은 지금과 같이 발달하

PC통신과 한국 초기 인터넷 문화 1990년대 한국에서는 전화선을 활용한 PC통신이 등장하였습니다. PC통신은 오늘날 인터넷과 비교하면 매우 느린 속도에도 불구하고 훨씬 비싼 요금을 지불하였기 때문에 사용자가 많지는 않았습니다. 그럼에도 하이텔, 천리안, 나우누리, 유니텔 등의 서비스제공자들을 통해 사람들은 같은 취미와 관심을 중심으로 동호회를 형성하여 정보를 공유하고 소통하였습니다. 온라인 모임은 오프라인에서의 회합으로 이어지기도 하였습니다.

2000년대에 본격적으로 초고속 통신망이 보급됨에 따라 PC통신 커뮤니티들은 인터넷으로 보금자리를 옮기기 시작하였습니다. 인터넷이 널리 보급됨에 따라 소수의 사람이 중심이었던 동호회와는 다른 성격의 사이트들이 등장하였습니다. 사람들의 만남을 중개하는 채팅 사이트, 같은 학교를 졸업한 동문회, 오늘날의 페이스북과 유사한 싸이월드(cyworld) 같은 사이트들이 등장하며 온라인을 통한 만남을 확대시켰습니다.

초기 한국의 포털 사이트로 출현했던 다음(Daum)은 사람들에게 이메일 계정을 만들 것을 대대적으로 광고하며 자사의 이메일 주소 hanmail.net을 널리 보급시켰습니다. 비슷한 시기에 등장한 네이버(Naver)는 한국어 정보의 검색을 장점으로 내세웠습니다. 디지털 카메라 정보 사이트였던 디시인사이드(DCinside)는 익명성과 유희문화를 토대로 한국 서브컬처(subculture) 발달에 기여하였습니다.

◀ 싸이월드 로고
최근 서비스를 재개한 싸이월드는 구글 플레이스토어와 애플 앱 마켓에서 앱 다운로드 순위 1위를 기록했습니다.

지 못하였기 때문에 비싼 요금과 문자 중심의 커뮤니케이션이라는 한계가 있었습니다. 그로 인해 뉴미디어가 한국사회에 널리 보급되지는 못하였습니다. 1990년대 말, 2000년대 초부터 한국정부의 적극적인 인터넷 보급을 통해 한국은 세계적으로 매우 이른 시기 전국적인 인터넷 연결망을 갖게 됩니다. 아울러 인터넷을 활용한 다양한 서비스들이 등장하게 됩니다. 인터넷 기반 서비스들은 차차 기존의 매스 미디어의 역할을 대신하기 시작하였습니다. 사람들은 종이신문 대신에 포털 사이트를 통해 뉴스와 각종 정보를 편리하게 획득하게 되었습니다. 포털 사이트 뉴스의 '댓글란'은 대중들이 의견을 교환하는 장이 되기도 하였습니다.

2000년대 말, 한국에 스마트폰이 도입되면서 본격적인 뉴미디어 시대가 도래하게 됩니다. 모든 사람이 휴대기기를 통해 인터넷에 쉽고 빠르게 접속할 수 있게 되면서 뉴미디어는 폭발적으로 성장하게 되었습니다. 스마트폰과 각종 디지털 장비들을 활용하여 누구나 쉽고 빠르게 콘텐츠를 생산하고 공유할 수 있게 되면서 '1인 크리에이터', '유튜버'와 같은 새로운 직업도 나타났습니다. 2020년대 중학생들의 장래희망 직업 1순위가 유튜버일 정도로 한국사회에 뉴미디어는 생활 속 깊이 자리잡았습니다.

앞으로의 뉴미디어는 빅데이터와 인공지능(AI) 기술의 결합을 통해 새로운 형태로 나타날 것으로 예상됩니다. 이미 우리 주변에서 AI 음성인식 비서 서비스를 흔히 볼 수 있습니다. 기술의 발달과 더불어 뉴미디어의 등장, 그리고 한국사회의 변화가 점점 가속화되고 있습니다.

〈강남스타일〉에서 빌보드까지, 유튜브가 세계와 한국을 연결하다

한국 대중문화의 유행을 일컫는 한류(韓流, Korean wave)는 2000년대 초반 아시아 지역에서의 한국 드라마가 크게 인기를 끌었던 현상으로부터 출발합니다. 초창기 한류는 기존의 매스 미디어인 텔레비전을 중심으로 확산되었습니다. 중국에서는 한국 드라마 〈대장금〉이 큰 인기를 끌었고, 일본에서는 〈겨울 소나타〉라는 제목으로 드라마 〈겨울연가〉가 선풍적인 인기를 끌었습니다.

뉴미디어 시대에 접어들면서 한류는 K-pop을 중심으로 재편됩니다. 한국의 연예기획사들은 90년대부터 일본과 아시아 지역으

비틀즈란?

비틀즈(The Beatles)는 대중음악 역사상 최고로 평가받는 영국의 록밴드입니다. 1962년에 데뷔하여 뛰어난 음악성과 대중성으로 전 세계 젊은이들에게 압도적인 인기를 얻었습니다. 비록 1970년에 해체되었지만 50년이 지난 지금까지도 그들의 영향력은 크다고 할 수 있습니다.

로 진출하는 데 노력하였습니다. 일본은 전세계에서 2번째로 큰 시장이었고, 아시아 지역은 문화적 유사성이 있기에 비교적 공략이 쉬울 것으로 보았습니다. 1999년 H.O.T의 베이징 공연, 2001년 BoA의 일본 데뷔, 2004년 동방신기의 일본 진출이 시도되었습니다. 현지의 팬심을 공략하기 위해 한국국적이 아닌 멤버들을 포함하는 K-pop그룹도 점차 늘어났습니다.

그러한 가운데 2012년 공개된 싸이의 〈강남스타일〉이 전 세계적으로 어마어마한 인기를 끌게 되고, 자연스럽게 K-pop에 대한 관심을 불러일으켰습니다. 뉴미디어인 유튜브에 게시된 뮤직비디오는 유튜브 사상 최초로 조회수 20억을 돌파하였습니다. 조회수가 최대치를 넘겨 시스템을 수정해야 할 정도였습니다. 세계 각국에서 〈강남스타일〉을 패러디한 다양한 '스타일'들이 등장하고 그것이 유튜브에 업로드되었습니다. 사용자와 사용자들의 상호작용이 뉴미디어를 통해 극대화되었습니다. 〈강남스타일〉의 인기와 더불어 한국에 대한 관심도 커져갔습니다.

전 세계의 K-pop 팬들은 유튜브를 통해 K-pop 아티스트들의 모습을 지켜볼 수 있게 되었습니다. 2020년 공개된 블랙핑크의 〈How You Like That〉 뮤직비디오는 사상 최단기간인 32시간 만에 조회수 1억 건을 돌파하는 기록을 세웠습니다. 다양한 공연의 공식 영상 뿐 아니라 일명 '직캠'이라고 하는 팬들이 찍은 영상들도 유튜브에 업로드되어 전 세계 K-pop 팬들의 관심을 충족시켜주고 있습니다.

비틀즈*와 비교되기도 하는 방탄소년단이 지금과 같은 인기를 얻게 된 배경에는 뉴미디어를 통한 소통이 있었습니다. 한국에서 중소기획사 소속이었던 방탄소년단은 대형기획사 소속 아이돌에 비해 텔레비전에 출연할 수 있는 기회를 많이 얻기 어려웠습니다. 방탄소년단은 매스 미디어인 텔레비전의 제약을 넘어서, 뉴미디어에서 새로운 가능성을 찾았습니다. 소수의 사람들에 의해 출연 기

"오스카는 '로컬'"이라는 발언과 뉴미디어의 세계화 2020년 제92회 아카데미상을 수상한 영화 〈기생충〉이 미국에서 개봉되기 전, 봉준호 감독은 한 미국의 매체와 가진 인터뷰에서 지금까지 한국영화가 왜 아카데미상(오스카상) 후보에 한 번도 오르지 못했느냐는 질문을 받았습니다. 봉 감독은 이 질문에 아카데미상이 "로컬(지역)"이기 때문이라고 대답하였습니다. 봉 감독의 발언은 세계의 중심을 자부하는 미국의 세계관을 유머러스하게 풍자한 것으로 여겨집니다.
뉴미디어의 발달로 세계 각국의 문화콘텐츠를 접하게 된 사람들은 할리우드와 빌보드로 대표되는 기존의 미국 중심적 문화산업의 한계를 절감하기 시작하였습니다. 또한 어렴풋하게 일본과 중국을 묶어서 '동양(Orient)'으로 이해하던 것에서 벗어나 동아시아 문화 내부의 복잡성과 다양성, 그리고 동시대성을 인지하기 시작하였습니다. 세계가 연결됨에 따라 상호이해도 깊어지게 된 것입니다.

회가 결정되는 매스 미디어와는 달리, 뉴미디어는 누구든지 자신이 하고 싶은 것, 말하고 싶은 것을 표현할 수 있는 무대였습니다. 방탄소년단은 트위터와 각종 짧은 비디오를 통해 자신이 지금 느끼고 있는 것들을 솔직하게 표현하였습니다. 또 팬들의 응답에도 직접 반응을 해 주었습니다. 이러한 성장과정을 거친 방탄소년단의 가장 큰 무기는 '소통'이었습니다.

방탄소년단의 팬덤이 뚜렷하게 존재감을 나타낸 것은 2017년 빌보드 뮤직 어워드에서 톱 소셜 아티스트(Top Social Artist)에 선정되면서입니다. '톱 소셜 아티스트'는 일종의 인기상으로, 페이스북, 트위터, 인스타그램과 같은 다양한 SNS 서비스에 기록된 해시태그(예를 들어 #BTS)의 숫자를 합쳐서 가장 높은 숫자를 기록한 아티스트에게 주어집니다. 이때 방탄소년단의 해시태그는 무려 3억이 넘었고, 6년 연속 수상해 온 저스틴 비버를 제치고 수상의 영광을 안게 됩니다.

페미니즘 리부트란?*

2015년 이후 한국의 온라인 공간에서 촉발된 페미니즘 대중화 흐름을 말합니다. 2016년의 '강남역 살인사건'과 2018년의 '미투' 운동이 중요한 계기였습니다. 신자유주의 시대 '각자도생'에 내몰린 젊은 여성들이 페미니즘을 통해 한국사회에서 여성으로서 겪게 되는 차별과 억압을 포착하고, 그에 대한 저항을 다방면으로 시작한 것으로 설명됩니다.

인스타그램과 트위터, 팬덤문화의 중심이 되다

2019년 기준으로 유튜브의 K-pop 콘텐츠 접속 국가 중 한국의 비중은 10.1%에 불과하였습니다. 이는 곧 K-pop 콘텐츠를 소비하는 사람의 약 90%는 한국이 아닌 곳에서 접속을 하고 있다는 의미입니다. 유튜브뿐만 아니라 다른 뉴미디어에서도 비슷한 현상이 관찰되고 있습니다.

인스타그램은 사진과 짧은 메시지를 위주로 소통이 이루어집니다. 화려한 무대와 군무를 내세우는 K-pop 그룹에게 최적의 플랫폼 중 하나로 꼽힙니다. 사진과 영상이 중심이 됨에 따라 언어의 장벽을 넘어 소통할 수 있다는 점도 장점입니다.

2019년 인스타그램 코리아에서 발표한 인스타그램 어워드(IG Award) 다섯 부문 중 세 부문에 K-pop 관련 계정이 선정되었습니다. '가장 사랑받은 계정'에 블랙핑크의 멤버 리사, '가장 사랑받은 영상' 부문에도 블랙핑크 로제의 '코첼라 밸리 뮤직 앤 아트 페스티벌' 영상이 올랐습니다. '가장 창의적인 스토리를 만든 사람'에는 그룹 2NE1의 멤버 CL이 선정되었습니다. 인스타그램에서 K-pop이 가지는 영향력을 확인할 수 있습니다.

블랙핑크는 신자유주의 시대 가장 선호되는 '마른 몸'과 더불어 자신감 있는 모습을 보여주고 있습니다. 당당한 블랙핑크의 태도는 페미니즘 리부트* 이후의 '무엇이든지 할 수 있는 소녀(can-do-girl)'의 모습과 겹치기도 합니다. 사회가 요구하는 여성의 마른 몸, 그리고 강한 여성의 이미지의 결합은 모순적인 것 같으면서도 동시에 엄청난 매력으로 어필되었습니다. 인스타그램의 블랙핑크 공식 계정을 비롯하여 멤버 전원의 계정이 1천 만명을 넘는 팔로워 숫자를 자랑하고 있습니다.

기존의 한국 팬덤문화는 사회의 부정적인 인식을 피하기 위해 비공개의 인터넷 공간에서 주로 활동해왔습니다. 그러나 뉴미디어의 등장과 더불어 세계의 팬들과도 소통할 필요성이 대두되면서 팬덤은 점차 공개된 트위터로 활동무대를 옮기게 되었습니다. 방탄소년단의 팬클럽 '아미(ARMY)'는 트위터를 활용한 팬덤문화의 대표입니다.

트위터 코리아의 2020년 발표에 따르면, K-pop과 관련된 소통은 2010년 한국과 일본, 동남아시아 지역을 중심으로 이루어지다가 2016년부터 전 세계에서 발생하기 시작합니다. 이러한 소통은 관심 주제를 표시할 수 있는 트위터의 해시태그 기능과 해시태그 기능을 활용한 각종 투표시스템이 자리잡으면서 더욱 활발해졌습니다.

방탄소년단 외에도 다양한 K-pop 아티스트들이 인기를 끌고 있습니다. 2020년 국가별로 가장 많이 언급된 K-pop 아티스트를 조사한 결과에 따르면, 태국에서는 갓세븐(GOT7), 일본에서는 동방신기(2003년 데뷔), 사우디아라비아와 멕시코에서는 슈퍼주니어(2005년 데뷔)가 높은 순위에 올랐습니다. 세대와 지역을 넘어 K-pop의 인기를 알 수 있습니다.

한국의 전통놀이, OTT 날개를 달고 세계와 공명하다

OTT 서비스는 Over-The-Top 서비스의 줄임말입니다. Over-The는 기존의 범위를 넘는다는 의미이고, Top은 텔레비전의 셋톱박스(Set-Top Box)를 뜻합니다. 셋톱박스를 통해 서비스되었던 케이블TV, 위성방송 등의 한계를 넘어선 방송이라는 뜻을 담고 있습니다.

OTT 서비스는 셋톱박스를 거치지 않고 인터넷망을 활용합니다. 인터넷에 접속 가능한 PC, 스마트폰, 태블릿PC, 스마트TV 등 거의 개인 휴대 장비에서 접속이 가능하다는 장점을 가지고 있습니다. OTT 서비스를 통해 예전에는 접하기 힘들었던 다른 문화적 배경을 지닌 콘텐츠들을 접촉하는 경험이 크게 늘어났습니다. OTT 서비스는 팬데믹 이후로 급속한 성장세를 나타냈으며, 2021년 기준으로 한국의 OTT 서비스 가입자 수는 약 2,500만명에 달합니다.

2021년, OTT 플랫폼 넷플릭스를 통해 공개된 〈오징어 게임〉은 한 달도 지나지 않아 넷플릭스에서 가장 많이 시청한 프로그램에 등극하였습니다. 공개 후 첫 17일간 1억 1,100만 가구 시청, 28일간 16억 5천만 누적 시청이라는 시간을 기록하며 최고 신기록을 세웠습니다. 나아가 2021년 9월 30일과 10월 1일 이틀 동안 넷플릭스가 서비스하는 국가 94개국 모두에서 1위를 달성하는 기염을 토했습니다. 〈오징어 게임〉의 제작비는 2,410만 달러(약 309억 5,404만 원)로 다른 프로그램에 비해 저렴했지만, 수익은 9억 달러(약 1조 1,559억 6,000만 원)로 약 37배의 투자 효과를 얻은 것으로 알려졌습니다.

신자유주의란?*

신자유주의는 1970년대 이후 본격적으로 세계 각국에 도입되기 시작한 경향성을 말합니다. 신자유주의는 시장에 대한 국가의 개입을 최소화하고 전 세계적 차원의 시장경쟁을 강조합니다. 작은 정부, 규제 완화, FTA 중시, 노동시장의 유연화 등이 특징입니다. 신자유주의 체제속에서 개인은 무한한 경쟁과 해고의 위협에 항시적으로 노출됩니다. 한국에서는 1998년 경제위기 이후 본격적으로 신자유주의가 도입되었습니다.

〈오징어 게임〉이 성공할 수 있었던 가장 중요한 요인은 '한국의 전통놀이'와 '신자유주의 시대의 경쟁'이 결합한 점이라고 할 수 있습니다. 다른 문화적 배경을 가진 세계 각국의 시청자들은 처음 접하는 한국의 전통놀이를 보고 색다른 흥미를 느꼈습니다. 자신과 다른 사회문화적 배경을 신선하게 받아들인 것입니다. 목숨을 건 치열한 경쟁 끝에 최후의 승자만이 상금을 독차지하는 게임의 법칙은 더욱더 치열해져만 가는 신자유주의*적 경쟁에 처한 사람들로부터 공감을 얻을 수 있었습니다. 패배하면 죽음으로 직결되는 생존게임, 또는 배틀로얄이라는 장르는 자본주의 체제 속 경쟁의 어두운 이면을 너무도 잘 보여주었습니다.

오징어게임, 넷플릭스 역대 최단기간 최다시청 기록

시리즈별 첫 공개후 28일 동안(최소 2분 스트리밍) 시청 계정 수 집계

순위	넷플릭스 시리즈	시청 계정 수	공개일
1	오징어게임*	1억 1,100만 개	2021년 9월 17일
2	브리저튼: 시즌 1	8,200만 개	2020년 12월 25일
3	뤼팽: 파트 1	7,600만 개	2021년 1월 8일
4	위쳐: 시즌 1	7,600만 개	2019년 12월 20일
5	섹스/라이프: 시즌 1	6,700만 개	2021년 6월 25일

자료/ 미국 대중문화 전문 매체 버라이어티 'Variety' * 13일 현재 공개 26일차 연합뉴스

▲ 〈오징어 게임〉 넷플릭스 최단 기간 최다 시청 기록
©연합뉴스

한국, 일본, 미국을 오간 OTT 드라마 〈파친코〉의 흥행

2022년 OTT 플랫폼 애플TV+를 통해 공개된 드라마 〈파친코〉는 한국의 식민지 시기부터 해방 이후까지 일본에 거주한 재일조선인(자이니치)를 이야기의 중심으로 삼고 있습니다. 한국 근현대사의 복잡한 굴곡을 살아낸 사람들의 이야기에 초점을 맞추는 한편, 뛰어난 영상미와 우아한 서사 방식으로 평단의 호평을 받았습니다. 1910년대와 1980년대, 부산, 오사카, 도쿄를 오가는 편집은 한국, 일본, 미국을 오가는 가운데 동요하는 등장인물의 정체성을 잘 보여주었습니다.

〈파친코〉의 제작방식은 뉴미디어 시대의 새로운 모델을 제시하였습니다. 〈오징어 게임〉, 〈승리호〉 같은 OTT 콘텐츠들의 기획과 제작이 주로 한국에 있는 회사에서 한국인들에 의해 이루어진 것에 반해, 〈파친코〉는 한국계 미국인 작가의 영어 원작을 애플TV+가 주도하여 제작을 진행하였습니다. 〈파친코〉는 그간 콘텐츠들이 두려워 모호하게 처리했던 각종 역사적 사실들을 있는 그대로 그려냈습니다. 일본 간토대지진(관동대지진) 당시의 조선인 학살 등을 다루며 드라마의 완성도를 높였습니다.

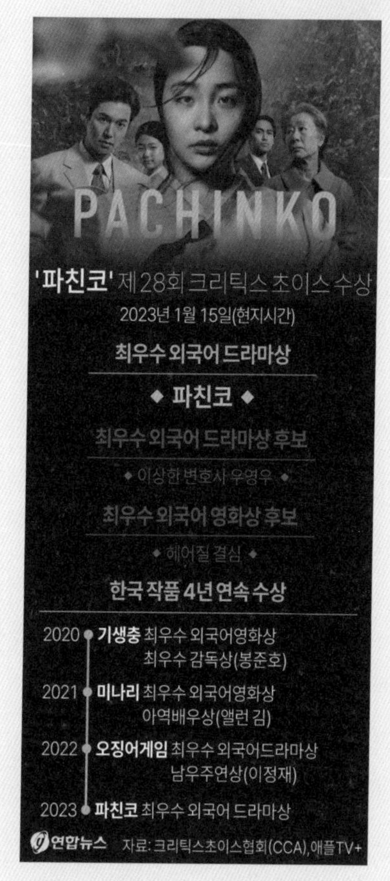

▲ 〈파친코〉 제28회 크리틱스 초이스 수상 ©연합뉴스

뉴미디어의 등장과 함께 '디지털 격차'가 부상하다

뉴미디어의 등장과 더불어 사회적인 관심으로 부상한 것은 디지털 격차였습니다. 디지털 격차는 특히 경제적 요인 등으로 뉴미디어에 접근이 어려운 계층이 발생하며 생기게 되는 차이를 의미합니다. 한국의 경우 2016년에 인터넷 접속률 99%, 2018년 스마트폰 보급률 95%를 돌파하여 디지털 격차 문제가 비교적 다른 국가들보다

디지털 격차 컴퓨터, 스마트폰 등 디지털 장비를 제대로 활용하는 집단은 지식과 소득을 쉽게 증대시킬 수 있는 반면, 그렇지 못한 집단은 발전에 뒤처져 두 집단 사이의 간극이 커지는 것을 말합니다. 디지털 격차가 발생하는 가장 큰 요인은 디지털 장비와 기술이 대체로 가격이 비싸고 배우기 복잡하기 때문입니다. 지식과 재산, 시간적 여유를 가진 사람들은 배우기 쉬운 반면, 그렇지 못한 사람들은 어렵습니다. 디지털 격차는 단순히 정보에 대한 접근성 문제가 아니라 사회 내의 인식과 생각, 감정, 문화의 고립화, 그리고 소득의 차이로도 이어지고 있어 사회적 고민이 필요합니다.

심하지 않다고 할 수 있습니다. 이제는 뉴미디어의 접근성 문제에서 한 걸음 더 나아가, 정보 활용 능력의 문제가 제기되고 있습니다.

디지털 이용에서 발생하는 격차는 이용자가 뉴미디어 기술과 콘텐츠를 통제하고 선택해 유용하고 생산적인 방식으로 활용하는 과정에서 나타나는 사회적 집단 사이의 차이를 의미합니다. 이러한 차이는 결국 이용자 개인이 정보를 식별하고 판단하고 활용하는 능력에 기반하며, 교육 수준이나 주변의 준거집단이 크게 영향을 미칩니다. 결론적으로, 뉴미디어 시대라 하더라도 여전히 사회적으로 요구되는 것은 뉴미디어 사용법 같은 기술적 측면보다는 정보를 올바르게 식별하고 활용하는 능력 자체를 키우는 것입니다.

연도별·연령대별 스마트폰 과의존위험군 현황(%)

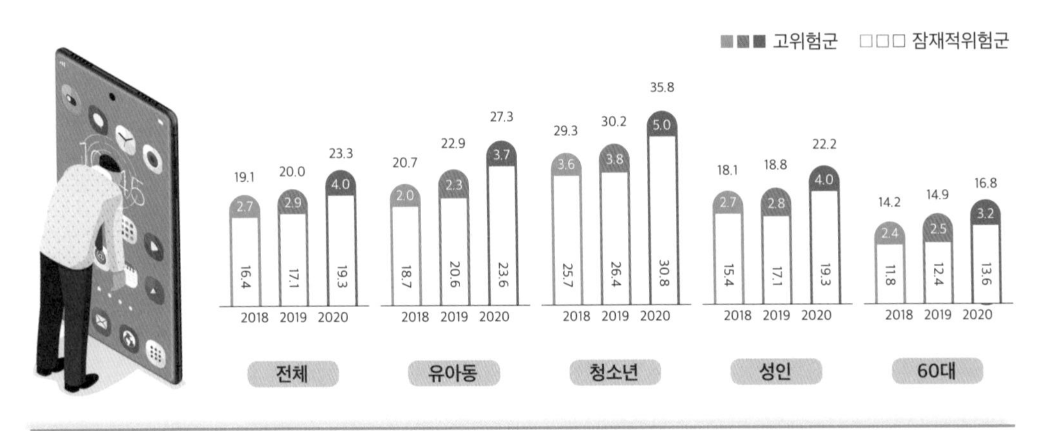

▼ '디지털 정보 격차 및 스마트폰 과의존' 실태조사 결과(2021.3.10 과학기술정보통신부) ©대한민국 정책브리핑

방탄백서 사건 방탄백서 사건은 2018년 10월, 방탄소년단 지민이 입었던 티셔츠와 관련된 논란이 전 세계적으로 다양한 뉴미디어를 통해 확산되고, 그것이 팬덤이 주도한 '백서 프로젝트(White Paper Project)'에 의해서 한국과 일본의 복잡한 역사적 상황을 설명하는 100여 페이지의 보고서가 작성되어 논란이 종료된 것을 말합니다.

사건은 2018년 9월 방탄소년단이 일본의 유명 프로듀서 아키모토 야스시(秋元康)와 협업이 취소된 데서 시작됩니다. 협업이 취소된 이유는 공식적으로 발표되지 않았지만, 아키모토 야스시의 우익적 정치 성향과 여성혐오가 문제가 된 것으로 여겨집니다. 이에 불만을 품은 일부에 의해 다큐멘터리에서 약 2초간 노출된 BTS 멤버 지민의 티셔츠가 문제시되기에 이릅니다. 티셔츠에는 원자폭탄 폭발 사진이 있었고, 이를 '반일'로 몰아갔습니다. 일본사회에 존재했던 증오발언(헤이트스피치)와 가짜뉴스가 뉴미디어를 통해 빠른 속도로 전파되며 혐한(嫌韓) 감정을 부추겼습니다. 더 나아가 이를 틈타 한국과 일본의 역사적 관계를 모르는 외국인들에게 방탄소년단이 전쟁 미화와 나치즘에 동조한다는 식의 가짜 주장들도 생겨났습니다.

방탄소년단 팬덤은 한국과 일본의 역사적 관계, 그리고 현재 언론보도의 문제점들을 상세히 정리하여 100페이지가 넘는 백서를 한국어와 영어로 작성하여 인터넷에 게시하였습니다. 여기에는 일본 팬들의 입장도 반영되었습니다. 백서를 통해 시끄러웠던 논란은 가라앉게 되었습니다. 뉴미디어 시대, 가짜뉴스에 대항하는 '집단지성'이 힘을 발휘한 사례라고 말할 수 있습니다. (방탄백서 사이트 https://whitepaperproject.com/ 참조)

뉴미디어는 미디어, 곧 매개체로 그것을 사용하는 사람에 의해 순기능과 역기능을 모두 가질 수 있습니다. 뉴미디어 시대의 순기능으로 가장 크게 기대되는 것은 집단지성(Collective Intelligence)입니다. 집단지성은 피에르 레비(Pierre Levy)에 의해 처음 제시된 용어로, "어디에나 분포하며, 지속적으로 가치가 부여되고, 실시간으로 저장되며, 역량의 실제적 동원이 이르는 지성"을 말합니다. 인터넷과 같은 첨단 정보기술의 발달로, 각 개인들이 가지고 있는 정보를 연결하여 집단적으로 문제를 해결할 수 있는 가능성을 기대할 수 있다는 의미입니다.

뉴미디어의 역기능으로는 특히 정제되지 않은 정보의 무분별한 유통을 들 수 있습니다. 가짜뉴스(Fake news), 혐오발언(Hate Speech) 같은 것들을 중간과정 없이 여러 사람들이 접촉하게 되면서 적지 않은 부작용을 초래하기도 합니다. 뉴미디어의 역기능과 순기능이 모두 나타나고, 또 그것이 집단지성에 의해 원만히 해결되었던 사례로 '방탄백서 사건'을 들 수 있습니다.

시청해 봅시다

오늘날 한국사회는 뉴미디어의 역기능에 대한 우려가 나타나고 있습니다. SNS 중독으로 사회생활에 문제가 생기거나, 가짜뉴스에 현혹되어 잘못된 선택을 하는 일들이 보고되고 있습니다. 여러 다큐멘터리를 살펴보고 어떻게 하면 뉴미디어의 역기능을 슬기롭게 극복할 수 있을지 함께 토론해 봅시다.

- 유튜브 오리지널 다큐멘터리 〈K-pop Evolution〉 시즌1 에피소드4 〈K-pop Goes Global〉(2021)
- 넷플릭스 다큐멘터리 〈소셜 딜레마(The Social Dilemma)〉(2020)
- KBS 미니 다큐멘터리 〈SNS 행복 경쟁, 카페인 우울증〉(2019)
- 넷플릭스 다큐멘터리 〈Explained〉 시즌1 에피소드 17 〈Kpop〉(2019)

A+

저자 소개

집필진(가나다 순)

권두현(동아대학교 젠더어펙트연구소 전임연구원) | 김병진(이화여자대학교 이화인문과학원 연구교수)

박은영(성균관대학교 동아시아학술원 연구교수) | 박이진(성균관대학교 동아시아학술원 한국학연계전공 주임교수)

손성준(한국해양대학교 해양인문사회과학대학 부교수) | 이용범(부산대학교 점필재연구소 전임연구원)

장영은(성균관대학교 한국학연계전공 초빙교수) | 한기형(성균관대학교 동아시아학술원 교수)

교정·교열

김경호, 김영죽, 김예진, 박은영, 박이진

(성균관대학교 동아시아학술원 한국학연계전공 교재편찬위원회 위원)

유학생이 알아야 할 한국학 시리즈 제4권

한국 문화: 대중문화 발달과 K콘텐츠

1판 1쇄 인쇄 2023년 2월 20일

1판 1쇄 발행 2023년 2월 27일

기획 | 성균관대학교 동아시아학술원 한국학연계전공 교재편찬위원회

집필진 | 권두현, 김병진, 박은영, 박이진, 손성준, 이용범, 장영은, 한기형

펴낸이 | 유지범

책임편집 | 구남희

외주디자인 | 심심거리프레스

삽화 | 심심거리프레스, Getty Iamges Bank, Shutterstock

편집 | 현상철·신철호

마케팅 | 박정수·김지현

펴낸곳 | 성균관대학교 출판부

등록 | 1975년 5월 21일 제1975-9호

주소 | 03063 서울특별시 종로구 성균관로 25-2

전화 | 02)760-1253~4

팩스 | 02)760-7452

홈페이지 | http://press.skku.edu

ISBN **979-11-5550-587-8 04080**

979-11-5550-367-6 04080 (세트)

※잘못된 책은 구입한 곳에서 교환해 드립니다.